U0153251

客語教學叢書

古國順◎主編

客諺
第200首

收錄最新一百首客諺

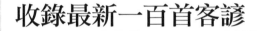

文學博士 杜松柏 推薦

何石松◎著

五南圖書出版公司 印行

各色花開遍地春

　　臺灣是一個多元語族的社會，原住民使用南島語，老住民使用閩南語和客家語，民國三十八年以後移入的新住民，則大致使用國語。其中的國語，隨著五十多年來的大力提倡，已經成為全臺灣最多人懂，最方便溝通的共同語言。閩南語雖然在都會區的年輕一代，稍有弱化現象，但由於使用人口較多，加上媒體傳播的影響，吸引不少其他語族的加入，所以仍能保持旺盛的活力。但是客家話和原住民語，由於人數較少，政經地位較弱，加上媒體使用上的長期禁錮，所以目前正面臨逐漸式微的命運。

　　語言是文化的表徵，而文化是人類共同的瑰寶。多元的文化正如多元的物種，具有相激相盪、互補互利的作用。隨著環保觀念的普及，很多人都知道要保護瀕臨絕種的生物，那麼，瀕臨消亡的語言，也同樣需要加以保護。所以從政治解嚴以後，若干縣市即相繼推行母語教育，雖然當時由於尚無明確的教材大綱，也缺乏正式的教學時間，效果難以彰顯，不過突破禁忌的象徵意義卻不可忽視。終於在民意的促使下，教育部於民國八十二年九月，委任人文及社會科教育指導委員會，著手規劃國民中小學鄉土語言輔助教學相關事宜，研定「臺灣鄉土語言教材大綱」，並從八十五學年度起，與新課程標準同時實施。可惜由於研訂時機是在新課程標準定案之後，既定的各科教學時間難以更動，所以鄉土語言教學只能佔用「團體活動」或「鄉土教學活

動」的時間，由各校自行斟酌運用。換言之，鄉土語言教學仍非正式課程，所以宣示性的意義要大於實質的意義。

不過鄉土語言教學實施五年以來，各校雖然未必普遍開課，但是熱心辦理的學校仍然不少，而各縣市大致都曾經指示重點學校試辦，並定期舉辦觀摩教學。這樣可以一方面發現問題，一方面累積經驗，巧妙的起了課程實驗的作用，給即將於九十學年度正式實施的鄉土語文教學，提供了寶貴的參考方向。

「國民中小學九年一貫課程暫行綱要」的訂定，是秉持多元文化精神及尊重各族群語文特性之理念，將客家語文、閩南語文及原住民語文列入「語文學習領域」，成為正式課程。其課程目標為：一、了解客家語內涵，建立自信，以為自我發展之基礎；二、培養客家語文創作之興趣，並提升欣賞能力；三、具備客家語文學習之自學能力，奠定終身學習之基礎；四、應用客家語表情達意並能與人分享；五、透過客家語文互動，因應環境，適當應對進退；六、透過客家語文學習認識文化，並認識外國及不同族群之文化習俗；七、應用客家語言文字研擬計畫及執行；八、充分運用科技與資訊，進行客家語文形式與內涵之整理保存，推動科技之交流，擴充臺灣語文之領域；九、培養探索客家語文的興趣，養成主動學習的態度；十、應用客家語文獨立思考、解決問題。如果從設立課程的基本理念來看，就是要培養學生聽、說、讀、寫、作的基本能力，並能在日常生活中靈活應用；培養學生有效地應用客家語文從事思考、理解、推理、協調、討論、欣賞、創作和解決問題；培養學生應用客家語文學習各科的能力，擴充生活經驗、拓展學習領域、認識中華文化、面對國際思潮，以因應現代化社會之需求；同時也要指導學習利用工具書，及結合資訊網路，以擴展客家語文之學習，培養學生獨立學習之能力。

從課程綱要的內容來看，對鄉土語文教學的要求是全面的，儘管教學時

數每週只有一節，但仍把它視爲完整的語文課程，從聽和說的語言訓練，到閱讀和寫作的文字運用教學，樣樣俱全，而不以能說日常用語爲已足，這與共同語文的教學要求並無二致。

曾經有人擔心：實施鄉土語文教學，是否會妨礙國家語文的統一？也有人懷疑：鄉土語言仍有一些寫不出字的語音，有全面文字化的可能嗎？其實這是完全不必擔心的。因爲：第一、臺灣的共同語已經形成，今後的教育和政治上使用的主要語文，仍舊是國語文，而且在語文領域中，國語文的教學時間爲鄉土語文的數倍，它是語文教學的主軸。何況目前幾乎所有的文字資料，幾乎都是以國語文寫成的，就連討論鄉土語文的文章，都使用國語文寫作，甚至字、詞典都用國語解釋，以期擴大閱讀群。所以從各方面判斷，國語文的地位仍將是臺灣語文的主軸。第二、學習鄉土語文不僅不會妨礙國語文的發展，反而對學習國語文有幫助。例如學習客家話，對了解國語文就很有助益，比如〈木蘭辭〉「不聞爺孃喚女聲」，爺孃就是父母，它是南北朝流行的用語，客諺「爺孃想子長江水，子想爺孃擔竿長」，這個詞彙至今仍活在客家人的口語中，所以了解客家語，就更能深刻體會。又客語稱母也叫做「姐」，山歌有道是：「黃巢出世無爺姐，觀音出世無丈夫」，這「姐」字的用法見於東漢許愼的《說文解字》，今天可以藉客語來證明它。又時下流行稱丈夫爲「老公」，這也是客家用語，所以方言的使用也可豐富國語的詞彙。至於客語保留完整的陽聲韻和入聲韻，可藉以體會古典詩文的韻味，更是大家所熟知的。這些都是學習鄉土語言有益於國語的實例，相信可以消除問者的疑慮。

至於文字書寫，更不成問題。國語原來也不是有音都有字的，當需要用時可以造字，也可以借字，例如呎、哩、氧、鈾是新造字，「嗎」本是「罵」的俗字，去聲，今讀作輕聲，爲疑問助詞，是借字。這些是近代形成而顯然可知的。有些是早已形成而不易察覺的，例如「彼」「此」，國語

說「那」「這」，那字從邑部，與地名有關，所以《說文解字》解其本義為「西夷國」。在先秦典籍裡即有各種用法，如《詩經》「受福不那」，「那」解為多；又「有那其居」則解為安適；在《左傳》「棄甲則那」句中，據顧炎武的解釋，「那」是「奈何」的合音，大約從宋代以後才借為指稱詞「那個」（去聲）的用法，到現代又增加了疑問助詞「那裡」（上聲）的意思，並且為了區別起見，又新造了「哪」字使用。又「這」本是「迎」的意思，見於《玉篇》，自唐代以後又被借為指稱詞「此」，可見這、那，都是借字。

國語用字可以這樣解決，客語用字自然也可以如法炮製。何況客語中很多是本有其字的，只因歷來都不作書面語，才被世人所淡忘，例如客語呼雞的聲音如「朱朱」，其字作「䨲」，見於《說文解字》；又客語說把蛋碰破為kab^8，其字作磕，又以頭碰壁為ngab^8，是磕字的音轉，像這種找本字的工作，只要花些時間便可完成，至於找不到本字的，也有方法可以解決。這在學術界已有不少討論，在技術上是可行的。

真正值得注意的倒是實施方法的一些問題，尤其是學習機會的公平性問題。目前規定國小學生必須就閩南語、客語或原住民語中任選一種修習。學校得依地區特性及學校資源開設閩南語、客家語、原住民語以外之鄉土語言供學生選習。所謂任選一種，原意恐怕是讓學生自由選擇，而且學會了一種之後，也可改學其他一種。問題是假如學校以地區特性或師資缺乏為由，拒開某些課程，那麼有些學生，是否就學不到他想學的語言課程？例如某校有兩名想學原住民語的小孩就讀，如果學校不開原住民語言課程，那豈不是就剝奪他們學習原住民語的權利？目前客家人在城市裡也是散居的，相信也可能碰到同樣的境遇，所以類似這種狀況，是應該事先加以防範的。

鄉土語文教學的目的，是要透過語文學習，去了解以及尊重各族群文化。所以比較理想的方式是：只要有學生選修，學校就必須開課；其次，每

校至少應同時開設兩種以上鄉土語文課程供學生選修，讓學生有機會學習本族群以外的語文。即使學生對於第二種語言只學到一百句或五十句，或僅學到簡單的日用品名稱和問候語，相信對了解和尊重各族群文化，都有正面的意義。最近臺北市準備推出會話一百句，配上各族群語言發音，供學生學習，這是很有創意的做法，值得借鏡。

　　把鄉土語文列入學校正式課程，是我國教育史上的創舉，所以其實施成效必將為全國人民所關注。相信大家都知道，語文絕不止是一種溝通工具，它更承載著深厚的文化內涵。任何一種語文，不僅是這種語族文化賴以維繫的象徵，同時也是人類文化共同的遺產，希望有朝一日，臺灣的電視節目，都有語音選擇，你可以選擇國語、客語、閩南話，也可以選擇各種原住民語；無論你走到臺北或臺東，接觸任何一種鄉土語言，都同樣感到親切，並且還能跟他應對幾句。到那時，臺灣各語族的語言文化都能獲得較好的發展，展現臺灣多元文化的面貌，就像各色花種，遍布大地，共同營造美麗的春天。

　　臺北五南圖書公司，一向以服務教育文化為宗旨，多年來曾出版許多品質優良的教學和參考用書。最近為配合鄉土語文教學的實施，又決定系列推出相關的圖書，「客語教學叢書」就是其中的一種。本叢書以出版中小學教師和學生適用的書籍為主，同時也考慮一般社會人士學習客語和認識客家文化的需要，陸續出版與客家有關的語言、文學、鄉土、歷史、社會風俗及工具性、資料性等各類圖書，以期為教育文化事業盡一分力量，殷切期盼各界賢達，惠予支持，並賜指教！

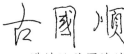

謹誌於美國洛城

二〇〇一年五月

古 序

　　臺灣是多語族的社會，所以在文化上向來呈現百花齊放，絢麗多姿的景象。尤以近十餘年來，隨著經濟繁榮和社會開放的腳步，也加速了各族群語言文化的研究。以客家研究而言，靠著前輩學者的帶動，已經喚起廣大民眾的關心，同時也吸引更多研究者的參與，何石松博士就是其中具有工作熱誠，而且態度執著的一位。的確給這方面的研究，增添一股新的活力。

　　何博士是新竹縣寶山人，操一口純正的海陸腔，曾於六年前協助我編過「臺灣客家話記音訓練教材」，他自己研究並發表的則集中在客話中的經典雅言，以及令子（謎語）和諺語的蒐集與闡釋。最近他把有關諺語的介紹，發表在各大報刊的約兩百篇，先選出一百篇集結成書，題為「客諺一百首」，以應讀者的需求。並且要我在書前寫幾句話。這自然是無法推辭的雅事。

　　諺語是先民智慧的結晶，諺字的結構是從言彥聲，表示「諺」就是彥士之言，即為彥士之言，通常總是簡潔雋永，並且充滿智慧的，所以容易成為流傳的對象。客家先民從中原避亂南遷，到處為客，飽經憂患，歷盡滄桑。即使定居到閩粵山區，或遷徙到臺灣以後，仍須靠智慧和體力，才能與大自然及周遭的社會環境拚搏，以取得立足之地。這些奮鬥的過程，必定留下許多寶貴的經驗和教訓傳給後人，所以客家諺語特別顯得豐富而意義深刻。

　　客諺是客家人日常用語的重要成分，平常人家不論讀過書與否，總是隨口而出，語氣肯定而意思貼切，且不論是雅是俗，都生動易懂，寥寥幾字即勝過許多話。像「田愛日日到，屋愛朝朝掃」，就是教訓子女耕田須勤勞，

居家要整潔；「牛毋做，賊毋做，橫打直過」，就是教人行為端正，則心膽自壯；「為老不尊，教壞子孫」，就是告誡老年人要自尊自重，做子孫榜樣；「敢做牛，毋驚無犁拖」，即勸告年輕人，只要肯吃苦，就不愁失業；「捉貓子，看貓嫲」，即教人娶媳婦要先觀察他父母的健康和德性。這些都是一針見血，形象鮮活的語言，而且到現在也不嫌過時。

　　飽讀詩書的人說話可以引經據典，成語連篇，但就語言效果而言，它很可能抵不上一句諺語的巧妙運用。例如你引書經「牝雞無晨」，就不如用「雞公啼係本分，雞嫲啼愛斬頭」來得清楚；說「物歸其類」，也不如「人同人好，鬼同鬼好」那樣鮮活。「千拜萬拜一爐香，毋當生前一碗湯」，就是勸人「及時行孝」；「講隻影，生隻頸」，就是批評人「捕風捉影」。如果你要勸人聽信老人言，可以引書經：「汝毋侮老成人」，也可以引各省通用的諺語：「家有一老，勝有一寶」，但客家人總習慣說成：「無個嘵唔公，項項空；無個嘵唔婆，項項無」，也說成「毋信老人言，終差會了錢，毋信老人話，終差變叫化」，這不僅是語境的問題，更是語言習慣的問題。

　　典型的客諺比起其他各地區、各語族的諺語，最大的差別在於詞彙和地域的不同。像「三月午時一陣水，當得禾苗放大肥」，水與肥押韻，水是雨，大肥是水肥；「秋霖夜雨，肥過屎」，雨與屎押韻，過是超過；「人腳狗喙，一燒就睡」，喙與睡押韻，燒是暖；「人愛人打落，火愛人燒著」，落與著押韻，打落是奚落，愛猶言要；「無尾牛假好拂」，假好猶言卻喜歡，拂是擺動，這些都是客語的特徵。又如「零工毋好做東勢葉屋，昬天光出門，斷烏正轉屋，兩尾魚脯準笋刺。」東勢葉屋在桃園平鎮鄉，葉屋就是葉家莊，毋好是不要，這話顯示葉家祖先當年克勤克儉的創業精神；「有妹仔毋好嫁銅鑼圈，挍擔水，半晝邊。」銅鑼圈指的是桃園縣龍潭鄉西南面的臺地，妹仔是女兒，挍音kai陰平聲，挑也；這些除了詞彙，更有地域性的特色。

　　諺語原是通俗易懂的語言，可是由於時代的變遷，今人可能無法完全了解，猶記幼時某年臘月打雷，鄰人驚慌來問先父「此為何兆？」先父引諺：「十二月響雷，豬仔毋使捶。」問者不解，先父隨即說道：「豬仔毋使捶就會死，明年會發豬瘟了。」可見諺語仍是需要解釋。近年來彙集客家諺語及解說客諺的書籍漸多，但是像何兄這樣透過文學手法來說明的仍屬少見，所以他的文章在報刊披露後，廣受大眾歡迎，紛紛要求早日成書，以供閱讀和教學參考，文建會獎助出版，相信也是著眼於此。語言是人類共同的遺產，客諺也是其中的一部分菁華，但願大家一同來傳承，一同欣賞它。

古國順

謹誌於市師語文所

　　諺語是村言俚語的濃縮，更是經驗智慧的結晶，尤其在語言、詩歌上更有極大的影響，因其有方土性，更有傳之久遠性，而又顯現趣味性和韻律性。因爲大多結合了民歌，故而朗朗上口。其實，《詩經》、樂府的基礎和生命力，大部分就建構在諺語上。

　　隨著時代的推進，文化層面的展開，以往沉寂在方言領域的諺語，在現代已進入了學術研究的殿堂。因爲它不但是地方的原始面貌和當時生命力的呈現，而且不像《詩經》、樂府等經過不斷的美化，好異爭奇者的多種詮釋，如「關關雎鳩」，推展到了文王的頭上，說是后妃之德也，思求淑女到了輾轉反側的程度，卻解讀爲樂而不淫；而諺語的解訓，絕不許如此的「污名化」。以其是土宇初開的新天地，不能如此附會；更以其是地方性，每一諺語多有其實際生存活動的背景，也不容許悖離生活性的附會。此爲諺語研究的特殊性。

　　何教授生長於農村，長久任教於基層，辛勤地以在職進修的方式，上夜間大學，入研究所，在以研究詩學、文論獲得博士學位之後，以其受客家文化沉浸哺育之深之久，轉而以其學術研究之素養，作客家文學、語言等之深切研求，悠然自得，成篇積卷，見之於報章雜誌，逐漸知名於時，進而與並世之客家文化研究之學者，如桴鼓相應，泛爲異彩。客家的多角度，多層面的文獻，文物探索的成果，不但爲客族人士所稱道讚賞，且爲廣泛學者所注目，而有成爲顯學之勢。日久功深，影響廣大，期其如「泰山片雨，河潤千里」，而爲中華文化源頭之一，隨客族人士而傳播於海內外，將可期其大成

也。

　　石松教授近以其《客諺二百首》將刊行，而請綴數語於篇首，乃披卷急讀，而知其於客諺已盡資料上披沙見金的收集之功；又以其身之所受，心之所感，於所抉選客諺之每一則，於深入探求之餘，而以樸實可讀性的表達，以彰明其義蘊。在形式方面，更匠心獨運，將每一則客諺以客家語言的讀法，做了漢語、國語的音讀注音。在國語教學影響之下，以客語為母語的客族家庭，其子女已漸失客語讀音之純正，得此朗朗在口，仍見於生活實際的客諺，有了正確的二種注音，將收改正有據的大效。其影響不止於客諺的可讀性訓解而已！此一百則之內，又做了「人生哲理、時令氣象、親情倫理、婚姻愛情、民俗傳說」的五大類，可謂綱舉目張，可能未完全概括客諺的全部內容，但已盡了擇優選萃之功，動人春色不須多，可以當之。

　　客諺最可貴的，是顯示了與其他諺語的一般性、相通性，如「近水知魚性，近山識鳥音」；更標出了其獨特性，如「一盤魚仔寡寡頭，一碗雞髀專專肉」、「牛欄肚鬥牛嬤，自家打自家」，如果沒有文句字義讀音的確解，更有厥義難知之嘆，可見此一篇的重要性、特殊性。客族人士心領神會之時，而保持其客族之獨特精神，發揚其領悟義蘊，則倍見此書之難能可貴矣！

杜松柏

謹誌於台北新莊

二〇〇九年十月

冠頂詩

客 家 文 化 源 流 遠
諺 語 多 姿 韻 味 長
二 次 增 修 功 浩 蕩
百 花 再 放 舊 芬 芳

王甦

　　《客諺第二百首》是繼《客諺一百首》之後的另　本小書，名之曰二百首者，其實是第二百首之意。

　　雖然如此，卻是在一百首出版十年之後才完成，一則以見平日忙於教學工作，未能全心投入客諺之研究，難有積漸之功；二則以見光陰似箭催人老，日月如梭趕少年，未料韶光匆匆，不旋踵間，竟入耆艾之年而不自覺，對此客諺二百，深感磨劍之功，何其緩也！

　　客諺千萬，雖只二百，則已深感客諺處處閃爍著智慧的光芒、善德的輝光、歷史的見證、民俗的芬芳。字字珠璣，如精金美玉；語語精煉，如翡翠珍珠；是前人經驗的累積，為人生處世的指南；可為精準的氣象預測，提供未雨綢繆的參考；是生活教育的百科全書，也是振聾啟瞶的醒世警鐘。如能口誦心惟，身體力行，則狀元文章，實不如人間良諺，始見牡丹為百花之王，而諺語乃為智慧之花！

　　客諺的確具有科學的智慧，例如今年為何會水旱疾疫並至，客諺早已預知，所謂「雙春夾一冬，十個牛欄九個空」可預知今歲疾疫蔓延；「立春晴，一春晴；立春晴，旱一冬」可預見今春的旱象；今年閏五月，所謂「閏年閏月多雨水」。今年又是十龍治水，所謂「少龍多雨水，多龍懶治水」、「一龍治水，風調雨順；十龍治水，旱潦不均」、「半年毋落水，一落半年水」，始知八月八日的水患，並非無因。從「雙春夾一冬，麻布好遮風」、「冬至在月頭（今年在十一月初七），無被毋使愁」即已預知今年是暖冬，而氣象局也在國曆十一月二十八日才預測今年是暖冬。

　　客諺也散發著善德的幽光，如：「盲看山頭土，先看屋下人」正是在人

不在土，在德不在物的象徵；「石崇豪富蓋天下，毋當范丹一扇䈛」乃意指誇奢鬥富不如積德行善；「狗咬呂洞賓，毋識好人心」是只要助人，不計毀譽的用心；「初一十五毋講古，三頭兩日背了祖」正是親子教育，語言文化的傳承；「爺娘惜子長江水，子想爺娘擔竿長」是孝子不匱，永錫爾類的警惕；「戀雞嫲，孵鴨春；戀姐婆，渡外孫」展現愛屋及烏的偉大情懷；「燈芯探橋你愛過，竹葉撐船你愛來」更是千百年來的深情渴望。凡此種種之優美諺語，如星宿之海，萬源湧出，明月江天，賞之無窮，正是「水推千年沙不盡，葉落萬年仍開花」！雖只二百首，只盼望諺諺相傳。

　　為使優美客諺能誦之於口，特別標上四縣與海陸音標，使之易讀易誦，可為客語教學的參考教材。本書乃分人生哲理、時令氣象、親情倫理、婚姻愛情、民俗傳說等五大類，並附上精美圖片，盼望您會喜歡。

　　最後感謝先祖父母及兄姊們的關愛，家母的諺語相授，內人羅老師的全力協助，眾多好友的勉勵督促；更感謝古國順、杜松柏、王甦等教授的賜序及題詩，胡畢賢、康郁文、吳餘鎬、鄭勝雄、陳淑芳老師及姜信淇校長等提供照片，五南公司的慨允發行及行政院客委會的獎助，在此一併致謝。

何石松 謹誌

2009年12月1日

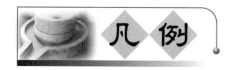

客家話的聲調舉例：斜線左邊為四縣腔聲調，右邊為海陸腔聲調。

陰平	上聲	陰去	陰入	陽平	陽去	陽入
24/53	31/24	55/11	2/5	11/55	55/33	5/2
xien ╱/sien ╲	ng ╲/╱	cong –/chong ˇ	kiug ╲/–	iu ˇ/rhiu –	tai –/+	hog –/╲
ㄒㄧㄢˊ/ㄒㄧㄢˋ	ㄤˋ/ˊ	ㄎㄛㄥ–/ㄔㄛㄥˇ	ㄎㄧㄨㄍˋ/–	ㄧㄨˇ/ㄖㄧㄨ–	ㄊㄞ–/+	ㄏㄛㄍ–/ㄏˋ
仙	女	唱	曲	遊	大	學

目錄

二、時令氣象

三、親情倫理

四、婚姻愛情

五、民俗傳說

人生哲理

近水知魚性　近山識鳥音

kiun╱╱╲　sui╲/shui╱　di╱╱╲　ng╲/-　xin-/sin╲

ㄅ丨ㄨㄣ╱╱╲　ㄙㄨㄟ╲/ㄕㄨㄟ╱　ㄅ丨╱╱╲　ㄤ╲/-　ㄒ丨ㄣ-/╲

近　　水　　知　　魚　　性

kiun╱╱╲　san╱╱╲　siid╲/shid-　niau╱╱╲　im╱/rhim╲

ㄅ丨ㄨㄣ╱╱╲　ㄙㄢ╱╱╲　ㄙㄅ╲/ㄕ丨ㄅ-　ㄋ丨ㄠ╱╱╲　丨ㄇ╱/ㄖ丨ㄇ╲

近　　山　　識　　鳥　　音

　　近水知魚性，近山識鳥音。意指住在水邊的人，大多知道魚的種類性格，生活習性及擅長各種捕魚技巧；而住在山上的人，對於各種鳥類的叫聲，也大多瞭如指掌，可以輕易辨識，聆聽觀賞。二者乃在說明環境與人的密切關係，多接近山水自然，認識游魚飛鳥，可以增廣見聞。

　　住在水邊的人，每日所見不是汪洋大海，廣闊湖泊，就是滾滾大河，滔滔流水，日夕沉潛水中，則大多善泳善漁，熟知水性魚性，沒入水中，也不畏懼，捉鱉捕魚，毫無困難。於是，水邊之人，所知魚之種類必多，魚之習性必明，如水上人家，生活起居多在水裡，可以斷髮紋身，與群魚共游，要抓魚真如探囊取物，即使不是水上人家，只要處於岸邊港口之人，也多諳魚性。

　　至於鄰近山邊的人，放眼盡是蓊鬱林木，青翠竹林，白雲繚繞，群鳥舞空，相處日久，更是百鳥飛翔林下，飛禽竄於簷間；時而間關

鶯語花底滑，時而燕語生生明如嚳真是鳥聲百轉，風情萬種。也有枝頭喜鵲，傳遞佳音；山頭烏鴉，無端示警；有郭郭郭郭的姑惡哀怨情深；有姑姑姑姑的杜鵑泣血。倉卒之間，難知其意，駐足諦聽，可識鳥音。

　　古代公冶長熟知鳥語，因而飽嚐山後之大肥羊。但，因未能回饋羊腸，激怒群鳥，故而有囹圄之災，故孔子歎氣說：「公冶長雖在縲絏之中，非其罪也。」幸好後來也因懂得鳥語，接受考驗，得知遠處運糧專車翻覆，糧食散播滿地，群鳥穿梭傳訊，證之果然，終乃獲得自由之身。

　　無獨有偶，數年之前，大陸昆明亦有一熟諳鳥語男子，利用鳥語誘捕山中飛鳥，竟使群鳥盡入彀中，驚動社會。看來近山確可熟識鳥音，只是但求知音來聆賞，不求知音來侵害。

水推千年沙毋盡　葉落萬年仍開花

sui╲/shui╱　tui╱/╲　qien╱/cien╲　ngien∨/-　sa╱/╲　m∨/-　qin-/cin+

ㄙㄨㄧ╲/ㄕㄨㄧ╱　ㄊㄨㄧ╱/╲　ㄑㄧㄢ╱/╲　ㄫㄧㄢ∨/-　ㄙㄚ╱/╲　ㄇ∨/-　ㄑㄧㄣ-/+

水　推　千　年　沙　毋　盡

iab-/rhab╲　log-/╲　van-/+　ngien∨/-　in∨/rhin-　koi╱/╲　fa╱/╲

ㄧㄚㄅ-/ㄖㄚㄅ╲　ㄌㄛㄍ-/╲　ㄪㄢ-/+　ㄫㄧㄢ∨/-　ㄧㄣ∨/ㄖㄧㄣ-　ㄎㄛㄧ╱/╲　ㄈㄚ╱/╲

葉　落　萬　年　仍　開　花

水推千年沙毋（不）盡，葉落萬年仍開花。意指宇宙萬物，生生不息，層出不窮。好比滾滾流水，波濤洶湧，推山石而崩塌，挾泥沙以俱下，卻是沙流無盡，愈堆愈多；繽紛林園，葉落花開，桃李含笑而爭春，梅花孤高以傲雪，雖是年年葉落，然愈落愈開，花開不窮。

生命之力，如環之無端，無始無終，無窮無盡，隱藏奧秘，深不可測。大哉水之於天下也，沾溉萬物，霖雨蒼生，可以免除乾旱之災；哺育生養，可以免除飢渴之苦；而柔弱之水更可水力發電，展現無窮威力，而致生氣蓬勃。其就下翻湧，奔騰萬里，沛然莫之能禦；或深入地下，噴湧而出，真有無限生機。其水流小而慢者，則清澈而泥沙少；水流大而急者，則渾濁而泥沙多，難以盡去。

台灣山高而河流短，雖有大雨，但來得快去得也快，爲了蓄水灌溉，常在河中截流築壩以蓄積流水，所蓄之水，平日看之，似是

很深，但幾場大雨沖刷之後，不是壩裂堤決，就是沙流滾滾，濁如泥漿，水田已成沙田，清河已成沙河，如此日復一日，年復一年，三年五載，百歲千年，水雖洶湧地流著，泥沙亦靜靜地堆積，真是水推千年，流沙不盡。

至諸草木，有終年茂盛蓊鬱，如蒼松翠柏，「經冬猶綠林」的柑橘者，亦有經霜而落葉的梧桐、柿子，瑟瑟冬寒而葉落的桃李、梅樹等，其綠葉落則落矣，卻開出令人振奮的花朵，如梧桐花開，一片溪山秋雪，柔白美麗，宛似仙境，故鳳凰非梧桐不棲，實為智者。家鄉有滿山梧桐，雖不見鳳凰前來棲息，亦深感寧謐境界；柿子冬日落葉，春季開花，其花雖小，但柔白可觀，二者皆先長葉而後開花；又若灼灼的桃花，潔白的李花，似雪的梅花，三者皆先開花而後長葉。

不論是先落葉後開花，或先開花後落葉，俱見其雖然落葉，看似枯木朽枝，其實內中正沈潛修練，有旺盛的生命力，愈挫愈奮，長而彌堅，故不待春日之來，已悄焉輕吐嫩芽，綻放紅蕊，蓬勃朝氣，令人躍然心動！所謂「梧桐葉落根猶在，留取枝梢再等春」，如此春去秋來，歲月如流，歷經千年萬載，木似枯而心沈潛，葉雖落而花仍開。

【2000-02-16/聯合報/39 版/鄉情】

火燒竹筒心肚熱　鑊頭無蓋氣沖天

fo ＼／	seu ／/shau ＼	zug ＼/zhug-	tung ∨/-	xim ／/sim ＼	du ＼／	ngied-/＼
ㄈㄛ＼／	ㄙㄝㄨ／/ㄕㄠ＼	ㄗㄨㄍ＼/ㄓㄨㄍ-	ㄊㄨㄥ∨/-	ㄒㄧㄇ／／	ㄅㄨ＼／	ㄤㄧㄝㄅ-/＼
火	**燒**	**竹**	**筒**	**心**	**肚**	**熱**

vog-/＼	teu ∨/-	mo ∨/-	goi-/∨	hi-/∨	cung ／/chung ＼	tien ／/＼
万ㄛ/-/＼	ㄊㄝㄨ∨/-	ㄇㄛ∨/-	ㄍㄛ ㄧ-/∨	ㄏ ㄧ-/∨	ㄘㄨㄥ／/ㄔㄨㄥ＼	ㄊ ㄧㄢ／／
鑊	**頭**	**無**	**蓋**	**氣**	**沖**	**天**

　　火燒竹筒心肚(心裏)熱，鑊頭(鍋子)無蓋氣沖天。意指竹筒燒火，熱氣鬱結蓄積於竹筒裏面，澎湃洶湧，不得散發，然而火勢又至為猛烈，竹筒隨時有爆裂可能；而鍋子開水，已然滾燙無比，所有熱氣，因無鍋蓋阻攔，而往上衝，不知何時方休。有挫折失意，氣困於中；打擊受辱，氣洩於外；過猶不及，不合中道的涵義在內。

　　農業社會，灶孔燒火，最忌用竹筒，因火燒竹筒，熱氣「焗」促一隅而擠壓膨脹，無法向外竄出，火苗亦難以燃燒至竹筒肚內，於是，內外交煎，濃煙密布，鬱積一處，不易發洩，好比多「情」善感之人，心中一片「熱」情，欲訴無門，中心痛苦，無人得知，一旦血脈賁張，忍無可忍，至臨界點，畢剝爆裂，飛土揚灰，則已玉石俱焚矣！故一般燒火，多忌燒竹筒，必不得已，

則破而析之成兩片；或在竹筒上剁開幾個洞口，使其氣流得以宣洩，以助火勢，才能免於悶氣交困於筒中，火氣困積於灶裏。竹筒如此，人亦宜然，心中火氣，如無輔導宣洩，必憂愁得病，如石磨消蝕，明月減輝。

灶裏烈燄滔天，鍋裏熱水鼎沸，滾滾熱氣，翻騰洶湧，因無鍋蓋所罩，直衝雲霄，可謂氣勢萬鈞，無法阻擋，眼看鍋中滾燙不已，熱氣上行無止，真不知何時方能氣消雲散。

其實，鍋中之氣，來自鍋下灶中之猛火；筒中之氣，亦來自筒外之烈火，欲消火氣，與其只做消極的揚湯止沸，何如釜底抽薪？欲消心中氣，先滅心頭火，鍋子竹筒，可以為師。多少世間男女，一旦所求不遂，打擊受辱　按捺不住，敵人見面，分外眼紅，怒火攻心，氣消無從，慾火焚身，燈蛾撲火，玉石俱焚，俱是未能振葉尋根，正本清源，對症下藥，以尋病因。

火燒竹筒，怒氣攻心；鍋子無蓋，蒸(真)氣渙散，二者過猶不及，皆難合中庸之道。竹筒之氣難以發洩於外，鍋子之氣又無法凝聚於內，俱見一則氣阻人困，事與願違，悶氣在心，痛苦無已；一則氣洩人乏，打擊壓力，與日俱增，快心逞欲，伊於胡底。切莫抱薪救火，而致形銷骨立，世間多少事物，有類於此，實為可歎。

【1999-05-16/聯合報/39 版/鄉情】

一盤魚仔寡寡頭　一碗雞髀專專肉

id ＼ /rhid-	pan ∨ /-	ng ∨ /-	e ＼ /er-	gua ＼ / ∕	gua ＼ / ∕	teu ∨ /-
ㄧㄅˋ/ㄖㄧㄅ-	ㄆㄢˇ/-	ㄤˇ/-	ㄝˋ/ㄜ-	ㄍㄨㄚˋ/ˊ	ㄍㄨㄚˋ/ˊ	ㄊㄝㄨˇ/-
一	盤	魚	仔	寡	寡	頭

id ＼ /rhid-	von ＼ / ∕	gie ∕ /gai ＼	bi ＼ / ∕	zon ∕ /zhon ＼	zon ∕ /zhon ＼	ngiug ＼ / ∕
ㄧㄅˋ/ㄖㄧㄅ-	ㄈㄛㄣˋ/ˊ	ㄍㄧㄝˊ/ㄍㄞˋ	ㄅㄧˋ/ˊ	ㄗㄛㄣˊ/ㄓㄛㄣˋ	ㄗㄛㄣˊ/ㄓㄛㄣˋ	ㄤㄧㄨˋ/ㄍˊ
一	碗	雞	髀	專	專	肉

一盤魚仔(泛指魚)寡寡頭(都是頭)，一碗雞髀(雞腿)專專肉(都是肉)。係指一盤的魚，全都是頭，很難下箸(筷)而坐立不安；一碗的肉，都是雞腿，芳香四溢而溫馨滿懷，真是順逆不同，境遇有別，世情冷暖，陰晴不定。有意見紛歧，無所適從：一身溫暖，無福消受的涵義在內。

一盤魚，應該有魚頭、魚肚、魚肉、魚尾才對，怎麼會全部都是頭呢？何況「一隻魚頭三分參」(魚頭營養價值極高，有三分人參的功能)，魚頭，又有什麼不好？原來，這盤魚本來極為豐盛，但鮮美魚肉早已被搶食淨盡，等到被派去當差的回來吃飯時，整盤魚雖不能說蕩然無存，但只剩下幾顆殘存的魚頭冷炙，以為是殘羹敗肴，想來想去，卻不知如何下箸，而此時又餓又累，對此殘肴，不禁徒感委屈。

舊時農業社會，謀生不易，求職困難，許多青年紛紛前往山區開山打林，披荊斬棘，工作至為辛苦，許多工作已被他人捷足先登，自

己新來乍到，粗重工作，大多落到自己身上，舉頭盡是陌生面孔，而且不是什麼主任，就是班長，或是分區主任，又是股長，即使他們不在，出現的竟都是代理主任，代理班長之類的。整天不是這個主任吩咐，就是那個班長交代，而且意見不一，做法不同，他們個個都是頭頭，不能表示自己意見，因而動輒得咎，無所適從，真是順了姑情拂嫂意，雖是忙得不可開交，沒有一絲餘閒，還會受氣挨罵，碰到交代事情時，真的不知如何下手，因此便說：「一盤魚仔寡寡頭。」

　　記得幼年時，不論是在家裏，或到外婆家，在一頓豐富饗宴之前，長輩便會裝一碗飯，上面夾著一塊大雞腿，叫我們先吃，看那大雞腿，一身是肉，令人垂涎。

　　尤其在農業社會，所養的雞都是在山林之間逍遙自在，自由活動，汲取清新甘泉，啄食青草長大的「土雞」，一般多是十來斤的閹雞，雞肉堅韌鮮美，味道特別清香。但，小孩食量有限，不知此即佳肴，往往一根雞腿尚未吃完，就已吃不下飯，何況，尚正在品嚐之際，又夾了一塊鮮嫩嫩的翅膀，雞肝，雞心等，裝得整碗都是雞肉，真是：「一碗雞髀專專肉」，歡樂童年都在整碗雞肉中長大的。

　　一盤魚仔，全都是頭，卻難以下箸；一碗雞髀，全都是肉，卻消受不起，一則山頭林立，莫側高深；一則溫柔慈愛，親情無盡，人生有此順逆冷暖，好比月有陰晴圓缺，何如知足以惜福，理智以面對，則雞髀與魚頭，俱是佳肴矣。

【2000-05-27/聯合報/39 版/鄉情】

七十不留餐　八十不留宿

qid ＼/cid-	siib-/shib ＼	bud ＼/-	liu ∨/-	con ╱/＼
ㄑ１ㄅ＼/-	ㄙㄅ-/ㄕ１ㄅ＼	ㄅㄨㄅ＼/-	ㄌ１ㄨ∨/-	ㄘㄛㄅ╱/＼
七	十	不	留	餐

bad ＼/-	siib-/shib ＼	bud ＼/-	liu ∨/-	xiug ＼/siug-
ㄅㄚㄅ＼/-	ㄙㄅ-/ㄕ１ㄅ＼	ㄅㄨㄅ＼/-	ㄌ１ㄨ∨/-	ㄒ１ㄨㄍ＼/-
八	十	不	留	宿

　　七十不留餐，八十不留宿。這是一首期盼對老年人關照入微、細心照拂，暗寓子女宜孝父母的諺語。意味對年登耄耋的老人，做子女的宜避免讓其單獨到親朋家中用餐或住宿，以免突生意外而措手不及，若果非用餐留宿不可，應深入了解其健康狀況，全程伴隨照顧。

　　當然，並非所有七十歲以上的老人都行動不便，亦有八十九十，而仍健步如飛、工作勤奮者，如家母已近耄齡，仍種菜賣菜樂此不疲，故七十不留餐，八十不留宿，切不可以辭害意，而限制老人行動，乃宜多盡孝心而已。

　　舊時農業社會，衣食不豐，卻爲家有老人者，三餐皆備可口「私家菜」，如舂花生粉佐食，煮剁碎的鮮肉稀飯，煮肉糜湯（鮮肉剁碎煮成的清湯），燉人參雞湯；睡前備熱水暖腳，以便容易入睡，準備火囪（籠）以取暖等，不必留餐留宿，而有溫馨幸福的生活，真是

孟子所言「老者衣帛食肉，黎民不飢不寒」的理想境界。

【1999-03-05/聯合報/39 版/鄉情】

人老朱顏改　虎瘦雄心在

ngin ∨/-　　lo ＼/　　zu ∕/zhu ＼　ngien ∨/-　　goi ＼/

ㄣㄧㄣ∨/-　　ㄌㄛ＼/　　ㄗㄨ∕/ㄓㄨ＼　ㄣㄧㄢ∨/-　　ㄍㄛㄧ＼/

人　　　老　　　朱　　　顏　　　改

fu ＼/　　ceu-/seu ∨　　hiung ∨/-　　xim ∕/sim ＼　coi ∕/＼

ㄈㄨ＼/　　ㄘㄝㄨ-/ㄙㄝㄨ∨　ㄏㄧㄨㄥ∨/-　ㄒㄧㄇ∕/ㄙㄧㄇ＼　ㄘㄛㄧ∕/＼

虎　　　瘦　　　雄　　　心　　　在

　　人老朱顏改，虎瘦雄心在。意味著人類一旦年老體衰，那紅潤的臉龐，美好的顏面，便會陡然改觀，恐會影響心境；而老虎雖然也是瘦弱衰老，但其雄心壯志，仍然不減當年，看牠英姿勃發，虎虎生風，令人敬畏。人類亦然，雖然年老，仍然要以虎爲師，效法其雖瘦而仍然具有雄心壯志才是。

　　人「老」，是生老病死四大痛苦之一，「生」雖痛苦，尙充滿無窮希望；死則一無所知，而老則與病爲伍、與死爲鄰，彷彿看到生命的夕陽、希望的落日，尤其是那秀麗貌美的年華，神釆飄逸的丰姿，即將暗淡無光，隱匿消失，有如長江之水，一去不返，繼之而來的，竟是如此佝僂老弱、骨瘦如柴、白髮蒼蒼、雙目茫茫、頭童齒豁、滿臉皺紋、老態龍鍾、言語不清、行動不便、食欲不振，因而萬念俱灰，百無聊賴，真是青山依舊在，只是朱顏改。

　　至於老虎，則雖老而朱顏不改，雖瘦而雄風猶在，尤其瘦虎，

身體矯健，行動快捷，更是雄姿英挺，欲攫取食物充飢，而精神抖擻，絲毫不為外物所懾。況其不易飽足，愈瘦而生命力愈強，愈瘦而意志力愈堅，善於籌畫虎卜，獵食如探囊取物，無往不利。所謂「與虎謀皮」、「以肉投餒虎」，雖餓虎更不可小覷其威力，可見瘦餓之虎所激發之雄心，實銳不可當，其威力乃千百倍於平日，豈可因虎瘦而有輕視之心，此亦虎之所以為百獸畏懼的緣故。

　　人老朱顏雖改，亦當如虎瘦而雄心猶在。如其心志專注於道，則三月不知肉味，不知老之將至；如其心志渙散不堅，則雖朱顏未老而其心老矣！好比虎雖瘦而雄心萬丈，生於憂患而愈挫愈奮；而飽食之際卻臥於洞穴之中，難見其威，可知只要雄心猶在，於朱顏衰老或瘦弱飽暖，又何足掛齒？

【1999-01-08/聯合報/39 版/鄉情】

千斤擔頭有人核　一身病痛無人替

qien‑／cien﹨	gin／＼	dam-/∨	teu∨/-	1u／rhiu﹨	ngin∨/-	kai／＼
ㄑㄧㄢˊ＼	ㄍㄧㄣˊ＼	ㄅㄚㄇ-/∨	ㄊㄝㄨ∨/-	ㄧㄨˊ/ㄖㄧㄨ﹨	ㄤㄧㄣ∨/-	ㄎㄞˊ＼
千	斤	擔	頭	有	人	核

id﹨/rhid-	siin／shin﹨	piang-/+	tung-/∨	mo∨/-	ngin∨/-	tai-/∨
ㄧㄉ﹨/ㄖㄧㄉ-	ㄙㄧㄣˊ/ㄕㄧㄣ﹨	ㄆㄧㄤ-/+	ㄊㄨㄥ-/∨	ㄇㄛ∨/-	ㄤㄧㄣ∨/-	ㄊㄞ-/∨
一	身	病	痛	無	人	替

　　「千斤擔頭（擔子）有人核，一身病痛無人替」，意指個人能力有限，雖無獨力挑起千斤重的擔子，但卻會有許多志同道合的人來分擔，一樣可以順利完成，而充滿喜悅；但如果未能珍攝身體，健康受損，導致一身病痛，而度日如年，忍受煎熬，卻沒有人會代替痛苦。真是快樂可以分享，痛苦很難分擔，平安健康之重要，可見一斑。

　　昔日農業社會，人力是最重要的資源。舉凡割禾挑擔、耀米耀穀、伐木砍柴、集材挖煤、犁田插秧、苦力行賈等，莫不需要眾多的人力，不管是割了幾千斤的稻穀，燒了幾千斤的火炭（木炭），砍了幾千斤的木材，挖了幾千斤的石炭（煤），要買賣，要運輸，雖是堆積如山，其重無比，絕非一人所能獨力完成，但靠眾志成城，齊心協力的結果，不管幾千斤重的擔子，也是一擔一擔的完成，那種豐收完成的喜悅，散發著快樂的芬芳，可以共同分享。

千斤重擔，有人分擔；一身病痛，無人能替。看來，生活上的重擔，雖苦猶甘；臥病時的玉食滋補，有苦難言。無怪乎愈來愈多的得道之士，願意義務分擔社會的重擔，以分享付出的快樂，也不願賦閒臥病在床，這真是「千斤重擔有人抶（荷），一身病痛無人替」的真諦。

【2000-05-08/聯合報/39 版/鄉情】

山高難遮日　竹密難擋水

san ╱/╲	go ╱/╲	nan ∨/-	za ╱/zha╲	ngid╲/-
ㄙㄢ╱/╲	ㄍㄛ╱/╲	ㄋㄢ∨/-	ㄗㄚ╱/ㄓㄚ╲	ㄤㄧㄅ╲/-
山	**高**	**難**	**遮**	**日**

zug╲/zhug-	med-/╲	nan∨/-	dong╲/╱	sui╲/shui╱
ㄗㄨㄍ╲/ㄓㄨㄍ-	ㄇㄝㄅ-/╲	ㄋㄢ∨/-	ㄅㄛㄥ╲/╱	ㄙㄨㄟ╲/ㄕㄨㄟ╱
竹	**密**	**難**	**擋**	**水**

　　馬英九案二審宣判無罪之後，馬用客諺表示：「山高難遮日」；暗喻自己行事光明磊落如太陽般，雖一時為高山所阻，終究會真相大白。這諺語頗值得大家深思。

　　這句諺語亦作：「山高難遮日，竹密難擋水；竹密何妨流水過，山高不礙白雲飛。」真有恢弘的胸襟與器度。的確，再高的山，無法阻擋白雲的舒展；再密的竹林，也無法阻擋流水的通行。其實是指凡物皆有其能力的侷限，不能一手遮天，當然也無法一山遮日；不論自喻為日或山，都必須小心翼翼，謹慎將事。因為，各黨立場互異，人民想法不同，人無雙眼珠，針無兩頭利；石大壓不住竹筍，山高壓不住雲霞，月光雖亮難曬穀，燈芯再粗難作柱，深體斯理，可以無愧。

　　山高難遮日，亦作山高遮不住太陽，有另外的解釋，是指年紀雖大，仍得尊重年紀小而輩分高的人。其語源自紅樓夢廿四回：「俗

語說的好，搖車兒的爺爺，拄拐棍的孫子，雖然年紀大，山高遮不住太陽。」再高的山，也遮不住太陽，又豈可不謙虛謹慎。

　　人小處山之下，山可以遮日；人若大於天，則山無法遮日，可見亦指人外有人，天外有天，豈不聞山頭有話講，山尾有應聲？

　　山高難遮日，期盼真相大白，更期盼山高不要遮住太陽，任白雲盡情舒展，更要尊重年紀小而輩分高的人。

【2007-12-29/聯合報/A23 版/民意論壇】

日蹶夜蹶 屎脏凸凸 日寮夜寮 長衫窈窕

ngid ＼/-	kied-/＼	ia-/rha+	kied-/＼	sii-/shi+	vud ＼/-	tied-/＼	tied-/＼
兀ㄧㄅ＼/-	ㄎㄧㄝㄅ-/＼	ㄧㄚ-/ㄖㄚ+	ㄎㄧㄝㄅ-/＼	ㄙ-/ㄕ1+	万ㄨㄅ＼/-	ㄊㄧㄝㄅ-/＼	ㄊㄧㄝㄅ-/＼
日	蹶	夜	蹶	屎	脏	凸	凸

ngid ＼/-	liau-/+	ia-/rha+	liau-/+	cong ∨/chong	sam ／＼	liau-/+	tiau-/+
兀ㄧㄅ＼/-	ㄌㄠ-/+	ㄧㄚ-/ㄖㄚ+	ㄌㄠ-/+	ㄑㄛㄥ∨/ㄔㄛㄥ-	ㄙㄚㄇ／＼	ㄌㄠ-/+	ㄊㄧㄠ-/+
日	寮	夜	寮	長	衫	窈	窕

　　日蹶(勞碌奔波之意)夜蹶，屎脏(屁股)凸凸(指突出，光屁股之意)；日寮夜寮，長衫窈窕。日寮(或作料，休息享福之意)夜寮，長衫窈窕。意指日夜都在努力工作之人，卻難得三餐之飽，衣不蔽體；而那些日夜都無所事事，休息享福之人，卻豐衣足食。

　　這也是指貧富不均，不知民間疾苦，亦有「命裡有時終須有，命裡無時莫強求」，仍宜樂觀奮鬥的涵義在內。

　　蜘蛛爲了生活，在烈日下，在風雨中，日夜都光著屁股在吐絲結網，一旦風吹草動，以爲獵物上門，誰知事與願違，在風雨、人爲因素之下，羅網已殘，獵物已杳。一切努力付諸流水，雖日夜工作，竟難得溫飽。

　　蟑螂衣履鮮潔，似乎不必有日曬雨淋、揮汗工作之苦，卻有豪華住宅、錦衣玉食之樂。看牠衣食不虞匱乏，不知羨煞了多少勤奮的蜘蛛？

古往今來的社會亦是如此。有人日夜辛勞，而仍身穿破襖；有人日寮夜寮，卻是衣衫窈窕。固然是弱勢族群不善理財，有以致之，未嘗不是「朱門酒肉臭，路有凍屍骨」貧富不均的寫照。雖是社會價值的錯亂，弱勢者無助的吶喊。但也暗喻世人：賺食要認真，發財靠命，凡事要樂觀奮鬥，不可強求，如果臨淵羨魚，自怨自艾，於己於人，俱無助益也。

【1998-11-28/聯合報/39 版/鄉情】

毋食爛飯毋得寶　毋著爛衫毋得老

m∨/-	siid-/shid丶	lan-/+	fan-/pon+	m∨/-	ded丶/-	bo丶/ノ
ㄇ∨/-	ㄙㄉ-/ㄕㄧㄉ丶	ㄌㄢ-/+	ㄈㄢ-/ㄆㄛㄣ+	ㄇ∨/-	ㄅㄝㄉ丶/-	ㄅㄛ丶/ノ
毋	**食**	**爛**	**飯**	**毋**	**得**	**寶**

m∨/-	zog丶/zhog-	lan-/+	sam╱/丶	m∨/-	ded丶/-	lo丶/ノ
ㄇ∨/-	ㄗㄛㆡ丶/ㄓㄛㆤㄍㆡ-	ㄌㄢ-/+	ㄙㄚㄇ╱/丶	ㄇ∨/-	ㄅㄝㄉ丶/-	ㄌㄛ丶/ノ
毋	**著**	**爛**	**衫**	**毋**	**得**	**老**

　　毋食爛飯毋得寶（飽），毋著爛衫毋得老。意指吃飯必須細嚼慢嚥，得其珍「寶」（真飽），吸其真髓，有助消化，也有益健康，不宜狼吞虎嚥，囫圇吞棗，而糟蹋糧食；穿衣必須愛惜衣物，保持整潔，視之如己，穿至破爛，有始有終，長久如一，而有深厚感情，不宜追求時髦，隨意丟棄。吃爛飯而寶其味，著爛衫而老於情，有珍惜資源，愛物養生，體驗大道的涵義在內。

　　舊時社會，對辛勤收割的稻米五穀，特別珍惜，飯入口中，必須細細咀嚼，慢慢吞下，便會深體齒頰留芳，添增食欲，大飽口福之樂。食爛飯，就是將白飯嚼得稀爛，而口舌生津，得其飲食三昧與真味秘寶，無浪費之虞。能吃爛飯，雖吃三白飯（白飯、白蘿蔔、白鹽），也是生活悠哉瀟灑；不吃爛飯，而囫圇吞棗，雖玉食珍饈，也食不知味，難得珍寶，殊為可惜。

穿著衣服，務在蔽體禦寒，舒適大方而已。毋須標新立異，追趕時髦，不論短袖長衫、衣裳衫褲，襖婆外套等，都應乾淨整齊，清爽舒適，珍愛逾恆。衣裳雖舊，穿之如新。衣服未破，即予棄置，一則暴殄天物，一則失其故誼，好比朋友無過，即予絕交，則其錯在我，所失必多。

　　昔者重耳未至國門，而棄其破舊衣物，之推乃暗萌去思，終有綿山之恨。如若穿破衣裳，對爛衣充滿愛惜之意，感激之情，用之待人接物，豈非愛心普被，溫馨無比。

【1999-01-01/聯合報/39版/鄉情】

水浸牛皮　越浸越韌

sui＼/shui✓　jim-/zim∨　ngiu∨/-　pi∨/-

ㄙㄨㄟˋ/ㄕㄨㄟˊ　ㄐㄧㄇ-/∨　ㄤㄧㄨ∨/-　ㄆㄧ∨/-

水　　浸　　牛　　皮

ied-/rhad＼　jim-/zim∨　ied-/rhad＼　ngiun-/+

ㄧㄝㄉ-/ㄖㄚㄉˋ　ㄐㄧㄇ-/∨　ㄧㄝㄉ-/ㄖㄚㄉˋ　ㄤㄧㄨㄣ-/+

越　　浸　　越　　韌

「水浸牛皮，愈浸愈韌」，比喻沈潛內斂，抱負遠大的人，不斷長期充實學力，以待來年，雖歷經艱難險阻，挫折失敗，仍然淬礪奮發，不畏橫逆，好比水浸牛皮，愈浸愈韌，含英咀華，散發光芒，製成精美器具，耐磨耐用。然而，未嘗無堅毅不屈，充滿著內心的呼喚與無言的吶喊。

黃牛可以拉車，水牛可以耕田，肉牛可以食用，所剩牛皮，竟也利用價值甚高，可以製成皮革、皮鞋、皮帶、皮箱，皮衣、大鼓等，對人類衣著器用方面，作了莫大的貢獻。只是，並非甫將牛皮取下，立可製成各種精美物品，尚須一段醞釀熬鍊，沈潛浸潤之功。

可別小看那平淡無奇的牛皮，一經水浸，即展現堅韌無比的特性，浸的時間愈長，耐力愈強；浸得愈久，愈是堅韌，所謂「水

浸牛皮三斤半」(不動如山，拉都拉不動之意)，更是令人刮目相看，就如有志之士的奮鬥過程一樣，初乃貧寒無依，藉藉無名之輩，歷經矻矻窮年的沈潛蘊蓄，充實內涵，而曖曖含光，貢獻所學。縱然曾經困頓阻滯，失意打擊，也能克服困難，終底於成，確是「窮人志氣高，寧願過水毋過橋」，這種韌性強毅，不是「水浸牛皮，愈浸愈韌」嗎？不過，水浸牛皮，拿起三斤半，放忑三斤半，現在已變成江山易改，本性難移，不服教化，冥頑不靈，不論怎樣教導，都是朽木難雕，糞牆難圬的三斤半貨色了。

　　水浸牛皮，愈浸愈韌，因為牛皮浸水，堅韌無比，製成多種器物，最為堅固耐用，甚至世代傳承，永垂不朽，實為人類功臣，理應受到尊崇。可是，不由得繫念牛的一生，耕田拉車，嚐盡辛苦，大去之日，猶然難免淪為俎上之肉，最後竟然連牛皮也不肯放過，水浸牛皮，愈浸愈韌，不是一種死不瞑目的無言控訴嗎？因此，水浸牛皮，日久也就安之若素了。

【1998-01-07/聯合報/17 版/鄉情】

牛爽瘦山　鴨爽瘦田

ngiu ∨/-　　song ＼/✓　　ceu-/seu ∨　　san ✓/＼

兀1ㄨ∨/-　　ㄙㄛㄥ＼/✓　　ㄑㄝㄨ-/ㄙㄝㄨ∨　　ㄙㄢ✓/＼

牛　　爽　　瘦　　山

ab ＼/-　　song ＼/✓　　ceu-/seu ∨　　tien ∨/-

ㄚㄅ＼/-　　ㄙㄛㄥ＼/✓　　ㄑㄝㄨ-/ㄙㄝㄨ∨　　ㄊㄧㄢ∨/-

鴨　　爽　　瘦　　田

　　牛爽(破壞、損失)瘦山，鴨爽瘦田，這是一首自然環保的諺語。意指如果任憑牛隻在山上破壞踐踏，吃草休息等活動，必會使山林貧瘠不堪；任憑鴨子在水田裏自由覓食，稻田必將因而瘦弱，不利於稻子生長，確是種田耕作的指南。

　　舊時農業社會，大多用牛隻耕田。我們常可看見在耕完田或收割之後，水牛舒服地躺在水塘邊，作悠閒地反芻；黃牛也躺在田裏，和白鶴遙遙相望；這水田和陂塘，農民是不會拒絕牛隻在此棲息的。但，我們卻極少看見牛隻停留在山上的茶園裏，或果園中。牛隻如果被牽往山上吃草，必絢(客音ㄊㄛ，綁、繫)在固定所在，避免牛隻亂跑，以免損害山林。如果是將牛牽在山上的話，也大多是放牧在荒埔地、墳地，人煙稀少，未開發，雜草叢生或是不毛之地。凡是牛隻棲息、停留過的地方，不是被踩得滿地坑陷，雜亂不堪，便是牛糞遍地，狼藉污穢。偏偏牛糞在山上不是最好的肥料，無多大裨益，難怪有人說：

「一朵鮮花插在牛糞上」，除了不協調外，實指牛糞的無用，因為它會瘦山。

　　至於鴨子，極少單獨行為，多是成群結隊，或集體覓食，所到之處，如蝗蟲過境寸草不生，颶風席捲，夷為平地，青嫩秧苗受得了？一旦鴨子入田，不只弄縐一田春水，看那寬闊鴨掌，已將秧苗踩在水中，梗斷葉殘，難以生長，豈能結穗？而且鴨糞之於田地，不惟無益，而且有害，因此，農民在蒔田插秧之後，便儘量避免幼嫩秧苗，被摧殘蹂躪，多將鴨子關在陂塘溪流等固定場所。如果發現有頑皮鴨子破欄而出，衝入田地，旋即被驅趕追逐，深恐鴨子瘦田，影響生計。

【2001-06/僑苑/34 期/頁 21】

牛瘦難挨正月霜　人窮難過四月荒

ngiu ˇ/-	ceu-/seu ˇ	nan ˇ/-	ai ˊ/ˋ	zang ˊ/ˋ	ngied-/ˋ	song ˊ/ˋ
ㄫ丨ㄨˇ/-	ㄘㄝㄨ-/ㄙㄝㄨˇ	ㄋㄢˇ/-	ㄞˊ/ˋ	ㄗㄤˊ/ˋ	ㄫ丨ㄝㄉ-/ˋ	ㄙㄛㄥˊ/ˋ
牛	瘦	難	挨	正	月	霜
ngin ˇ/-	kiung ˇ/-	nan ˇ/-	go-/ˇ	xi-/si ˇ	ngied-/ˋ	fong ˊ/ˋ
ㄫ丨ㄣˇ/-	ㄎ丨ㄨㄥˇ/-	ㄋㄢˇ/-	ㄍㄛ-/ˇ	ㄒ丨-/ˇ	ㄫ丨ㄝㄉ-/ˋ	ㄈㄛㄥˊ/ˋ
人	窮	難	過	四	月	荒

「牛瘦難挨正月霜，人窮難過四月荒」。這句客諺，意指農業社會，牛要下野耕田，偏偏遇上正月嚴寒，霜雪最重的時節，瘦弱小牛，體力不繼，實在無法勝任；而貧寒人家，家徒四壁，雖然辛勤工作，偏偏趕上四月飢荒，烈日強力照射，天氣炎熱，秧枯水乾，家中米缸沒有隔宿之糧，三餐仍然無以爲繼，真是喁喁渴望，難以度日，有生活困苦，時運不濟，落難挫折的涵義在內。

春天正月，農民在插秧之前，必須翻鬆田土，使之均勻細緻，波平如鏡，而成漠漠水田，才可插秧。這犁田鬆土的重責大任，便落到水牛身上了，如果是壯碩肥大，孔武有力的，拖起耒耜、釘耙、碌碡等，還可勝任愉快。可是，畜養的牛如果奇瘦無比，弱不禁風，走起路來，氣喘如同老人，呻吟好似重病，一旦入田拖犁，東倒西歪，力不從心，真是有苦難言。每每看見農民氣急之下，口出厲言，大聲吆喝，以致怒目相向，揮鞭如雨，瘦弱憔悴老牛才勉力拖了幾

步。此時恰好又是新年剛過，霜雪撲地，冷氣襲人，羸牛不被凍死、累死者幾希！真是「正月凍死牛」，實在不是虛言，聞聽之後，令人心酸、不忍！

台灣舊時農業社會，極少大富小富，多的是大貧小貧。貧寒人家，如果是一大片的看天田(水源缺乏的旱田)，平日就捉襟見肘，難以為炊，碰到天旱饑荒，才是惡夢之始，不是寅吃卯糧，賒欠度日；就是採摘野菜，咬薑啜汁，配以稀薄如水的稀飯，攙以佐料的番薯籤，常是半飢半餓，肚內枵然，營養之不足，仍需下田工作，無不面黃肌瘦。此時，家人一旦有三長兩短，為了醫病，需錢孔急，無奈只好把田裡青黃不接的青禾，提前售與人，或是將山上正在開花的果子一併便宜出售，以籌款就醫解困，只是，如此挖東牆補西牆，捆彼以注此，壓得頭來尾又翹，真是「醫得眼前瘡，剜卻心頭肉」！面對綠意才現的稻子，早已售與他人，卻仍須頂著烈日在工作，內中辛酸，豈不是「人窮難過四月荒，為誰辛苦為誰忙」？於是，客諺又說：「四五六月日頭長，窮人毋(不)得到禾黃」(四五六月，日子漫長之際，驕陽烈日晒得農民發慌，三盼四盼，都盼不到金黃的稻子來收割)，度日之艱，可概見矣！

羸瘦的牛，最難挨過正月霜雪；貧寒人家，也最難度過四月飢荒！有一於此，已令人痛苦不堪，若二者不幸同時掩至，真是屋漏偏逢連夜雨，行船又被打頭風；如今物阜民豐，舊日牛瘦人窮的生活夢魘，日漸遠去，已無饑荒之虞，而世間男女，豐衣足食之際，卻鮮知瘦弱憔悴之苦，四月饑饉之痛，甚至富而失教，暴殄天物，將今比昔，真是天壤之別！

【1998-04-07/聯合報/17 版/鄉情】

牛欄肚鬥牛嫲　自家打自家

ngiu∨/-	lan∨/-	du╲/╱	deu-/∨	ngiu∨/-	ma∨/-
ㄫㄧㄨ∨/-	ㄌㄢ∨/-	ㄉㄨ╲/╱	ㄉㄝㄨ-/∨	ㄫㄧㄨ∨/-	ㄇㄚ∨/-
牛	欄	肚	鬥	牛	嫲

cii-/+	ga╱/╲	da╲/╱	cii-/+	ga╱/╲
ㄘ-/+	ㄍㄚ╱/╲	ㄉㄚ╲/╱	ㄘ-/+	ㄍㄚ╱/╲
自	家	打	自	家

民意論壇的專欄「阿媽的話」，有許多人愛讀，但刊出的文章多是閩南的俚俗語。本省應有許多客家的俚俗語値得介紹，建議以客語「阿婆的話」爲欄名。

客家有句「牛欄肚(裡)鬥牛嫲，自家(己)打自家」，意即：只會在牛欄裡鬥來鬥去，結果，傷害或干擾了自己人，如果真的期盼他有何作爲的話，又如緣木求魚，難成氣候。選戰方酣難免出現激情，甚至擦槍走火，傷及對方，如涉及人身攻擊，或鼓譟謾罵，肢體洩憤等，則有失君子風度矣！

其實，「你做初一，我做十五」，各憑本事，爭取選票，才是上策。番薯也好，芋頭也好，各有特色；龜不要笑馬，馬不要笑龜，駿馬雖能千里行，烏龜自有千年壽，大家要包容，不要動氣啊！

【1994-11-19/聯合報/11 版/民意論壇】

亡看山頭土　先看屋下人

mang ∨/-	kon-/∨	san ✓/＼	teu ∨/-	tu ＼/✓
ㄇㄤ∨/-	ㄎㆲㄣ-/∨	ㄙㄢ✓/＼	ㄊㄝㄨ∨/-	ㄊㄨ＼/✓
亡	**看**	**山**	**頭**	**土**

sen ✓/＼	kon-/∨	vug ＼/-	ha ✓/＼	ngin ∨/-
ㄙㄝㄣ✓/＼	ㄎㆲㄣ-/∨	ㄇㄨㄍ＼/-	ㄏㄚ✓/＼	ㄫㄧㄣ∨/-
先	**看**	**屋**	**下**	**人**

　　亡看山頭土，先看屋下(家裡)人，意指在看一家的祖墳風水之前，應該多先觀察他宗人的一切德業與努力，是否能夠以仁存心，以禮立身、以義行事，能否獲得人家的敬重佩服，才是重點，而非偏勝於其山頭之祖墳風水，故所重者，有在人不在土，在德不在物，在內不在外，在本不在末的涵義在內。

　　國人極度重視風水，不只陽宅要求趨吉避凶，更盼望陰宅是個吉地龍穴，平日處處求神問卜，以祈求福澤連綿，庇蔭子孫，至於家人處世應對之道，則似乎多所忽略。可謂：不問家人問風水，不問蒼生問鬼神。

　　實際上，個人能否成功，條件因素眾多，不是單一風水的山頭之土可以完全決定的，根據一般說法，有五種因素可以左右人的命運，分別是道德、天命、風水(環境)、積陰騭(陰德)、努力等五要件，但這五項條件也只各占五分之一的機率而已，必須使這五者同時兼顧，缺

一不可。而五者之中，又以立德爲首，其次才是天命，然後才是風水，風水，應是指通風舒適，水質乾淨、沒有污染，也就是指環境而言，如能改善，利用，以至主動創造有利環境，主權還是操之在己，而非被動的風水；第四是積陰功，到處行善，廣結善緣，必有收穫；第五則視個人是否腳踏實地，篤實奮鬥而已，看來，山頭土在這些要件中所占份量真是微乎其微。

　　㫤看山頭土，先看屋下人，所看者乃在人，而非土，在人之德，而非地上之物，在個人內在修爲，而非鑠之風水，古往今來，其例多矣，如秦王陵寢，雄峙山頭，一望無際，二世卻未得善終：明季闖王，弑親合葬，以圓帝夢，終究是身殘夢碎。而裴度還帶積德，官至宰相，韓愈之祖積九代之德，而成一代文宗，確是以人、德爲本，物、土爲末。

　　物有本末，事有終始，知所先後，則近道矣！正是，㫤看山頭土，先看屋下人的深層微旨。

【2001-06/僑苑/頁 21-22】

目睡鳥自有飛來蟲　青盲貓自有死老鼠

mug丶/-	soi-/shoi+	diau╱/丶	cii-/+	iu╱/rhiu丶	bi╱/bui丶	loi∨/-	cung∨/chung-
ㄇㄨㄍˋ/-	ㄙㄛ1-/ㄕㄛ1+	ㄅ1ㄠˊ/ˋ	ち-/+	1ㄨˊ/ㄖ1ㄨˋ	ㄅ1ˊ/ㄅㄨ1ˋ	ㄌㄛ1∨/-	ちㄨㄥ∨/ㄔㄨㄥ-

目　睡　鳥　自　有　飛　來　蟲

qiang╱/ciang丶	miang╱/丶	meu-/ngiau∨	cii-/+	iu╱/rhiu丶	xi丶/si╱	lo-/+	cu丶/chu╱
く1ㄤˊ/	ㄇ1ㄤˊ/丶	ㄇㄝㄨ-/兀1ㄠ∨	ち-/+	1ㄨˊ/ㄖ1ㄨˋ	ㄒ1ˋ/	ㄌㄛ-/+	ちㄨˋ/ㄔㄨˊ

青　盲　貓　自　有　死　老　鼠

　　目睡(打瞌睡)鳥自有飛來蟲，青盲(瞎眼)貓自有死老鼠。這是一首對懶惰成性者的反諷諺語。意指樹林之中，一隻打瞌睡的小鳥，正在呵欠連連之際，竟有一隻小蟲，隨著清風飛入口中；一隻雙眼瞇著的貓公，在徘徊無聊、誤打誤撞之際，竟然遇上一隻死老鼠。真是鴻運當頭，機緣湊巧；運來鐵成金，感覺最溫馨；是特殊意外的驚喜，不可視作正常的期望；可期待於一時，卻不可求之於永久。有不可守株待兔，緣木求魚的涵義在內。

　　喜愛大自然的朋友，便能體會到山中之鳥，特別神采飛揚，鳴叫之聲，清脆悅耳，以其豐衣足食，五「穀」豐登之故，不只飛行之鳥啄食，如探囊取物，「嘴」到擒來，容易至極；即使棲息枝上，小憩片刻，閉目養神的瞌睡鳥，一夢醒來，就有鮮美食物掛在嘴邊，睜眼一看，真是喜不自勝。天下竟有如此不勞而獲的美事，似這等

意外驚喜，在蚊蟲飛舞、蛾蝶撲面的林中，亦非不可能，好比守株待兔、緣木求魚，道中拾遺，田中拾穗一樣，可求其僥倖，不可視為當然；可得之於意外，不可視之為常態。而且林中固有意外之喜，亦有意外之災，正所謂「螳螂捕蟬，黃雀在後」，複雜林中，難謂處處平安。何況，既有飛來之蟲，難保沒有飛來之「蛇」，一旦目睡成習，居安不能思危，福之未降，禍已至矣！

　　青盲貓，其實並未青盲，只不過是視而不見，聽而不聞，飽食終日、懶惰成性的貓而已。牠終日瞇著眼睛，昏昏欲睡，或睡於暖烘烘的灶旁；或憩於暖洋洋的屋頂；有時鑽入灶孔(灶下燒火煮飯的小孔)取暖，被稱為「灶孔貓」；有時則到處閒逛，難得在家，逍遙自在，被稱為「過家貓」。鼠多全不管，無事一身輕，還虧愛管閒事的狗，拿了耗子之後棄置道旁，竟被無所事事的青盲貓撞見，於是，精神陡振，銜著死鼠，趨庭疾走，得意洋洋，其聲喵喵，似怕他人奪走似的，好像大功一件，原來捉老鼠竟是如此容易！以逸待勞，便會自動上門！應之於人，真是「懶人有懶命，鑊嫲(鍋子)碗公狗舐淨」(懶人的命真好，鍋子飯碗不洗，都有狗來舐乾淨)！

　　目睡鳥自有飛來蟲，青盲貓自有死老鼠，實乃一時的僥倖，短暫的驚喜，是無可預料的突然，而非事理必至的常態，可興奮於一時，莫期待於永久，因為，有意外之喜，也要預防意外之憂，有僥倖之財，亦有無妄之災。所謂「愚者千慮，必有一得；智者千慮，必有一失」一樣，不因一時倖致而欣喜，不因一時失意而喪氣；切莫呵欠聲中期待飛來之蟲，睡眼惺忪盼望已死之鼠，守株待兔，緣木求魚，尚無後災，一旦身陷羅網，則萬劫不復；一旦誤食毒鼠，則有生命之虞。可不慎哉！

【1999-01-13/聯合報/39版/鄉情】

先做狐狸後做獺　老了做到無結殺

sen ノ＼	zo-/∨	fu ∨/-	li ∨/-	heu-/+	zo-/∨	cad ＼/-
ㄙㄝㄣ ノ＼	ㄗㄛ-/∨	ㄈㄨ∨/-	ㄌ丨∨/-	ㄏㄝㄨ-/+	ㄗㄛ-/∨	ㄘㄚㄉ＼/-
先	**做**	**狐**	**狸**	**後**	**做**	**獺**

lo ＼/ノ	le ＼/＼	zo-/∨	do-/∨	mo ∨/-	gad ＼/-	sad ＼/-
ㄌㄛ＼/ノ	ㄌㄝ＼/＼	ㄗㄛ-/∨	ㄉㄛ-/∨	ㄇㄛ∨/-	ㄍㄚㄉ＼/-	ㄙㄨㄉ＼/-
老	**了**	**做**	**到**	**無**	**結**	**殺**

　　「先做狐狸後做獺，老了做到無結殺」（無可奈何，非常辛苦之意）。意指年輕時自恃才情，只問收穫，不問耕耘；只求享受，不願工作；遊手好閒，好逸惡勞；到處閒逛遊玩，蹉跎歲月；好像狐狸無所事事，滿山遊走一樣。

　　熟知，歲月匆匆，忽焉已老，才知長年坐吃山空，早已家無餘糧，儘管家財萬貫，亦早已花得精光，只好面對困厄環境，像水獺一樣不停的工作，只是，年紀已老，氣血已衰，輕微工作，已感不堪負荷而受不了。有勸人宜及時努力，心無旁鶩，篤實踐履，勿虛擲光陰的涵義在內。

　　狐狸雖具仁者善心，天資聰敏，但生性多疑，猶豫不決，把持不定，所謂「狐埋之而狐搰之」（狐狸把食物埋藏好，又把它挖出來），

不定，所謂「狐埋之而狐搰之」（狐狸把食物埋藏好，又把它挖出來），因而前功盡棄，一生並無多少積蓄。但生活多采多姿，優遊青山綠水之間，專揀現成水果食物、山產家禽等，不必怎麼工作，也都三餐溫飽，還瀟灑自如，快樂享受，比起那拉車的黃牛，耕田的水牛，早起的公雞，看門的家犬，捕鼠的花貓，水壩工程師的水獺言，真是快樂的公子哥兒，誰不羨慕三分？

　　尤其是水獺，更是天生勞碌，一天忙到晚，一夜到天明，一空下來，便做水中防禦工事，為居家環境奮鬥不懈，其巢築於岸邊，善水而不喜水，若有淹水，立即開築溝圳以疏導；若有樹枝雜物阻塞，立即清除乾淨，因此有「水中清道夫的美譽」。其性喜食魚，貪得無厭，把水中之魚，一條一條捕捉上岸，堆積如山，不是儲存，不是出售，卻四面陳列，稱為「獺祭」，所捕之魚，又非全部食用，任憑風吹雨打，殊為可惜，真是只問耕耘，不問收穫。

　　先做狐狸後做獺，即是指某些恃寵而驕，恃才傲物的紈袴子弟，少不更事、遊手好閒，不知前人奮鬥艱辛，又未思今之守成不易，不篤實踐履、辛勤工作於前，卻好逸惡勞、放蕩享樂於後，好比狐狸一樣，滿山遊走，活潑蹦跳、快樂無比，騷擾農家，過著「狐狸上樹氣死狗，雞啄嫩草氣死鵝」，干擾他人清靜的生活，如此蹉跎時光「胸無點墨根基淺，虛擲青春歲月深」，怎耐韶光匆匆，時不我與。

【2009-05-30】

好人賴做賊　火炭拉做墨

好　　人　　賴　　做　　賊

火　　炭　　拉　　做　　墨

　　好人賴做賊，火炭（木炭）拉做墨。意指好端端的善人，卻莫名其妙的被誤認是賊，而蒙不白之冤。生火煮飯的木炭，卻把它當做墨來使用，不惟磨不出墨，還污染得處處污垢，確係適得其反，懷才不遇；如此誣陷好人，糟蹋物資，驅犬捕鼠，事與願違，可謂認識不清，智慧不明，處事草率，敷衍塞責，有失公正廉明、人盡其才，物盡其用之義。

　　好人，當然不一定指所謂的聖賢豪傑，而是泛稱沒有為非作歹的人。亦即安分守己，循規蹈矩，過著早出晚歸的平凡生活者，不意轉眼之間，平地一聲雷，無事起風波的被誣指做賊，不分青紅皂白的陷入羅網，惹上官司。輕者名譽受損，晦氣難除；重者銀鐺入獄，魄散魂飛。古往今來，多少如鄒衍下獄，六月飛霜；竇娥蒙冤，六月飛雪的不幸憾事。台灣數百年來，亦有許多好人無端被賴為賊、為盜的無辜事件，亡鈇意鄰於前，栽贓陷害於後，徒增社會許多銜冤與不幸，

有識之士，豈能不慎？

　　火炭，就是木炭，目前只有在郊遊烤肉時才比較用得著，看得到。但在農業社會，卻是無處無之。木炭，是由鋸好一截一截的樹木，堆在圓形炭窯裡燻燒燜蘊而成，意即在窯外燒火，將熱氣及火煙凝聚一起，焗在窯裡，使生木薰乾，而成黑炭。

　　燒木炭最好的木材是相思樹，想起舊時家鄉，漫山遍野，到處都是相思樹，不只可做水土保持，還可成為自然景觀，又可燒成木炭。因此，每到秋冬之際，就可看見山林間雲霧裊裊，宛如仙境，煞是美觀，原來，人們已在燒火炭了。一窯木炭，從活生生的枝幹，到燒成黑漆漆的木炭，大約需花一個月的時間，然後裝在竹篾編織成的籠子，用人力挑到產業道路邊，以便運送出售。

　　除了炭窯製成的高級火炭外，家家戶戶都用木材燒火煮飯，正在熊熊烈火燃燒中的木頭，在未化成灰燼之前，我們稱為「火屎」，將之夾出，冷卻之後，也變成了木炭，要用木炭，真是太容易了。

　　記得小時候，許多貧窮人家子弟，多買不起墨，便利用同是黑色的火炭，來代替墨的情景。但火炭雖是黑色，到底不是墨，因此，怎麼也無法磨出黑色的墨汁，何況，炭與水性質全異，無法相處，所謂「冰炭不容」者。於是，寫出的字，不是黑白相間，就是淡如白色，或是濃淡不均的字跡，無法寫出真正黑色的字體，而且含有雜質。有趣的是，雖然字體不黑，但小手與小臉，桌子與衣服，卻已被火炭塗得如黑人一般。該黑的不黑，不該黑的卻到處是污垢，形貌異質，以假亂真，真是成事不足，敗事有餘，火炭做墨，確是糟蹋人才。

　　　好人賴做賊，是由於誤解；火炭拉做墨，是由於誤用。誤解與誤用，實乃人之所蔽，不惟礙理，亦是違道，理未易明，事未易察，遽下斷語，而予施行，則好人無端受辱，木炭未竟其功，屈良馬於槽櫪，迫獵犬以捕鼠，使人未盡其才，物未盡其用，徒使好人銜怨屈抑，

而木炭亦有志難伸矣。

【2000-01 /僑苑/ 31 期/頁 41-42】

好狗不擋路　好貓管三家

ho ＼/✓　　gieu ＼/✓　　bud ＼/-　　dong ＼/✓　　lu-/+

ㄏ ㄛ ＼/✓　《 ㄧ ㄝ ㄨ ＼/✓　ㄅ ㄨ ㄉ ＼/-　ㄉ ㄛ ㄥ ＼/✓　ㄉ ㄨ-/+

好　狗　不　擋　路

ho ＼/✓　　meu-/ngiau+　gon ＼/✓　　sam /✓＼　　ga /✓＼

ㄏ ㄛ ＼/✓　ㄇ ㄝ ㄨ-/ㄨㄧ ㄠ+　《 ㄛ ㄣ ＼/✓　ㄙ ㄚ ㄇ /✓＼　《 ㄚ /✓＼

好　貓　管　三　家

　　好狗不擋路，好貓管三家。意指司職居家安全的好狗，不會在人行道上酣睡，而阻擋主人去路；負責捕捉老鼠的好貓，不只屬於一家的貓，捉一家的老鼠而已，更能威震數家，使附近的老鼠，聞風喪膽，噤若寒蟬，有不可虛應故事，要負責盡職，才能德隨行立，名實相副。

　　狗對人類最為忠誠念舊，有情有義，至一切無渝；善獵善守，又機警有靈，善體人意，效忠主人，隨侍在側。時常晝伏夜出，亦晝夜出巡，為免過度操勞，偶爾趴在地上小睡一下。我們常會發現畜養之狗，多躺於廚下客廳來往路上，一動也不動。外面小偷準備潛入光顧，也絲毫未覺；主人來了也視若無睹，還須繞道而行，

　　此時便會聽見主人責罵：真是「好狗不擋路，擋路非好狗」。若是好狗，不躺於路邊，則躺於桌下；或躺於屋側，或雖躺於牆下當道，只要一有風吹草動，必躍然而起，見是主人則搖尾親近；見是陌生之人，則吠叫不已！此真乃好狗也！回想小時候的愛犬，不只不擋主人

之路，遺會帶路，上山捉野兔，下山帶茶壺，圍毒蛇，追小偷，豈只不擋路而已！

　　貓似虎而小，爪可伸縮，行動無聲而迅疾，善於捕食老鼠，長守住屋而眷戀家園，實為人類益友。好貓和好狗一樣，晝伏夜出，平日則休息於灶頭上，或屋梁上；或角落裏，或僻靜處，使鼠輩不敢輕舉妄動，在縝密搜捕之後，老鼠盡被剿滅，倖存者亦落荒而逃。但真正的好貓，不只管一家而已，威力掃蕩，影響所及，使附近數家老鼠，都銷聲匿跡，真是好貓管三家，一點都不差！記得幼時家中好貓，不只善於捕鼠，還上山捕回一隻大白兔，放在廚房後面，喵喵喵地叫聲不停，引得我前去觀看，才驚訝的發現這比貓還要大的兔仔，令人感動莫名！

　　好狗看門看家而不擋路，是負責盡職，盡忠職守的表現；好貓管三家而不伐己功，是推己及人、道德芬芳的擴散。一是去除消極的作為，一是發揮積極的功效。牠們不擋路，管三家，前者跟隨主人，防盜防偷；後者長戀故家，防止鼠輩；一禦外悔，一除內賊；一則勇對敵人，心戰喊話，一則屏氣凝神處理內部事務。俱為人類功臣，真是德隨行立，曖曖含光，確為人類師法對象，愛之不及，何忍棄之？

　　然而，無以數計遭人始愛終棄的貓狗們，一旦淪為流浪犬，卻遭集體撲殺凌虐，看那一鈎一扯之間，叫聲淒厲，任其無罪而就死地，令人不勝唏噓！

【1999-06/僑苑/29 期/頁 51-52】

貓拕糍粑　毋得殷爪

meu-/ngiau ∨	ia ＼/rha ∕	qi ∨/ci-	ba ∕＼
ㄇㄝㄨ-/ㄗㄧㄠ∨	ㄧㄚ＼/ㄖㄚ∕	ㄑㄧ∨/-	ㄅㄚ∕＼

貓	拕	糍	粑

m ∨/-	ded ＼/-	lud ＼/-	zau ＼/∕
ㄇ∨/-	ㄅㄝㄅ＼/-	ㄌㄨㄅ＼/-	ㄗㄠ＼/∕

毋	得	殷	爪

　　十餘年前某大學講師因性騷擾案甫遭停聘，又驚聞柔道名教練因性騷擾案自縊身亡。不論真相如何，可說都陷入了「貓拕糍粑，毋得殷爪」的困境。

　　糍粑本是粘性極強的食物，筷子一沾，就黏得緊緊，極難清除。而貓之本意在捉老鼠，但腳爪誤觸糍粑，如陷羅網，再怎麼使力，也除不淨。意思是：一旦處於瓜田李下，真是跳到黃河也洗不清。難怪古人就會預警說：「瓜田不納履，李下不整冠」，瓜田納履，雖非偷瓜，但你蹲下去穿鞋，瓜就在旁邊，豈不有偷瓜嫌疑；至於李下不整冠，又怎麼那麼巧，在李樹下整理帽子，不是利用機會偷摘李子嗎？難免會遭人懷疑，但，懷疑儘管懷疑，手中無瓜，袋中無李，怎麼指責都還有機會辯駁，以還清白之身，但貓抓糍粑，則情況大不相同：

　　因為糍粑黏性極強，遇物即黏，貓的爪子平日暗藏毛茸茸的腳趾之中，一旦行動，貓爪始伸出來，一伸出來，如果沾到糍粑，則滿爪

皆是，一收縮回去，再伸出，想要擺脫，卻擺脫不了，用嘴去舔，不但舔不淨，嘴巴又黏上了粢粑，洗也洗不淨，擦也擦不完，甩也甩不掉，真是「頭也粢粑，爪也粢粑，灰頭土臉，都是粢粑」，滿身狼狽，欲蓋彌彰。所以說「貓拖粢粑，毋得戾支爪」，確是不會誇大。

　　於是，世間之物，如蟲魚鳥獸，身陷羅網，脫身不得，多少痛苦無法表達，輕者雖全身而退，但一身是傷，餘悸猶存，重者則不堪回首，此命休矣！同樣地，世間男女，誤觸情關，身入情網，如若二者情投意合，可成美眷，如若心懷異志，挾怨報復，一面之詞，毀人一生，又如雖非情侶，一片善心，聊表善意，由於心無城府，太過天真，兼且時空不宜，言不得體，反致誤解，率爾悻然拂袖而去，還如鴨子聽雷，楞在當地，如貓拖粢粑，無法擺脫，物證具在，欲辯無從，徒喚奈何！

　　然而此種物證，實乃如貓拖粢粑，出之無心，非為有意，因為貓雖喜好魚腥，但絕非喜吃粢粑，粢粑雖在，絕不偷吃，只是，粢粑並非貓之所有，竟爾沾染全身，，雖欲辯解清白，卻無人能信，可見其殺傷力之大，實為大意的催命符，致命的緊箍咒，一旦沾上粢粑，縱有通天本事，亦無還招之力，可不慎乎！

【2007-12-31/行政院客委會/哈客語言館/客家諺語】

老鼠跌落米缸肚　一重歡喜一重愁

lo-/+　　cu丶/chu╱　　died丶/-　　log-/丶　　mi丶/╱　　gong╱/丶　　du丶/╱

ㄌㄛ-/+　　ㄘㄨ丶/ㄔㄨ╱　　ㄅㄧㄝㄉ丶/-　　ㄌㄛ-ㄍ/丶　　ㄇㄧ丶/╱　　ㄍㄛㄥ╱/丶　　ㄅㄨ丶/╱

老　　鼠　　跌　　落　　米　　缸　　肚

id丶/rhid-　　cung∨/chung-　　fon╱/丶　　hi丶/╱　　id丶/rhid-　　cung∨/chung-　　seu∨/-

ㄧㄉ丶/ㄖㄧㄉ-　ㄘㄨㄥ∨/ㄔㄨㄥ-　ㄈㄛㄣ╱/丶　ㄏㄧ丶/╱　ㄧㄉ丶/ㄖㄧㄉ-　ㄘㄨㄥ∨/ㄔㄨㄥ-　ㄙㄝㄨ∨/-

一　　重　　歡　　喜　　一　　重　　愁

　　老鼠跌落米缸肚，一重歡喜一重愁。意指運氣甚佳的老鼠，在無意之間掉進了堆山塞海的米缸裡，放眼四望，盡是白米如金，一輩子也吃不完，雖是欣喜異常，但也馬上化高興爲警惕，米糧雖多，到底不是屬於自己所有，萬一被主人發現，後果不堪設想，必須謹慎小心才是，實有蘊蓄著思前想後，思想周密，居安思危，中道和諧的涵義在內。

　　老鼠狡獪，處於隙縫洞穴之中，晝伏夜出，無以爲生，唯靠盜食米穀，利用叢林草原，尋找各種貯藏物，人類對它無甚好感，但亦有長處足資人類師法者，就是動作敏捷，機靈活躍，繁殖力，謀生力甚強，爲十二生肖之首，其獲取食物，不論寒冬或酷暑，皆能三餐飽足，除非碰到剋星的貓，皆能安然無恙，乃在於牠能思前想後，掉入米倉獲取資源，必叩其兩端而慎擇焉，不會被利益沖昏了頭。

　　老鼠一旦時來運轉，掉入米倉，大多不會欣喜若狂，而多是小心

翼翼，瞻前顧後，面對如此豐富的糧食，可能一輩子都吃不完，但牠總是躡手躡腳，走一下看一下，又定靜思慮，觀察四周，看看是否有人或貓的到來，以便隨時可做撤走的計畫，如果一切非常順利，還是一邊高興，一邊擔憂，真是防人之心不可無。如此居安思危，機靈敏捷，可以隨時來無影去無蹤，只要有一絲風吹草動，雖是只有鼠目寸光，卻可如風馳電掣般地鼠竄蜂逝，電光石火之間，便銷聲匿跡，其求生之道，有如此者。

　　這真是老鼠掉入米缸裡，一重歡喜一重愁，喜的是如此豐盛的白米佳餚，如何消受得起；愁的是，就在享受食物之間，萬一來了主人或貓怎麼辦，此兩端考慮，理性思考，不會樂極生悲，也不會憂愁難過，最能把握中庸之道，值得深思。

　　古往今來，也有許多人以老鼠為師者，如李斯一生，因老鼠而興，也因老鼠而敗，發現廁所的老鼠一見到人，立即倉皇逃逸，而穀倉的老鼠，見到人卻視若無睹，眼中有米而無人，因而感慨身分地位的重要，此生即使做老鼠也要做倉庫的老鼠，不願屈居茅廁之內。奈何其只學倉庫老鼠的不捨富貴，躊躇滿志，而未體牠表象的故作鎮定，其實內心或許緊張萬分也不一定；而不學廁所老鼠的棄甲曳兵而走，急流勇退，故雖極端富貴，卻樂極生悲，因而腰斬咸陽，此老鼠掉入米缸之憂也。

　　老鼠跌落米缸肚，一重歡喜，一重愁，何嘗不在告誡人們，不可有貪圖非分之念，不可有巧取倖進之思，歡喜與憂愁，宜建築在理性中道和諧之中，方是正道。若只見喜而不知憂，居安而不思危，此「東面而向，不見西牆」，恐將落入無窮之憂也。

【2007-12-31/行政院客委會/哈客語言館/客家諺語】

冷天菜頭熱天薑　生活毋使上藥坊

lang✓/\	tien✓/\	coi-/∨	teu∨/-	ngied-/\	tien✓/\	giong✓/\
ㄌㄤ✓/\	ㄊㄧㄢ✓/\	ㄘㄛ1-/∨	ㄊㄝㄨ∨/-	ㄫㄧㄝㄉ-/\	ㄊㄧㄢ✓/\	ㄍㄧㄛㄥ✓/

冷　　天　　菜　　頭　　熱　　天　　薑

sen✓/\	fad-/\	m∨/-	sii\/✓	song✓/shong\	iog-/rhog\	fong✓/\
ㄙㄝㄣ✓/\	ㄈㄚㄉ-/\	ㄇ∨/-	ㄙ\/✓	ㄙㄛㄥ✓/ㄕㄛㄥ\	ㄧㄛㄍ-/ㄖㄛㄍ\	ㄈㄛㄥ✓/\

生　　活　　毋　　使　　上　　藥　　坊

　　冷(冬)天菜頭(蘿蔔)熱(夏)天薑，生活毋使(不必)上藥坊。意指冬天在食補之餘，要多吃菜頭；夏天在納涼之際，也要多吃生薑，可以調和適中，有益身體，增強抵抗力，防止疾病，以保四季平安，而不必看病，確是身體保健的重要基本原則。

　　蘿蔔性冷，薑性大熱，為什麼偏偏在嚴寒的冬天要吃涼性的菜頭，又在炎熱的夏天吃性熱的薑呢？這就是我們的祖先，講究陰陽調和，天人合一，避免過寒過熱、走向極端以尋求中庸溫和的做法。原來在冰天雪地的冬天，善於滋補養生的國人，無不三餐調理帝王食補，人參燉雞、四物八珍、羊肉大補、火鍋圍爐、佳肴烈酒，都是一些極熱極補之人間聖品，又熬夜取樂，杯酒言歡，吃到火氣上升而渾然不覺。這時，如果不吃點涼性的蘿蔔，以降低火氣，清熱解毒，健胃消食，止咳化痰，對身體是有害無益的。一般人在火鍋大快朵頤之後，總是口乾舌燥，這時如果多吃些涼性的蘿蔔，再喝

喝熱茶,以對食物做適當的調理,會有意想不到的效果。俗話又說:「吃蘿蔔,喝熱茶,氣得大夫滿街爬。」可見一斑。

　　至如炎炎酷暑,人們莫不暢飲冰水啤酒、汽水果汁、可樂沙士、西瓜綠豆、芒果香蕉、竹筍涼拌等,這些都是極涼之物,又甫自冰箱取出,在熱汗淋漓之際,一飲而盡,固是愉悅無比,可是,對身體胃腸的傷害卻是無與倫比的。好比飲鴆止渴一般,不惟不能生津止渴,還可能肚痛腹瀉,所謂「上夜吃西瓜,下夜反症」,甚至咽喉疼痛、感冒頻生,如果也能配配溫熱的紅豆、薑絲,對身體將大有助益,於是又說「朝晨(早晨)三片薑,生活毋使上藥坊」,薑之為用,果然大矣!

　　冬天茱頭夏天薑,善於斟酌食用,真的可以生活不用上藥坊。這種陰陽調和、冷熱適中的中庸哲學,用之於飲食,亦多有之,如豆漿配油條、豆花配薑等,都是一冷一熱,不只生津止渴、養生保健,更讓人們體會了這種溫和安詳、不走極端的生活美學。

【1998-03-01/聯合報/17 版/鄉情】

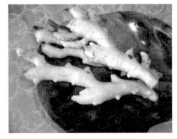

坐人上橫頭　轉屋一身愁

co ✓/ヽ　　　ngin ∨/-　　song-/shong+　vang ∨/-　teu ∨/-

ㄅㄛ✓/ヽ　　兀丨ㄣ∨/-　　ㄙㄛㄥ-/ㄕㄛㄥ+　万尢∨/-　　ㄊㄝㄨ∨/-

坐　人　上　横　頭

zonヽ/zhon✓　vugヽ/-　idヽ/rhid-　siin✓/shinヽ　seu∨/-

ㄗㄛㄣヽ/ㄓㄛㄣ✓　万ㄨㄍヽ/-　丨ㄉヽ/回丨ㄉ-　ㄙㄣ✓/ㄕ丨ㄣヽ　ㄙㄝㄨ∨/-

轉　屋　一　身　愁

　　「坐人上橫頭（席間最尊貴之位），轉屋（回家）一身愁」，意指在社會上「食人頭杯茶，飲人頭杯酒；講人頭句話，握人頭隻手」這等事業有成，有地位、有體面的人，出門所到處，都極受歡迎，被禮以上賓，坐以上坐，敬第一杯茶，飲第一杯酒，頻頻握手，言順我口，賓主盡歡，好不風光。只是，亦有爲人所不知者，一旦回到家中，氣溫遽降，心情驟變，夫妻情變，家庭不和，難言之隱，滿面愁容，滿肚苦水，竟然無可訴說，無人能信，真是在外坐人上橫頭，回到家中一身愁。有事業雖成，家庭不順，在外極受禮遇，返家卻受孤棲，誠是美中不足，人生缺憾，酸甜苦辣，五味雜陳，啞吧吃黃蓮，有苦難言，內外相異，表裏難一的涵義在內。

　　在複雜多變的社會，常可看見許多機關首長，或企業大亨；或知名之士，或地方士紳，出門多是西裝革履，風度翩翩，扈從如雲，春

風得意，高貴轎車行之於前，心儀群眾追隨於後，所到之處，多人簇擁，受到熱烈歡迎，待之以上賓，坐之以上坐，寒喧之中，敬之以第一杯茶；飲宴之際，奉之以第一杯酒。溫語如春風，順顏如秋月，一聲聲欵，皆言唯唯；一句吩咐，多呼諾諾。言之出口，行動如流水之源；蹤之所至，賓客如隨形之影。座中多以之馬首是瞻，莫不恭迎奉送，唯恐怠慢不週，有失禮數。人而如此，真是行之所往，譽滿天下，豈只令人羨慕而已。

　　然而，事有可告人者，有鮮為人知者，雖是食人第一杯茶，飲人第一杯酒，坐在貴賓位置上，但念及私事，卻如坐針氈，苦不堪言；或配偶佯為甜蜜夫妻，實則內心早已離異而去；或子孫不孝（肖），敗壞門風；或兒媳不淑，賭博成性；或家庭不睦，兄弟不和；家庭有如殺戮戰場，終日有如利刃相向。夫妻無甜蜜之語，父子無天倫之樂；兄弟無手足之情，妯娌無扶助之義，或有滯外未歸，或夭折不幸等，家庭失溫暖，天倫常夢碎，有一於此，已難度日，何況多件聚集！而出門在外，卻一直維持美好形象，憑誰傾訴？如未深入交往，豈知五內辛酸！好比波平如鏡的水面，在落日餘暉下，燦然奪目，極目欣賞，怎知水底之下急濤洶湧，暗流頻生？人生如此，豈能無愁？

　　食人頭杯茶，飲人頭杯酒；講人頭句話，握人頭隻手等，坐人上橫頭的禮遇，真是事業成就光環的閃爍，人際關係成功的象徵，一旦轉屋一身愁，頓使前功盡棄，有苦難言，總是白璧之瑕，人生缺憾！真是人有悲歡離合，月有陰晴圓缺，此事古難全！如何調和鼎鼐化煩解憂，淡泊自甘，少功利，多人文；重道德、固人本，確是值得深思的課題。

【2007-12-31/行政院客委會/哈客語言館/客家諺語】

旱田無人耕　耕了有人爭

hon ✓/丶	tien ∨/-	mo ∨/-	ngin ∨/-	gang ✓/丶
ㄏㄛㄣ✓/丶	ㄊㄧㄢ∨/-	ㄇㄛ∨/-	ㄫㄧㄣ∨/-	ㄍㄤ✓/丶

旱　田　無　人　耕

gang ✓/丶	liau 丶/✓	iu ✓/rhiu丶	ngin ∨/-	zang ✓/丶
ㄍㄤ✓/丶	ㄌㄧㄠ丶/✓	ㄧㄨ✓/ㄖㄧㄨ丶	ㄫㄧㄣ∨/-	ㄗㄤ✓/丶

耕　了　有　人　爭

　　六月二十二日聯合報載，有不少北京大學學生，不知道農曆五月五日是端午節，大陸也不做興過這些傳統節日，傳統節日漸爲人所淡忘。但有趣的是，月前，南韓準備將中國的端午節，申報世界人類文化遺產名錄時，卻引發大陸各地震驚，各地政府及民間，紛紛表明堅決的捍衛，如湖北省則緊急建議端午節放假一天，以免年輕人忘了傳統節日，被外人搶走，真如客諺所云：「旱田無人耕，耕了有人爭。」

　　台灣的端午節雖然放假，但情況好不了多少，除了吃粽子、划龍船外，在傳播媒體感受不到端午節的文化意涵。一般如五月節的真正意義，掛葛藤、昌蒲或艾草，婦女走黃巢所發生的感人故事，似乎也爲人所淡忘。長此以往，端午節似乎也會湮沒在歷史洪流中，幸好南韓將端午節申報爲世界文化遺產，台灣的端午節搶先一步放假一天，端午節還形象鮮明的在我們心中。看來，放假似乎是保存傳統文化的妙藥靈丹。

我們到底遺忘了多少傳統節日？首先就是「聖誕節」，一談到聖誕節，大家都認爲是十二月二十五日，但這天是耶穌誕辰紀念日，我國所講的聖人卻是孔子，同樣是東西方兩大聖人，其遭遇是如此不同，一個是不但西方人尊敬，連東方人也將定爲聖誕節，甚至有「全世界都放假，爲什麼我們不放假」的呼聲；而對於聖人孔子誕辰（九月二十八日），卻取消國定紀念日，不予放假，爲什麼外國如此重視精神文化遺產，而敬愛聖誕老公公？號稱文化古國的我們卻如此輕慢了孔子。我們只需要看看這兩天冷熱有別的活動，如聖誕節時，許多政府官員不斷扮演聖誕老公公，但孔誕之日，卻未曾看見有人扮孔子，就知道我們是如何不重視傳統節日，是否也要等到將來有一天，日韓或新加坡申請孔子是他們的文化遺產時，才起來捍衛孔子，將孔子誕辰放假一天？

我們遺忘的第二個傳統節日就是「天穿日」，這是紀念遠古時代，女媧煉石補天，拯救無數生民的偉大節日。女媧是古之神聖女，一日能七十化，能摶土造人，就像西洋製造亞當夏娃一樣，傳說是人類始祖，中國第一女神，在戰爭浩劫，天穿地漏之後，幸虧她煉石補天，拯救萬民，許多僥倖生還者，在每年的天「穿」之日——正月二十日，準備祭品，頂禮膜拜以至於今，是日，男不耕田女不織，生怕再度天穿地裂，是最好的環保教材；男女放假唱歌，是最好的週休二日，是客家婦女節。今天談女性崇拜而不談女媧，是很可惜的。至今，客家地區還過這古老的天穿日，在客語式微的今天，這種能傳承傳統文化的節日，是否任其煙消雲散？

我們遺忘的第三個節日是「寒食節」前後的春假。傳說寒食節是紀念介之推的故事，在清明節的前一天，又稱孤寒日，聽說是不可掃墓熟食的，又是兒童節。這時正是二十四節氣的清明，所謂天清氣明，空氣清新，遠山青翠，綠水潺潺，桃紅柳綠，杏花煙雨，多少美麗景

致，令人心曠神怡，也正是古代的上巳之日修禊之事，如此大好時光，怎能不出遊踏青？所謂「三月三日天氣新，長安水邊多麗人」，為了使學子能在春日大好時光，體會春光明媚，以蓄養其志，開展心胸，所以在清明節前後三天訂為春假，這是極有意義，富有文化傳承的的重要假日，如今卻草草以各種理由予以取消了，這真是文化的摧殘，傳統的踐踏，對兒童的不尊重。目前仍放春假的大學，令人欣慰，最具有文化眼光。

我們遺忘或是快要遺忘的傳統節日還有很多，如傳說的母親節，涵融儒釋道的中元節、下元節等，許多有意義民俗活動，其實正是民族文化的傳承，心靈的寄託，追根溯源的重要憑依，上承遠古文化，中使民族和諧，共存共榮，下立子孫萬代之丕基。我們固不可妄自尊大，故步自封；亦不宜近廟欺神，貴遠賤近，重洋輕土；否則，台灣遍地都是福壽螺之後，則田螺何以自存？那時，再捍衛「端午」爭奪「孔子」，則恐旱田不只荒蕪，而且已經易主，再爭則已嫌遲矣！

然而，更有甚者，客家文化遺產的“妹”字，亦任其踐踏湮沒而蕩然無存！數十年前，客家婦女大多命名為妹者，於是有所謂「凡有妹者必是客家人」的專利；然而許多人卻覺得這妹字又土又俗，然後紛紛要求改名，時至今日，客家婦女有妹者已如鳳毛麟角，自從出了張惠妹之後，客家人已無資格再說有妹者即是客家了。為何阿妹紅遍海峽兩岸不以為恥，還以此為榮，客家人稱妹者則必去之而後快，輕視這少女之稱的妹字，而拱手讓人，客家實已失去自己的自信心。

端午節為韓國申報文化遺產，還有人抗議，類似“妹”字的客家語言文化遺產，則任其流失，拱手讓人而泰然自若，遑論去爭？眼看他人將旱田蓋成高樓大廈，客家如不自省，任其良田易主，則恐無立足之地矣。

【2004-08 /客家雜誌/170 期/頁 46】

牡丹開花毋結子　榕樹結子毋開花

meu-/+　dan✓/＼　koi✓/＼　fa✓/＼　m∨/+　gied＼/-　zii＼/✓
ㄇㄝㄨ-/+　ㄉㄢ✓/＼　ㄎㄛㄟ✓/＼　ㄈㄚ✓/＼　ㄇㄨ/+　ㄍㄧㄝㄉ＼/-　ㄗ＼/✓

牡　丹　開　花　毋　結　子

iung∨/rhiung-　su-/shu+　gied＼/-　zii＼/✓　m∨/-　koi✓/＼　fa✓/＼
ㄧㄨㄥ∨/ㄖㄧㄨㄥ-　ㄙㄨ-/ㄕㄨ+　ㄍㄧㄝㄉ＼/-　ㄗ＼/✓　ㄇㄨ/-　ㄎㄛㄟ✓/＼　ㄈㄚ✓/＼

榕　樹　結　子　毋　開　花

　　牡丹開花毋（不）結子，榕樹結子毋開花。意指為百花之王的牡丹花，綻放其豔麗芬芳的花朵，但是卻不會結子；雄壯的榕樹，卻只會結成纍纍的果子，而不會開花，二者各有特色，亦各有不足，毋須強求他人必與己同，天生我才必有用，盡其在我最為先，宜建立自信，不必羨慕他人，也不可重此輕彼，而遽作甲乙是非。

　　自古以來，牡丹即為百花之王，富貴之花，嬌豔萬端，花香四溢；勇奪花魁，傲視群芳，真是牡丹一出，誰與爭鋒？相傳武則天下詔百花盛開，唯獨牡丹不聽號令，可謂天生傲骨，不畏權勢，令人肅然起敬。不隨俗浮沈，寧願在百花競豔之後，再展現芳姿，果然不同凡響，而有花王美名，稱道古今，所謂「落盡殘紅始吐芳，佳名喚作百花王；競誇天下無雙豔，獨占人間第一香」，真是豔冠群芳，天香國色，自唐以至有清，均被稱為國花。

　　牡丹雖係人間第一香，但總是有高高在上，遙不可及，難以親

近之感。尤其那股富貴懾人之氣，總會讓貧寒人家近「花」情怯，若非家中略具恆產、足堪傲鄰者，是不敢供奉牡丹的。更何況，牡丹花期雖長，美則美矣，卻永遠獨處閨中，開花而不會結子，這在盼望人丁旺盛、多子多孫的傳統社會，總有那麼一絲絲的缺憾。

至於榕樹，是一種生命力極為強韌的植物，不論是否在貧瘠的土地上，石頭夾縫中，多麼惡劣的環境裡，多能屹立不搖，不畏寒風雨雪，不懼驕陽烈日，始終雄姿英發。愈大愈展現其生命力，愈老愈顯其精神。我們常在炎夏的午後，總願意在榕樹綠蔭之下，看著它細長的鬍鬚，難以數計的纍纍榕子，迎著習習涼風，進入了仲夏的美夢。

榕樹雖然結了許多榕子，但卻總是沒有開出花來，雄壯的樹幹，不好意思開出嬌嫩之花，卻寧願提攜懷抱著百子千孫？想起家鄉有棵大榕樹，主幹約可兩三人合抱，長得高不可攀，樹齡大約千年。最妙的是，枝葉分四面成長：東面正在落葉，西面卻正吐嫩芽；南面一片新綠，北面葉子枯黃，每看此種情景，總將視為奇蹟。 尤其樹上一個大鳥巢，上有大鳥盤踞，真是古意盎然。榕子滿樹，亦掉滿地，有一種鳥，客語叫「山阿鵲」，最喜以榕子為食，食了以後，還會啄人，所以說「山阿鵲食榕子會啄人」。

牡丹開花，雍容華貴，卻不會結子；榕樹結子，老成持重，卻不會開花。二者所處環境不同，屬性殊異，一在富貴人家，傲骨凌雲；一在平凡大眾，雖弱而剛，而能各展所長。

【1999-12-04/聯合報/39 版/鄉情】

一、人生哲理　　53

斧頭無目　打著阿叔

bu ヽ/✓　　　teu ∨/-　　　mo ∨/-　　　mug ヽ/-

ㄅㄨ ヽ/✓　　ㄊㄝㄨ ∨/-　　ㄇㄛ ∨/-　　ㄇㄨㄍ ヽ/-

斧　頭　無　目

da ヽ/✓　　　do ヽ/✓　　　a ✓/+　　　sug ヽ/shug-

ㄅㄚ ヽ/✓　　ㄅㄛ ヽ/✓　　ㄚ ✓/+　　ㄙㄨㄍ ヽ/ㄕㄨㄍ-

打　著　阿　叔

　　斧頭無目，打著阿叔。意指在人劈柴之時，千萬不要靠近，因為，斧頭並不長眼睛，萬一不小心，隨時都可能會受到傷害，即使親如阿叔，也難免遭到意外。要注意工作場所的公共安全，更不宜在具危險性的工作旁邊逗留，以免飛來橫禍，招致無妄之災的涵義在內。

　　舊時農業社會，尚無今日極為便利的瓦斯爐，三餐飲食，皆須依靠爐灶燒火煮飯炒菜，因此需要大量木柴做為燃料，閒時都會上山撿柴，柴木也有困窮之日，有時為了度過漫長雨季缺柴之苦，又或者希望在年節假日也能不需為木柴而奔波繁忙，平日便會砍些樹木，鋸成一截一截，大的需要用斧頭破開。破的方式，是將木頭直立，雙手將斧頭舉起至頭頂高度，對準木頭中心一破，如力道強勁，可能一破而開，甚至將木塊彈向他處，因而傷到額頭眼睛者，屢見不鮮。阿叔雖是至親，在旁指導或經過時，都曾遭斧頭打傷，而且

血流如注，真是罵也不是，怪也不是，因為斧頭沒有長眼睛，只怪自己太不小心。

劈柴析木，是件辛苦又危險的工作。破好後，就堆積在走廊下，半壁江山都是木柴，就不擔心過年或雨季無柴燒。木柴愈多，就可精製更豐盛的米食。因此，大家莫不努力劈柴，難免發生許多意外，不是手被砍到，就是腳被斫傷。有時小孩不知天高地厚的跑來，真是危險重重；有時貓狗雞鴨突然冒失衝撞而至，而被砍傷者，也是不少。掀開記憶簾幕，乃深知「斧頭真是無目，打傷多少眾人與阿叔」。難怪有人說「好看人食肉，毋好看人破木」，小孩看人食雞肉，說不定還會請你嚐嚐；看人破木，木塊、斧頭，可是不好嚐的。

斧頭無目，打著阿叔。正是先民重視職場安全的真知灼見，要避免職業傷害等無謂犧牲，千萬不可不重視工作安全，如騎乘機車戴安全帽，工地做好防護措施等。放眼今日社會，火災、交通、工廠意外事件連連，造成多少生離死別重傷輕傷的痛苦，更見無目者，非只斧頭；打到者更是不只阿叔而已。可不慎哉！

【1999-06-22/聯合報/39 版/鄉情】

狐狸毋知尾下臭　田螺毋知屎朏皺

fuˇ/-	liˇ/-	mˇ/-	diˊ/ˋ	miˊ/muiˋ	haˊ/ˋ	cu-/chiuˇ
ㄈㄨˇ/-	ㄌ丨ˇ/-	ㄇˇ/-	ㄅ丨ˊ/ˋ	ㄇ丨ˊ/ㄇㄨㄟˋ	ㄏㄚˊ/ˋ	ㄘㄨ-/ㄔ丨ㄨˇ

狐	狸	毋	知	尾	下	臭

tienˇ/-	loˇ/-	mˇ/-	diˊ/ˋ	sii-/shi+	vudˋ/-	jiu-/ziuˇ
ㄊ丨ㄣˇ/-	ㄌㄛˇ/-	ㄇˇ/-	ㄅ丨ˊ/ˋ	ㄙ-/ㄕ丨+	ㄘㄨㄅˋ/-	ㄐ丨ㄨ-/ˇ

田	螺	毋	知	屎	朏	皺

　　狐狸毋知尾下臭，田螺毋知屎朏 (屁股)皺。意指狐狸對自身尾下臭氣噴人，渾然不知；田螺對自己屁股皺紋滿滿，也矇然不覺。卻只見到別人的缺點，而不具反思能力，這種只會批評別人，而不見自己短處的人，實在是道德的青盲，智慧的茅塞，頗值深思。

　　狐狸比犬而小，長年居於深山之中，雖然有智有仁，但生性多疑，把獵物埋藏之後又挖而檢視，因此，做事始終不會成功。這尚不足引起人厭，所令人退避掩鼻者，在於牠全身臭氣薰天，尤其是尾下之臭，不忍卒聞，聞之欲嘔，這種臭味，自己渾然不曉，還洋洋得意，逍遙自在。

　　今暑在大陸藏羌自治區，由於天氣寒冷，試穿了一件狐毛背心，纏了一條狐尾領巾，才真正領會狐毛之臭，是如此刻骨銘心，持久不散，即使脫去，也仍餘味盪漾，真是永「臭」不朽，怪不得，人們只喜愛貂皮大衣，而不喜狐毛大衣。狐狸大概生前身後都不知自

己能狐死留臭，「臭」氣長存。牠不只身臭毛臭尾臭，最不喜涉水渡河，因此，為了避免尾巴沾溼，特將尾巴翹起，還去譏笑野貓走路尾巴翹翹，甚為不雅，所謂「狐狸莫笑貓，共樣尾翹翹。」可見狐狸不知尾下臭外，還喜品評別人。

以前，台灣的農田還未受到工業汙染時，溪裏田間到處都可捉到悠遊自在的田螺。田螺炒紫蘇，是一道美好的佳肴，看那一個個可愛的田螺，真是美極了，如再仔細審視，一定會發現牠的屁股到處都是皺紋，有的黏上硬泥，有的已成化石，有的長了青苔，有的奇醜無比，顯得極不協調，但田螺卻始終不覺其醜，只為填滿口腹之欲，吃飽要緊。所以又說「田螺知嘴飽，毋知屎朏(屁股)生(長)溜苔(青苔)」，除了追求飲食之外，從不管周遭的變化，甚至自己儀容也無暇顧及，一生只在設限的田間活動，未越雷池一步，更不知外界風光，所謂「死田螺，毋過崗(或作畝、坵)」，囿於大道，正指此也！

狐狸多疑，處處預防他人，卻不知己身臭氣，人皆防之；田螺個性瀟灑，只求溫飽，卻不知屁股長上青苔、化石，也無力顧及。都是只注意於此，而未及於彼，難以周全，有失偏頗。狐狸之臭，固不足取；田螺只求口腹之欲，汙染身家，尚恬然自安，又遑論其他？而當今世人，只知追求經濟利益，任憑大地遭受汙染，濫墾濫伐，破壞環境，子孫難覓一片乾淨之土，卻仍財大氣粗，不可一世，若與狐狸田螺相較，又相去幾何？

【1998-08-18/聯合報/39版/鄉情】

狐狸毋食野雉雞　老虎毋食孤寒肉

fu ∨/-	li ∨/-	m ∨/-	siid-/shid ＼	ia ✓/rha ＼	cii ✓/chi ＼	gie ✓/gai ＼
ㄈㄨˇ/-	ㄌㄧˇ/-	ㄇˇ/-	ㄙㄅ-/ㄕㄧㄅˋ	ㄧㄚ✓/ㄖㄚˋ	ㄘㄧˊ/ㄔㄧˋ	ㄍㄧㄝˊ/ㄍㄞˋ
狐	狸	毋	食	野	雉	雞

lo-/+	fu ＼✓	m ∨/-	siid-/shid ＼	gu ✓/✓	hon ∨/-	ngiug ＼/-
ㄌㄛ-/+	ㄈㄨˋ✓	ㄇˇ/-	ㄙㄅ-/ㄕㄧㄅˋ	ㄍㄨˊ/✓	ㄏㄛㄣˇ/-	ㄫㄧㄨㄍˋ/-
老	虎	毋	食	孤	寒	肉

　　狐狸毋食野雉雞，老虎毋食孤寒肉，是指聰明狡點的狐狸，不吃健步如飛又骨瘦如柴的野雉；義行可風的老虎，不吃孤苦伶仃又貧寒無依的弱者，充分表現了動物也有牠善良正直、值得學習的一面。

　　在所有的動物中，狐狸的生活可說是最為飄逸瀟灑，牠不必像狗一樣，肩負打獵看門的職責，累了半天，三餐還得仰人鼻息；也不必像公雞一樣，在美夢方酣之際，還要摸黑起床，職司起床號角。無事一身輕，其智可狐假虎威，化險為夷。因此，到處閒逛遊蕩，平安無事，真是快活！話雖如此，狐狸可是最怕溼，最謹慎，最猶疑，又最好吃，可還真是挑剔的老饕呢！牠不喜歡吃在山上遊走的野雞，因為他們善飛善跳，憔悴不堪，多骨少肉，食之無味，棄之可惜，還要花費大把時間與氣力，真是不合乎成本效益！更重要的是，牠們情深義重，夫妻情深，無奈配偶不幸死了，另一方也就不食憔悴而亡，狐狸看在眼裡，實在不忍食之；因此，不如前往那村莊農舍，輕而易舉的

就可攫取又鮮嫩肥美的土雞，那種山珍海味，最是回味無窮，一旦被發現，便可跳到樹上逃脫，揚長而去，看那傻狗追不著而猛叫，真是「狐狸上樹氣死狗」！不是得意洋洋嗎？

至如虎虎生風，威震山林，被稱為百獸之王的老虎，雖是凶猛的肉食動物，百獸聞風而逃，但也並非飢不擇食，處處以謙卑為念，不誇耀威勢，不露才揚己，所謂「虎之卑勢，將有以擊也」，以防作不測之患的反擊，如遇仁心孝子，更是不忍撲食。例如傳說中的苦力娘，一年忙到頭，一天忙到晚，入夜忙到天明。在初更時分，還要割禾，而到了二更，還要抔(裝)穀矸襲(碾米)，三更落鍋煮飯，四更撈飯入飯甌(飯桶)裝，五更提籃去摘菜，一直不得休息；不幸卻遇到了凶猛的老虎，心想：這下可要命喪虎口了，正要身投餵虎時，老虎不但不攻擊她，反而不斷搖頭，似是知其為善人孝女，孤單可憐，不忍害之，然後離去。所以說「老虎不食孤寒肉」義行可風，是不凌弱暴寡，欺侮弱小之意，不只如此而已，老虎也不吃已投降動物的肉，所謂「虎不吃伏肉」實乃勝之不武，英雄本色，為正義的化身。

狡黠狐狸，不食野雉，實在有智有仁；而兇惡老虎，不食寡女，亦有仁有義。狡黠兇暴之物，亦有一念之仁，具傑出之智，為萬物之靈的人類，何不師法其仁智道義呢？

【1998-02-13/聯合報/17 版/鄉情】

戽魚愛力　釣魚乞食

fu-/∨	ng∨/-	oi-/∨	lid-/乀
ㄈㄨ-/∨	ㄥ∨/-	ㄛ丨-/∨	ㄌ丨ㄉ-/乀

戽　　魚　　愛　　力

diau-/∨	ng∨/-	kie乀/ㄟ	siid-/shid乀
ㄉ丨ㄠ-/∨	ㄥ∨/-	ㄎ丨ㄝ乀/ㄟ	ㄙㄉ-/ㄕ丨ㄉ乀

釣　　魚　　乞　　食

　　戽魚愛力，釣魚乞食。意指到河壩或小溪捕魚，要先將水窟(溪中蓄積深水處)的上游截流，再將壩上水窟的水戽乾(雙手持勺將水潑倒出去)，需要付出不少心力，但卻可以真正捉捕到魚，以資佐食；如果不此之圖，只求安逸享樂，日夕坐於岸邊釣魚，則可能蹉跎歲月而大失所望，雖不必淪為乞丐，恐亦不合勤勞之道。戽魚易為力，釣魚難為功，實乃勸人要務實踐履，不可好逸惡勞。

　　台灣高山多平原少，河流細小曲折蜿蜒，坡度亦陡，沖刷後，常形成深潭或水窟，深淺至為明顯，魚類自是不少，如要抓魚，有自然地形輔佐，極為容易，相中目標。先將上游的水予以填泥築壩截流，並將其下水窟的水安排渠道流走，至一定深度無法流出之際，就可捲起褲管，掄起袖子，踏入水中，雙手持瓢，開始

一瓢一瓢的將水向前潑灑出去，過程極為費時費力，以至揮汗如雨，甚至分不出是汗水還是溪水。但眼見水位一直降低，水中魚兒乍見鱗光之際，真是欣喜若狂。不旋踵間，水漸乾，可以見底，許多魚兒掙扎逃竄，隨手輕輕一抓，便手到擒來，再用勺子畚箕一撈，魚蝦張口跳躍，真是魚滿畚箕蝦滿勺，泥鰍鑽腳蛤蟆叫，烏龜露臉鰻纏繞，小弟高興笑彎腰，一頓豐盛餐宴少不了。

　　至若釣魚，一竿在手，看似悠遊逍遙，從容不迫，其實內心迫不及待，期待魚兒上鉤，盼望情殷。幸者釣竿一放，眨眼之間，浮標微動，釣線引曳而走，因此，欣然色喜，以為獵物到手，大魚上餌，於是用力一掣，果然釣條大魚，懸在半空，收回桶內，興奮之餘，繼續垂釣。只是，技術不好者，恐怕半天不見魚來食餌，望著水面，枯守盼望，目不轉睛，蹉跎歲月，浪費青春，且頻頻更換釣餌，撕裂蚯蚓青蛙，如若無睹，未得水中之魚，即已殘害不少生命；既得釣魚之後，但見魚目茫然，魚體掙扎，滿嘴淌血，何況機栝陷阱，魚鉤入口，自是痛苦萬分，且一日之內，所釣不過幾尾魚而已，所得者少，所去者多，雖不必淪為乞食，亦無益於生民！

　　戽魚愛力，釣魚乞食，非謂不可釣魚，必須戽魚之意，實乃因時制宜、因地制宜之謂。昔日戽魚為貴，不興釣魚，然而，今日山間水湄，已難再見戽魚之人，倒是釣魚之士，屢見不鮮。在經濟富裕之後，釣魚已成休閒娛樂，無復乞食之憂矣！

【1999-05-13/聯合報/39 版/鄉情】

瓠仔老好做杓　　菜瓜老好洗鑊

苦瓜老綻琢琢　　人到老無落著

---

pu ∨/-	e ╲/er-	lo ╲/╱	ho ╲/╱	zo-/∨	sog-/shog╲
ㄆㄨ∨/-	ㄝ╲/ㄜ-	ㄌㄛ╲/╱	ㄏㄛ╲/╱	ㄗㄛ-/∨	ㄙㄛㄍ-/ㄕㄛㄍ╲
瓠	仔	老	好	做	杓

coi-/∨	gua╱/╲	lo╲/╱	ho╲/╱	se╲/╱	vog-/╲
ㄘㄛ 1-/∨	ㄍㄨㄚ╱/╲	ㄌㄛ╲/╱	ㄏㄛ╲/╱	ㄙㄝ╲/╱	ㄇㄛㄍ-/╲
菜	瓜	老	好	洗	鑊

fu╲/╱	gua╱/╲	lo╲/╱	can-/∨	dog-/╲	dog-/╲
ㄈㄨ╲/╱	ㄍㄨㄚ╱/╲	ㄌㄛ╲/╱	ㄘㄢ-/∨	ㄉㄛㄍ-/╲	ㄉㄛㄍ-/╲
苦	瓜	老	綻	琢	琢

ngin∨/-	do-/∨	lo╲/╱	mo∨/-	log-/╲	cog-/chog╲
ㄫㄧㄣ∨/-	ㄉㄛ-/∨	ㄌㄛ╲/╱	ㄇㄛ∨/-	ㄌㄛㄍ-/╲	ㄘㄛㄍ-/ㄔㄛㄍ╲
人	到	老	無	落	著

　　「瓠仔老，好做杓；菜瓜老，好洗鑊（鍋）；苦瓜老，綻琢琢；
人到老，無落著。」意指瓠仔(葫蘆科)在成熟時可做人人歡迎的菜肴，
老了，還可曬乾剖開，以做舀水器具；菜瓜(絲瓜)亦然，是清涼解毒

的菜肴，老時，果內的纖維，還可做菜瓜布，最利於擦拭鍋子；苦瓜愈老，愈是燦然亮麗，鮮潔可愛，還面目酡紅，返老還童，精製成菜肴，味道更佳，三者俱是愈老愈裨益社會，唯有人類，愈老愈是顯得消極頹唐，無所事事，蹉跎時光，果真如此，則宜以瓠、瓜為師了。

可愛的瓠仔，屬葫蘆科，農曆四月至九月是盛產期，耐高溫，喜陽光，果實有圓形、葫蘆形、橢圓形，吊在瓜架上，極為美觀，嫩時採摘可炒、煠、煮、燜，味道好，營養價值甚高，多食還可治療關節，可以護膝，又可曬乾儲存，製成瓠乾、瓠絲，至老熟之後，曬乾剖開，又可製成水瓢、花瓶等各種器具及裝飾品。

菜瓜又稱絲瓜，也在夏秋之間盛產，藤蔓生長極快，開黃花、果子繁多，瓜期又長，嫩果採摘，不論炒煮炸煎，味道鮮美。絲瓜含有液汁，稱為菜瓜露，最是清涼解渴、退火消暑，新陳代謝祛毒等功效。絲瓜長在繁花綠葉之間，收成時，稍不留意，便會產生野有遺「果」而漏了採摘之憾，無須幾日，已老成持重，無法煮為菜肴矣！但也不必遺憾，菜瓜雖老，亦有其用，切不可輕易拋棄，因其內有種子，可以繁殖，老纖維可做菜瓜布，擦拭鍋子廚灶，堅固耐用，不傷皮膚，最為環保，功能最佳。苦瓜，亦是夏天清涼解毒的重要瓜果，雖有苦味，但煮熟後卻能轉化為甘，最易下飯，嫩果不論炒、炸、燉、煮、燜、燴或作涼拌，俱是相宜。尤其是去其種子肉瓤，以成中空，再填以肉團或鳳梨等以清蒸、紅燒，其風味絕佳。苦瓜不只嫩時可作菜肴，即使老了熟了，一樣可作佳肴。而且到老熟之後，顏色反轉為酡紅，靚粧鮮美，泛起醉酒的紅暈，好比春日少婦，在薰然南風中，柳絮輕飄，鞦韆揚起，燦然亮麗，如玉雕亮閃閃，桃花舞春風一樣。苦瓜到老，竟能如此返老還童，顯現

一片生機蓬勃的景象。

　　此三種瓜果，老而彌堅，老而彌壯，唯獨人老，耳失聰，目失明，動失靈，行失勤，果然如此，則易流於無所事事，無所落著，無所寄託，而蹉跎時光，不知如何度日，恐感來日無多，而人生乏味，黯淡無光，則不解人生真諦，如能尋求寄託，以瓜果為師，方有益於人生矣！

　　瓠仔雖老，可以做杓；茱瓜雖老，可以洗鑊；苦瓜雖老，金雕玉琢；人之老矣，豈可不師法瓠子茱瓜苦瓜之老而壯心不已，則將免於無所落著矣。

【1999-08-02/聯合報/39 版/鄉情】

苦瓜雖苦連皮食　甘蔗雖甜愛呸渣

fu\/✓	gua✓/\	sui✓/\	fu\/✓	lien✓/-	pi✓/-	siid-/ shid\
ㄈㄨ\/✓	ㄍㄨㄚ✓/\	ㄙㄨㄟ✓/\	ㄈㄨ\/✓	ㄌㄧㄢ✓/-	ㄆㄧ✓/-	ㄙㄉ-/ㄕㄉ\
苦	瓜	雖	苦	連	皮	食

gam✓/\	za-/zha-/✓	sui✓/\	tiam✓/-	oi-/oi✓	pi-/pui✓	za✓/\
ㄍㄚㄇ✓/\	ㄗㄚ-/ㄓㄚ-/✓	ㄙㄨㄟ✓/\	ㄊㄧㄚㄇ✓/-	ㄛㄧ-/ㄛㄧ✓	ㄆㄧ-/ㄆㄨㄟ✓	ㄗㄚ✓/\
甘	蔗	雖	甜	愛	呸	渣

　　小時不愛吃苦瓜，好吃甘蔗，因為甘蔗很甜，苦瓜很苦。後來才漸漸改變觀念，覺得苦瓜的苦，已化為甘，不覺其苦；到如今，卻喜吃苦瓜，少吃甘蔗，體驗了「苦瓜雖苦連皮食，甘蔗雖甜愛呸渣」的真諦。

　　這句客諺，令人深思；待人處世，不可徒重虛文，只看外表，要重實質內涵。因為天生萬物，各有千秋，尺短寸長，不可一概抹殺，就如苦瓜一樣，其味雖苦，不但可連皮共食，又可滋補退火，以為消暑良藥；甘蔗甜美無比，卻不耐咀嚼，旋即無味吐渣。青年男女的婚姻愛情，是重要課題，不宜以貌取人，美德為要，相愛相惜，才能相處一世，同甘共苦，無後顧之憂，否則，甜蜜一時，痛苦一生；多少怨偶，豈非始甜蜜而終苦澀，以致怨恨迭起，始愛而終棄。

　　苦瓜雖苦，可連皮吞食；甘蔗雖甜，卻要骨肉分離，不能回味，

二者各有長短，未為軒輊，實宜互相欣賞，各取所長，一旦結為有
情的夫妻朋友，除了要同甘共苦，不可心懷異志外，也要「莫學苦
瓜心裡苦，愛學甘蔗甜到尾」，才能白首偕老，有頭有尾甜到老。

【1997-10-12/聯合報/17 版/鄉情】

英雄行險道　富貴似花枝

in╱╱rhin╲　hiung∨╱-　hang∨╱-　hiam╲╱╱　to-╱+

ㄧㄣ╱╱ㄖㄧㄣ╲　ㄏㄧㄨㄥ∨╱-　ㄏㄤ∨╱-　ㄏㄧㄚㄇ╲╱╱　ㄊㄛ-╱+

英	雄	行	險	道

fu-╱∨　gui-╱∨　sii-╱∨　fa╱╲　gi╱╱╲

ㄈㄨ-╱∨　ㄍㄨㄧ-╱∨　ㄙ-╱∨　ㄈㄚ╱╲　ㄍㄧ╱╱╲

富	貴	似	花	枝

　　俗語說：萬丈高樓從底起，英雄不怕出身低。一旦奮鬥有成，成為人人欣羨的英雄時，就更應愛惜羽毛，守正不阿，不為非法之事，假使稍有不慎，誤行險道，觸犯刑章，則富貴頓去，只剩花枝，空留歎息。

　　英雄之所以受人崇拜景仰，是因他乃正義的化身，能急人之急，苦民之苦，如若富貴在前而偏離正道，轉念之間，行險僥倖，終至身繫囹圄，不但錦繡前程蒙上陰影；且既有的富貴之花，可能提早凋謝，只留風雨飄搖中的花枝，豈不富貴虛幻，如煙如雲？

　　富雖可潤屋，但須輔以潤德之身方可住久；貴可以蔭家，但須以義為利方能財運亨通，非分之財，悖入悖出，豈可不芥千金而不盼？

　　善體富貴，曲肱可以得其樂；深悟貧賤，啜菽可以盡其歡，英雄行正道，富貴可以長久；若誤行險道，恐將徒剩殘枝，與其望落

花而長歎，何如遠觀拈花而微笑。

【1997-07-05/聯合報/17 版/鄉情】

食桃肥 食李瘦　食楊梅 礦泥竇

siid-/shid丶	to∨/-	pi∨/pui-	siid-/shid丶	li丶/ˊ	ceu-/seu∨
ㄙㄅ-/ㄕㄧㄅ丶	ㄊㄛ∨/-	ㄆㄧ∨/ㄆㄨ1-	ㄙㄅ-/ㄕㄧㄅ丶	ㄌㄧ丶/ˊ	ㄘㄝㄨ-/ㄙㄝㄨ∨
食	**桃**	**肥**	**食**	**李**	**瘦**

siid-/shid丶	iong∨/rhiong-	moi∨/-	kong-/∨	nai∨/-	deu-/∨
ㄙㄅ-/ㄕㄧㄅ丶	ㄧㄛㄥ∨/ㄖㄧㄛㄥ-	ㄇㄛ1∨/-	ㄎㄛㄥ-/∨	ㄋㄞ∨/-	ㄅㄝㄨ-/∨
食	**楊**	**梅**	**礦**	**泥**	**竇**

食桃肥，食李瘦；食楊梅，礦（藏）泥竇（泥中）。意指多吃桃子，會容光煥發，長得胖而壯，可以健身；多吃李子，會使身體苗條，人見人愛，美容而瘦身。桃李二果，真是風雲際會，各擅勝場。

至於楊梅產量極少，果期又短，市場很難買到，要吃還不太容易，有人一生恐怕只吃過一次，就再也沒吃過楊梅了。有享受桃李之豐腴鮮美，但也別忘了楊梅酸甜味永的涵義在內。

吃桃子，可以肥壯健身；吃李子，可以美容輕身。一可以入世奮發；一可以出世逍遙，對身體皆有莫大助益，深受人們喜愛，所以說「桃李不言，下自成蹊」（桃李雖不會說話，但那鮮美的果子，總是使樹下成了道路）。唯獨楊梅，知者甚少，食者不多，一旦食用，酸甜之味就會永生難忘，甚至礦入泥竇，而仍齒頰留芳。

【2000-02-26/聯合報/39 版/鄉情】

食飽解褲帶　少人一身債

siid-/shid﹨　　bau﹨/✓　　gie﹨/✓　　fu-/∨　　dai-/∨

ㄙㄉ-/ㄕ|ㄉ﹨　　ㄅㄠ﹨/✓　　《|ㄝ﹨/✓　　ㄈㄨ-/∨　　ㄉㄞ-/∨

食　　飽　　解　　褲　　帶

seu﹨/shau✓　　ngin∨/-　　id﹨/rhid-　　siin✓/shin﹨　　zai-/∨

ㄙㄝㄨ﹨/ㄕㄠ✓　　兀|ㄣ∨/-　　|ㄉ﹨/ㄖ|ㄉ-　　ㄙㄣ✓/ㄕ|ㄣ﹨　　ㄗㄞ-/∨

少　　人　　一　　身　　債

　　食飽解褲帶，少人一身債。係指面對豐盛佳肴，無邊欲望油然而生，雖是肚子已飽，無法容納，不惜寬解褲帶，再度攝取山珍海味，橫掃碗盤，不知節制，暴飲暴食，終於坐吃山空，滿室蕭然，確是好逸惡勞，好吃懶做。貪多務得，酗酒無度，積習一旦養成，則必入不敷出，一身是債。

　　飲食男女，固為人之大欲，然欲望不知節制，則流蕩不返，心中所想，盡是珍饈美味；腦中所思，多係鮮美肥嫩，唯食是嗜，以吃為欲，不論是否已飽，總是流連酒食；雖是已經果腹，仍然意猶未盡，口腹之欲，無時或止，甚至寬鬆腰帶，以增食量。豈知胃腸負荷有限，盤中佳肴無窮，久而久之，積習成性，胃腸堤防一旦潰決，沈痾難瘉，臥病在床，不惟健康受損，身心俱疲，無法工作，收入有限，支出無窮，必債台高築，悔之晚矣！真是：「貪他一斗米，失去半年糧」不少人一身債者幾希！

明明肚中食物已堆積如山，猶然不足，解褲帶以強力填塞。必將不堪負擔而腸斷胃裂者，不可勝數，可謂所失必多！俗云：「豬撐大，人撐壞，狗撐變妖怪」(養豬不斷的餵食，會迅速長大，人如果暴飲暴食，身體必然吃壞；狗如果餵得太飽，必會狂吠亂叫，好像妖怪一樣)洵非虛言。看來，適度的七分飽。確為養生保健良方，食飽之後，實不宜解褲帶矣。

【2000-07-13/聯合報/39 版/鄉情】

一、人生哲理　　71

馬行無力皆因瘦　人若風流定必貧

ma ⁄ ／＼	hang ∨ ／－	vu ∨ ／－	lid －⁄＼	gie ⁄ ／gai ＼	in ⁄ ／rhi ＼	ceu －⁄seu ∨
ㄇㄚ⁄／＼	ㄏㄤ∨／－	ㄨㄨ∨／－	ㄌㄧㄅ－⁄＼	ㄍㄧㄝ⁄／ㄍㄞ＼	ㄧㄣ⁄／ㄖㄧ＼	ㄘㄝㄨ－⁄ㄙㄝㄨ∨
馬	行	無	力	皆	因	瘦

ngin ∨ ／－	na －⁄＋	fung ⁄ ／＼	liu ∨ ／－	tin －⁄＋	bid ＼ ／－	pin ∨ ／－
ㄫㄧㄣ∨／－	ㄋㄚ－⁄＋	ㄈㄨㄥ⁄／＼	ㄌㄧㄨ∨／－	ㄊㄧㄣ－⁄＋	ㄅㄧㄅ＼／－	ㄆㄧㄣ∨／－
人	若	風	流	定	必	貧

馬行無力皆因瘦，人若風流定必貧。意指不論是日行千里的駿馬，或是千日一里的駑馬，一旦筋疲力盡，無力遠行，大多由於瘦弱不堪；才智之士或平庸之徒，不論成就多麼傑出，財力富可敵國，一旦自命風流倜儻，尋歡花前月下，作樂豔舞歌前，而無所節制，自必貧困無依，輕者聲敗名裂，重者敗家喪身，實在是一風月寶鑑，頗值世人深思。

席豐履厚的世間男女，大多趨燕瘦而棄環肥，惡豐腴而近窈窕。可是，征戰沙場日行千里的駿馬，卻正與此相反，多希望有壯碩的身軀，堅強的骨架，充足的體力；駿逸的豐姿，方可登高山如履平地，行千里而若咫尺，負重行遠，如若無物，甚至在極惡劣的天候：如驕陽烈日照於上，冰雪荊棘履於下；寒風席捲而來，雨水排山而至之下；口中乾渴，腹內枵然，而從容自若，顧盼自如。如此耐飢耐渴，耐寒耐霜，仍如期完成任務；未有瘦馬而能肩此重任者！古時天馬玉花聰，

壯碩如山氣如虹；乘黃夜白汗馬出，迴如大地生長風！且看紅鬃烈馬的奔逸若飛，赤兔驊騮的飆風迅雷，都是英姿颯爽，壯骨豐姿，神韻天然，矯健出眾，鮮有羸瘦駑馬而可日行千里的！

至若食色性也，固為人之基本大欲，亦為人之根本需求，適度為之，可使內無怨女，外無曠夫；鰥寡孤獨，各得其所；家庭幸福，社會安定。如若恃其財力，日日買醉；倚其權力，夜夜尋歡；又復以潘安之貌，子建之才，自命風流倜儻，舌粲蓮花之濃情蜜意，沈醉周旋於歌樓酒館；笙歌豔舞，粉粧玉琢；靚女歌妓之脂粉陣中，流連忘返；曠日彌久，而致油盡燈枯，形銷骨立，而憔悴失志；一旦床頭金盡，佳人盡去，始知火山孝子，早已欲火焚身；功名，歲月，健康，事業化為灰燼，日趨困窮而不自知！多少才士，貪戀煙花而貧寒流浪街頭；多少豪門，迷心女色而囊空如洗。然，貧者非物質匱乏而已，更是精神、形體、性命的消亡隕落。伯虎三笑點秋香，為人所豔稱；其後，竟是敗家喪身；石崇豪富寵綠珠，夜夜歌舞；結果，亦是家毀人亡。人若風流，結局豈只是貧苦而已哉？

馬行無力，多因瘦弱不堪，體力不繼，殊為可歎；人若風流，率皆富貴淫樂，風流蕩逸，以致辱德喪身。馬之無力遠行，實因無可奈何；人之風流貧困，多為咎由自取。即使貴至帝王將相，莫不皆然。所謂：美色多能誤國邦，由來迷色喪忠良。紂因妲己宗祀失，吳為西施社稷亡，玄宗風流演長恨，三桂衝冠為紅顏，西門貪蓮把命喪，人若風流定必亡！於是，馬瘦人貧，不啻為風月寶鑑，人生指引，可不戒慎矣哉！

【1998-05-11/聯合報/39 版/鄉情】

高山頂上捉鰗鰍　無影無跡講到有

go丶／　san／丶　dang丶／　song-/shong+　zog丶/zug-　fu∨/-　qiu／/ciu丶
《ㄛ丶／　ㄙㄢ／丶　ㄅㄤ丶／　ㄙㄛㄥ-/ㄕㄛㄥ+　ㄗㄛ《丶/ㄗㄨ-　ㄈㄨ∨/-　ㄑㄧㄨ／/ㄐㄧㄨ丶

高　山　頂　上　捉　鰗　鰍

mo∨/-　iang丶/rhiang／　mo∨/-　jiag丶/ziag-　gong丶／　do-/∨　iu／/rhiu丶
ㄇㄛ∨/-　ㄧㄤ丶/ㄖㄧㄤ／　ㄇㄛ∨/-　ㄐㄧㄚ《丶/-　《ㄛㄥ丶／　ㄅㄛ-/∨　ㄧㄨ／/ㄖㄧㄨ丶

無　影　無　跡　講　到　有

　　這是一句客家諺語。意即：高山頂上，既無河流，也無池塘，要抓泥鰍，是不太可能的，根本就是緣木求魚，子虛烏有，無影無跡的事，偏要無中生有，誘人相信，不是騙人嗎？

　　泥鰍性喜水澤爛泥淖中，溪水只要稍微清澈，便難見芳蹤，更何況高山頂上，沒有河流水澤，魚和青蛙都難得見到，怎會有泥鰍呢？因此，對於一些誇大不實的宣傳廣告、不負責任的競選諾言，把對方視爲非愚即癡的口出讕言，只爲掩飾一己之非，而美化不可能之事，就可說是「高山頂上捉鰗鰍，無影無跡講到有。」

　　泥鰍肉細骨少，是桌上佳餚，人人喜歡，可以代表我們的理想，應循正途去努力追求，才會成功。萬不可逞三寸不爛之舌，偏說高山頂上有泥鰍，與目標南轅北轍，恐將無影無跡，徒勞無功的。

【1997-05-29/聯合報/17版/鄉情】

莫學蟬仔投大樹　隨風搖擺唱高調

mog-/ㄟ	hog-/ㄟ	sam∨/sham-	e∨/er-	teu∨/-	tai-/ㄓ	su-/shiu+
ㄇㄛㄍ-/ㄟ	ㄏㄛㄍ-/ㄟ	ㄙㄚㄇ∨/ㄕㄚㄇ-	ㄝ∨/ㄜ-	ㄊㄝㄨ∨/-	ㄊㄞ-/ㄓ	ㄙㄨ-/ㄕㄨ+
莫	學	蟬	仔	投	大	樹

sui∨/-	fung//ㄟ	ieu∨/rhau-	bai丶/／	cong-/chong∨	go／/ㄟ	tiau-/ㄓ
ㄙㄨㄧ∨/-	ㄈㄨㄥ//ㄟ	ㄧㄝㄨ∨/ㄖㄠ-	ㄅㄞ丶/／	ㄘㄛㄥ-/ㄔㄛㄥ∨	ㄍㄛ／/ㄟ	ㄊㄧㄠ-/ㄓ
隨	風	搖	擺	唱	高	調

　　莫學蟬仔（泛指蟬）投大樹，隨風搖擺唱高調。這是一首勸人宜篤實踐履，切勿倚靠權勢，徒唱高調的諺語。

　　意指吾等為人處世，切莫學那夏蟬專門投靠大樹，然後才有恃無恐地，不斷發出震耳欲聾的鳴聲，其聲高亢，其調高昂，隨著清風，陣陣吹來，初聞而喜，久之則不僅難消暑意，聒噪之聲令人煩擾不安。

　　每至炎夏，蟬坐擁高位，居高臨下，便奮力嘶鳴，高亢清越，高不可攀，反反覆覆，大而無當，無時或息。一旦偶聞人聲，則鉗口結舌，囁嚅嚇聲，藏匿樹間；若果高舉竹竿，作欲捕捉之狀；或秋風忽起，冷霜欲墜，則奮翼高飛，隨風而去，蹤跡杳然，不聞其聲。

　　好比夤緣奔競，蹈空鑿虛之人，往往投向權高位重之士，得之則揚揚而喜，逞其三寸不爛之舌，口無遮攔，大放厥辭，旁若無人，

不著邊際，徒唱高調，難以施行，總是呶呶不休，聒噪於耳，令人不勝其擾，一旦時移勢去，紕漏百出，則黯然而去。

　　蟬仔得大樹而鳴，失大樹而默；人亦有大樹，得失之間，可不慎哉！

【2000-06-20/聯合報/39 版/鄉情】

黃牛雖瘦三只肚　兔仔雖細三只窟

vong ∨/-　ngiu ∨/-　sui ╱/╲　ceu-/seu ∨　sam ╱/╲　zag ╲/zhag-　du ╲/╱

ㄇㄛㄥ∨/-　ㄤ1ㄨ∨/-　ㄙㄨ1╱/╲　ㄘせㄨ-/ㄙせㄨ∨　ㄙㄚㄇ╱/╲　ㄗㄚㄍ╲/ㄓㄚㄍ-　ㄅㄨ╲/╱

黃　牛　雖　瘦　三　只　肚

tu-/∨　e ╲/er-　sui ╱/╲　se-/∨　sam ╱/╲　zag ╲/zhag-　fud ╲/-

ㄊㄨ-/∨　せ╲/ㄜ-　ㄙㄨ1╱/╲　ㄙせ-/∨　ㄙㄚㄇ╱/╲　ㄗㄚㄍ╲/ㄓㄚㄍ-　ㄈㄨㄅ╲/-

兔　仔　雖　細　三　只　窟

　　黃牛雖瘦三只(個)肚，兔仔雖細(小)三只窟。意指黃牛雖然瘦弱，卻能耐飢耐寒，因為，牠的胃有四部份，食物由口中入胃以後，又回到口中反芻，再度進入胃腸，可以儲存食物，資源豐富無比，因此，不易飢餓而強壯有力；兔仔雖小，卻善良有為，計慮周詳，避免強敵危害，預留三個洞穴，作為退路，以策安全，而能居安思危，步步為營。有不可以貌取人，要細加體會，深入了解內在美的意涵在內。

　　黃牛因胃的空間廣大，消化過程漫長，儲存食物豐富，資源管道眾多，可以長期不必進食，忍耐飢餓，而精神抖擻。回想二三十年前，我們常可看到牧童騎在牛背上，那黃牛輕移步履優閒的情形；也常看見黃牛在拉車、耕田，雖無進食，卻在反芻的樣子。尤其過年到了，便把牛繫在柵欄裡，為牠準備許多「年草」(過年時，供牛享用的青草)，讓牛可以好好休息幾天，青草雖不多，但也餓不了，

究竟牠還是有三個肚的。

兔是十二生肖之一，據聞兔視月而有子，雙目有神，眼一睜開，其視清明，所以又稱「明視」，不只眼力好，腦力亦佳，深思遠慮，知彼之人心險惡，無故掠奪；知己之手無寸鐵，難以抗衡。因不能奮勇禦敵，只好退而自保，為求安居樂業，防備不意禍災，經營窟穴必背立相通，以為棲身隱遁之所，所謂「狡兔三窟」，實為對強敵暴力等無故壓境者無言的抗議；亦為道家「知雄守雌、專氣致柔、謙沖為懷，處卑居下」退守之道，且不食窩邊青草，愛惜居家環境，深得環保之旨，其不爭不搶、不掠不奪，和平處世，寬柔待人，所營三窟，乃不得已而為之，又何「狡」之有哉？

黃牛雖瘦，尚有三肚以蓄積資源，反芻充飢；兔仔雖小，亦有三窟以趨吉避凶，遠禍防害。人為萬物之靈，豈能不以牛兔為師？只是，「黃牛知死不知逃，兔仔知逃不知死」，善於反芻營窟的黃牛兔仔，竟難免陷入兔死「牛」烹的命運，寧不深思！

【1999-03-17/聯合報/39 版/鄉情】

黃連樹下種苦瓜　從頭苦到腳底下

vong∨/-	lien∨/-	su-/shu+	ha╱╲	zung-/zhung∨	fu╲╱╲	gua╱╲
ㄨㄛㄥ∨/-	ㄌㄧㄢ∨/-	ㄙㄨ-/ㄕㄨ+	ㄏㄚ╱╲	ㄗㄨㄥ-/ㄓㄨㄥ∨	ㄈㄨ╲╱╲	ㄍㄨㄚ╱╲
黃	連	樹	下	種	苦	瓜

qiung∨/ciung-	teu∨/-	fu╲╱╲	do-/∨	giog╲/-	dai╲╱╲	ha╱╲
ㄑㄧㄨㄥ∨/-	ㄊㄝㄨ∨/-	ㄈㄨ╲╱╲	ㄉㄛ-/∨	ㄍㄧㄛㄍ╲/-	ㄉㄞ╲╱╲	ㄏㄚ╱╲
從	頭	苦	到	腳	底	下

　　近半月來，連續驚傳縣長公館血案、婦女陳屍荒郊及士兵開槍射殺同袍慘劇。槍聲刀影，血花飛濺，受害人家屬及全體同胞驚悸之餘，心中酸楚真如客諺所云：「黃連樹下種苦瓜，從頭苦到腳底下。」

　　黃連本是味道極苦的植物，而今，在其下又種了苦瓜，不是苦上加苦，從頭苦到腳底下嗎？想想這些不幸事件的受害者，他們的死亡，痛苦的不僅僅是他們的家人，因此，這種悲劇，全民都是受害者。尤其是，失去伴侶的夫妻，失去獨子的父母，那椎心泣血的悲慟，聲嘶力竭的吶喊，豈是一個「慘」字了得？

　　然而，黃連雖苦，可以治病；苦瓜雖苦，可以退火；只是，失去親人卻再見無日。「養女怕夜行，養兒怕當兵」的陰影，何日才可撥雲霧而見青天？

【1996-12-06/聯合報/11版/民意論壇】

新打剪刀難開口　冷水劇難繃毋來

xin╱/sin╲　da╲/╱　jien╲/zien╱　do╱/╲　nan╲/-　koi╱/╲　kieu╲/╱

ㄒㄧㄣ╱/╲　ㄉㄚ╲/╱　ㄐㄧㄢ╲/╲　ㄉㄛ╱/╲　ㄋㄢ╲/-　ㄎㄛㄧ╱/╲　ㄎㄧㄝㄨ╲/╱

新　　打　　剪　　刀　　難　　開　　口

lang╱/╲　sui╲/shui╱　cii╲/chi-　gie╱/gai╲　bang╱/╲　m╲/-　loi╲/-

ㄌㄤ╱/╲　ㄙㄨㄟ╲/ㄕㄨㄟ╱　ㄘㄧ╲/ㄔㄧ-　ㄍㄧㄝ╱/ㄍㄞ╲　ㄅㄤ╱/╲　ㄇㄨ╲/-　ㄛㄌㄧ╲/-

冷　　水　　劇　　雞　　繃　　毋　　來

　　新打剪刀難開口，冷水劇雞繃毋來。意指剛剛鑄好的剪刀，亮麗如新，撐得太緊，太過密合，若要開始使用，未有默契，一時之間，竟然開不了口；過年過節，殺雞拜神，如果用冷水燙雞，然後拔毛，不只雞毛拔不起來，甚至還會皮開肉綻，慘不忍睹。真是生不如熟，冷不如熱，少讀詩書，難以開口。做事必須用熱情做動力，熱心為魄力，時時勤練，處處熟習，才會水到渠成，熟能生巧，瓜熟蒂落，渾然天成。有勸人熟讀詩書，熟練工作；引爆熱情，積極任事的涵義在內。

　　新打剪刀，雖然銳利，可是，卻不易開口，為什麼呢？因為新打剪刀，一切皆新。刀刃如新，銳利無比；刀身如新，亮麗光華；螺絲如新，密合緊緊，一切都在如新嘗試階段，未曾密切配合，自是開口不易，為免運作不順，必須小心翼翼，慢慢嘗試，一開一合，一合一開，漸漸開啓，假以時日，才會流利自如，得心應手。好比

朋友新遇，一時之間，難以開口；新到環境，陌生如新，自難來往自如；學識不足，少讀詩書，真是難以啓口；新歌到手，必是生澀不順，也是開口不易，都須加強練習，使其熟練，水乳交融，滾瓜爛熟，才能流水行雲，悅耳動聽，否則，藝之未熟，練之未精，書之未讀，思之未通，所見不廣，欲語無言，好比新打剪刀，難以開「口」。

以前鄉下人家，多自養雞鴨，待其長大，逢年過節，便捉來自己殺，自己拔毛，自己煮，而不是像現在一樣，到市場去買現成的。記得小時候，家人殺雞時，為免血腥之氣影響幼小心靈，多將小孩支開，不准偷看，等到殺好，要拔毛時，才叫小孩趨前幫忙。閹雞壯碩無比，割喉斷氣，自是疼痛掙扎不已，為了減輕其痛苦及心裡不安，多會唸唸有詞：「盼望早日投胎轉世」之類話語，並於事前準備好滾燙熱水，一旦剖好以後，旋即放進滾燙熱水桶中，燒燙煮熟，再搋（提）出放在大水盆裡，開始拔毛，如伐木折薪，風掃落葉一樣。轉瞬之間，已如童山濯濯。

如果所煮熱水不熱，閹雞又未完全斷氣，一碰到水便死命掙扎，以致桶翻水溢，甚至打滾至院子外面，看其痛苦情狀，真是令人不忍。而且未熟之雞，一切如新，拔起毛來，至為不易，就像樹木連根拔起一樣，必皮開肉綻，血跡斑斑，如野狗亂竄，翻鬆泥土，不忍卒睹。因此，冷水剖雞，真的是無法拔毛，看來，滾燙煮熟之為用，果然大矣。

新打剪刀，雖然一切如新，卻難開口；冷水剖雞，雖然清涼無比，卻無法拔毛。新雖可貴，真要待之如舊；冷水雖涼，卻要煮之使熟。剪刀須用，方能熟練；閹雞需熱，方易拔毛。古人說「舊書不厭百回讀，熟讀深思子自知」。看來，世間萬物，莫不如此，所恃

非「新」，唯「熟」而已！正是：「講唱山歌首登台，少讀詩書無口才；新打剪刀難開口，冷水㓾雞繃毋來。」

【1999-09-21/聯合報/39 版/鄉情】

窮人莫斷豬　富人莫斷書

kiung∨/-　　ngin∨/-　　mog-/ヽ　　ton╱/ヽ　　zu╱/zhuヽ

ㄎ丨ㄨㄥ∨/-　ㄤ丨ㄣ∨/-　ㄇㄛㄍ-/ヽ　ㄊㄛㄣ╱/ヽ　ㄗㄨ╱/ㄓㄨヽ

窮　　人　　莫　　斷　　豬

fu-/∨　　ngin∨/-　　mog-/ヽ　　ton╱/ヽ　　su╱/shuヽ

ㄈㄨ-/∨　ㄤ丨ㄣ∨/-　ㄇㄛㄍ-/ヽ　ㄊㄛㄣ╱/ヽ　ㄙㄨ╱/ㄕㄨヽ

富　　人　　莫　　斷　　書

　　窮人莫斷豬，富人莫斷書。意指貧窮之家，如欲改善三餐不繼的貧苦環境，千萬不可不畜養豬隻，以闢財源，解除困境；富貴人家，如欲長享富貴，持盈保泰，千萬要多讀詩書，以變化氣質，長存道心。

　　舊時農業社會，家家戶戶莫不畜養豬隻，少則一隻，多則數十隻，以至百隻以上。所養豬隻長大極快，繁殖亦多，眼看牠們日漸茁壯，而有豐盈喜悅之感。舊時養豬，多無柵欄，可自由活動，所謂「豬無柵欄狗無圈」(養豬養狗都不必柵欄)。善養豬者，多讓豬睡，所謂「豬睡長肉，人睡賣屋」，睡得多則長得快，甚至百日之內就可養上百斤，又所謂「養豬會養豬，百日百斤豬」，又說「餵母豬，栽桐樹，十年成個小財主」，可見養豬可以去貧致富，解決剩餘飯菜，資源充分利用，肥沃山田土地。窮人養豬，確使昔日台灣農民步向小康社會，欣欣向榮，迎向富裕。

至若入則豪華住宅，出則鮮車怒馬的富貴人家，在履絲曳縞，玉食珍饈之際，最忌流連忘返，無所底止，宜樂而不淫，知足不辱，如若言語無味，面目可憎；或口無仁義之言，身無孝悌之行，實爲不讀詩書，或書未讀通之故。如欲富貴長久，持盈保泰，則切莫斷書。書，是人類精神的寄託，文明的象徵；爲人處世的導引，事業前途的明燈。所以古訓有言：「富而後教，富而好禮」，實指富人莫斷詩書之義。宜教導子女多讀有益之書，以變化氣質，怡情養性，有益人倫日用，有裨國家社會。所謂「國清才子貴，家富小兒驕」，欲避其驕奢淫佚之習，莫若善讀詩書。善於讀書的富貴人家，必多富而不驕，貴而不傲；謙卑爲懷，卑以自牧；恆念前人創業維艱，當思今之守成不易，才能免於「一代富，咬薑並食醋；二代富，騎馬坐轎毋行路；三代富，不識時務。」「富不過三代」的警語！

窮人莫斷豬，創造了台灣養豬事業的黃金時期，走過了四十年代滄桑坎坷的歲月，爲台灣經濟奇蹟提供了堅實的後盾，而達到富裕的境界；富人莫斷書，更是重視教育，文化傳承，富者因書而貴；所以又有「貧不離豬，富不離書」，「養兒不讀書，如養一圈豬」的諺語流傳，俱見當時窮人莫忘養豬致富，富人莫忘讀書求道的真諦。

【1999-01-21/聯合報/39 版/鄉情】

窮人無六親　瘦狗多烏蠅

kiung ∨/-　　ngin ∨/-　　mo ∨/-　　liug ╲/-　　qin ╱/cin ╲

ㄎㄧㄨㄥ∨/-　　ㄫㄧㄣ∨/-　　ㄇㄛ∨/-　　ㄌㄧㄨㄍ╲/-　　ㄑㄧㄣ╱╲

窮　　人　　無　　六　　親

ceu-/seu ∨　　gieu ╲/╱　　do ╱/╲　　vu ╱/╲　　in ∨/rhin-

ㄘㄝㄨ-/ㄙㄝㄨ∨　　ㄍㄧㄝㄨ╲/╱　　ㄉㄛ╱/╲　　ㄈㄨ╱/╲　　ㄧㄣ∨/ㄖㄧㄣ-

瘦　　狗　　多　　烏　　蠅

　　窮人無六親，瘦狗多烏蠅(蒼蠅)，意指貧窮之人，常是三餐不繼，度日艱難，不惟日夕迫於生活而感捉襟見肘，即在米斷糧絕之際，欲求助親人，不是頻遭白眼，就是避不見面，而有頓失六親之感；而瘦弱之狗，遭其飼主無情拋棄於前，又受路人吆喝喊打撲殺於後，早已心驚膽戰，草木皆兵，常飢不擇食，以致身罹疾病，腥味四溢，蒼蠅滿身，痛苦不堪。有深體人情冷暖，世態炎涼，刻骨銘心的深層感觸。

　　六親，是泛指所有親戚。人一旦陷入了室如懸磬、囊空如洗的貧窮生活，便會對人情世故體驗深刻，而有寒天飲冰水，點滴在心頭的悸動，始信昨日出手闊綽，稱兄道弟，杯酒言歡的莫逆親友，旦夕之間，已是秋風突至，六親不認，雖有急困之事求助親人，不是予以拒絕，就是顧左右而言他；上焉者佯為噓寒問暖，關懷備至，實則怨責聲切，語詞尖酸；下焉者則索性六親不認，冷漠以對，至

於鄙夷不屑，落井下石。

多少嫌貧愛富，見利忘義，賣友求榮，背離糟糠者，早已視貧窮親戚如無物，使得落難的貧窮之人，因而雪上加霜，舉目無親，婚姻挫折，事業不遂，前程受阻，至於流落街頭，鬱鬱終日。古來「嫂子前倨後恭，妻子下堂求去，父母怒目而視，兄弟無端欺凌」實多因貧窮之故，更有「一毛錢逼死英雄漢」的悽慘，真是「四兩糙米無錢買，滿腹詩書也係空」，貧窮何罪，竟一至於此！

狗對人類忠心耿耿，永不變節，然而，現實的人類，卻利用其青春生命於前，殘虐其年老體「瘦」於後，重者甚至遭受狡兔死，走「狗」烹，昔為先鋒軍，今為俎上肉的夢魘；輕者亦色衰愛弛，遺棄街頭，任其流浪，以致飢寒交迫，骨瘦如柴，面容憔悴，不幸誤食腐臭食物，身罹疾病，因而瘡疔遍體，蒼蠅滿身，腥風四溢，聞者掩鼻，見者欲嘔，莫不手持亂棒石子驅趕追逐，亂如雨下，可憐瘦狗，草木皆兵，心驚膽寒，東藏西躲，驚魂甫定之際，蒼蠅早已布滿全身，嗡嗡之聲，驅之不走，不得安寧，真是瘦狗多蒼蠅，午夜夢魂驚！

舊時鄉下，常聽人說貧窮人家，去投靠親人而見拒的尷尬情景，如今亦還有許多布滿蒼蠅的瘦狗，徘徊街路孤苦無依，欲尋主人，卻望盡千「人」都不是的黯然，令人不忍。

窮人無六親，揆其內心，必是極為渴望親人的接納；瘦狗多烏蠅，想必多麼盼望趕去身上的蒼蠅，只是挫折不順，事與願違而無能為力！如何以仁者之心，達到「窮人也多親，狗壯無蒼蠅」的祥和境界，確是不可忽視的社會美學。

【1998-12-15/聯合報/39 版/鄉情】

窮人無結殺 月月望初八
看其上刮毋上刮

---

kiung∨/-	ngin∨/-	mo∨/-	gad、/-	sad、/-
ㄎㄧㄨㄥ∨/-	ㄤㄧㄣ∨/-	ㄇㄛ∨/-	ㄍㄚㄉ、/-	ㄙㄚㄉ、/-
窮	人	無	結	殺

ngied-/、	ngied-/、	mong-/+	cu∕/co、	bad、/-
ㄤㄧㄝㄉ-/、	ㄤㄧㄝㄉ-/、	ㄇㄛㄥ-/+	ㄘㄨ∕/、	ㄅㄚㄉ、/-
月	月	望	初	八

kon-/∨	gi∨/-	song∕/shong、	guad、/-	m∨/-	song∕/shong、	guad、/-
ㄎㄛㄣ-/∨	ㄍㄧ∨/-	ㄙㄛㄥ∕/ㄕㄛㄥ、	ㄍㄨㄚㄉ、/-	ㄇㄨ∨/-	ㄙㄛㄥ∕/ㄕㄛㄥ、	ㄍㄨㄚㄉ、/-
看	其	上	刮	毋	上	刮

　　窮人無結殺，月月望初八，看其上刮毋上刮，這是一句窮人無可奈何，聽天由命，不知所措，癡癡盼望又暗蓄不平的諺語，意指窮人窮得不知怎麼辦才好，竟然把希望寄託在月圓月缺，初八上弦月的半圓，看係微凸，還是微凹，以做為米價是否上漲或下跌的一種預測，以求內心片刻的安寧。面對皎潔月光的自我安慰，充滿著一片的期許與失望。

　　在尚未月圓的初七八，月亮由上弦月正漸漸充實圓滿成半圓

形，這半圓形或許是因上個月月大或月小，又或許是我們視覺的誤差，在初八時就會有微凸、平坦，微凹等不同的現象，這種現象，卻被日夜都在看天吃飯的窮人，當作一種米價是否上漲或下跌的預測，如果是微凸，就可能下跌，如果是微凹，就可能上漲。這種天文現象，跟民間的米價漲跌，會有必然的關係嗎？答案雖是否定，但卻是窮人無可奈何的心理投射。表面上似是無法解決自己的貧窮，消極性的向上天訴求，其實，未嘗不是一種對不公不義的商人，提出一種溫和的控訴。

　　原來，早期糶穀（賣穀）糴（買）米，出售時多用斤秤或算幾擔穀，幾車穀，幾籮穀，店家會要求農民所挑來的穀，一定要上刮（穀子在籮筐裏要呈圓形凸出，滿而不溢），農民都照辦了。但是，農民向店家買米時，不一定是秤斤，而是用斗量的，要買五斗米，則一斗一斗的量，到底是要優待農民的微凸，是公道的略平，還是佔農民便宜的微凹，全在店家的主觀決定。凸凹之間，其量雖小，累積起來，所差就多，何況，貧窮人家，神經更是敏感，而會錙銖必較，若果總是沒有上刮，米價偏又上揚，在力爭無效之後，滿腹委屈之餘，只好對著將圓的月光，頻頻唸著：「窮人無結殺，月月望初八，看其（他）上刮毋上刮。」做一種無可奈何的抗議！

【註】

無結殺：無可奈何，不知怎麼才好，宋，周煇清波雜志：言事舊有三殺之語，街裡餓殺，朝裡嚇殺，家裡餓殺，餓殺謂俸薄，近又添一殺，論事不報，悶殺，臨了，沒結殺。

其：他，俗字作佢。

上刮：月亮半圓，向上微凸之意。

【2000-08-28/聯合報/39 版/鄉情】

餓死毋食廟公飯　冷死毋著菩薩衣

ngo-/+	xi ﹨/si ﹨	m ∨/-	siid-/shid ﹨	meu-/miau+	gung ∕/﹨	fan-/pon+
兀ㄛ-/+	ㄒㄧ﹨﹨/	ㄇㄨ∨/-	ㄙㄉ-/ㄕㄉ﹨	ㄇㄝㄨ-/ㄇㄧㄠ+	《ㄨㄥ∕/﹨	ㄈㄢ-/ㄆㄛㄣ+
餓	**死**	**毋**	**食**	**廟**	**公**	**飯**

lang ∕/﹨	xi ﹨/si ﹨	m ∨/-	zog ﹨/zhog-	pu ∨/-	sad ﹨/-	i ∕/rhi ﹨
ㄌㄤ∕/﹨	ㄒㄧ﹨﹨/	ㄇㄨ∨/-	ㄗㄛ《﹨/ㄓㄛ《-	ㄆㄨ∨/-	ㄙㄚㄉ﹨/-	ㄧ∕/ㄖㄧ﹨
冷	**死**	**毋**	**著**	**菩**	**薩**	**衣**

　　餓死毋食廟公飯，冷死毋著菩薩衣。意指舊時社會，即使餓死，也不願擔任職掌廟公之事；即使冷死，也不願穿上和尚袈裟。因寺廟之事難為，廟公之飯難吃；寺庵之門易進，菩薩之衣難脫。切不可意氣用事，遁入空門；亦不可一時興起，承接廟公。這是抒發情緒的指引，是處世經驗的明燈，凡事宜審慎思考，不可率爾而行。

　　餓死毋食廟公飯，冷死毋著菩薩衣。非謂廟公之飯，絕不可食；菩薩之衣，絕不可穿。實乃對意見不堅者的警惕，對難耐寂寞者的諍言，對食廟公飯的敬重，對著菩薩衣的佩服。果有普度世人宏願者，方可食廟公之飯；能慈悲為懷修道者，方可著菩之衣。

　　因為，佛道聖地，非詐騙斂財、為富不仁的競逐地；亦非感情受挫、看破世情的避風港。

　　時至今日，台灣經濟發達，民生富裕，廟宇香火鼎盛，出家年輕人，與日俱增；佛道團體，四處皆是；廟公之飯，人人爭食；菩

薩之衣，燦然亮麗，與昔日「餓死毋食廟公飯，冷死毋著菩薩衣」
已成鮮明對比矣！

【1999-01-26/聯合報/39 版/鄉情】

燕仔銜泥毋開口　楊梅結子暗開花

ien-/rhan ∨	e ＼/er-	ham ∨/-	nai ∨/-	m ∨/-	koi ╱/＼	kieu ＼/╱
ㄧㄢ-/ㄖㄢ∨	ㄝ＼/ㄜ-	ㄏㄚㄇ∨/-	ㄋㄞ∨/-	ㄇ∨/-	ㄎㄛㄧ╱/＼	ㄎㄧㄝㄨ＼/╱
燕	仔	銜	泥	毋	開	口

iong ∨/rhiong-	moi ∨/-	gied ＼/-	zii ＼/╱	am-/∨	koi ╱/＼	fa ╱/＼
ㄧㄛㄥ∨/ㄖㄧㄛㄥ-	ㄇㄛㄧ∨/-	ㄍㄧㄝㄉ＼/-	ㄗ＼/╱	ㄚㄇ-/∨	ㄎㄛㄧ╱/＼	ㄈㄚ╱/＼
楊	梅	結	子	暗	開	花

「燕仔銜泥毋開口，楊梅結子暗開花」，意指燕仔銜泥做巢，專心一致，絕不開口；楊梅開花，都在夜裏暗中進行，從來不在白天炫耀，而且花朵極小，平淡無奇，很不起眼，又難辨別，但不覺之間，已結實纍纍。有做事專一，行事沈穩，棄華務實，謙沖爲懷，曖曖含光的君子風範，是專一守貞的代表者；是劍及履及的行動派，認真做事，卻不多話；心愛對方，也不會一直把愛掛在嘴邊。心口如一，含英咀華。行止動靜，大多雙棲，款款深情，脈脈無語，而有「燕侶」之稱。無怪乎二千多年前的先民，就指天爲誓，以「燕」爲盟，把幸福的新婚生活，稱爲「燕爾新婚」（祝你新婚快樂，如燕仔般的幸福甜蜜）、「燕好」、「燕安」，無悱惻纏綿之語，而有親蜜恩愛之實。

看那燕仔，背部色黑，腹純白，春日向北來，秋天復返南，常營泥巢在屋樑之上，口銜泥土，專心一意，來來去去，去去來來，不發一語，全神貫注，絕不分心，直到巢穩窩安，安頓就緒，大功告成，

才略事休息。最是珍愛家園，以土為巢，口中銜「土」，心繫故「土」，雖隔一年，仍能認明舊巢，專一凝神，充滿深情厚意。

桃園南區有個地方叫楊梅，實際上，楊梅鎮的由來，是因為楊梅樹而得名，楊梅，原是水果名，現在也成了地名，可惜，楊梅產量不多，在街上很難看到楊梅。楊梅，是一種多年生喬木，葉子細窄而長，濃密蓊鬱，所結果子渾圓柔軟，內有核，外貌鮮紅可人，讓人垂涎三尺。大如彈丸，小如榕子，大的清甜無比，小的酸入心脾，每年農曆四月初八左右成熟。眼看一片楊梅滿樹紅，旋即徒留枝葉笑「薰」風，果子紅得快，落得也快，正是「四月八時節，楊梅叭叭跌」的景象。果子晒乾叫「楊梅乾」，夏日煮甜湯，最是可口。

一般植物，都可看到開花，也可看到結果，唯獨楊梅，卻只看到結果，看不到開花，不只在夜間看不到它開花，即連白天也無法看見，都在不知不覺間開出花朵，且速度極慢，所開之花，細小若無，一無牡丹之鮮艷，二無石榴之酡紅，平淡無奇，鮮少引人注意。果是棄華務實，隱逸塵外，不求人知？

燕仔楊梅，雖然屬性不同，但都是文質彬彬的君子。燕仔銜泥，從不開口；楊梅結子，暗裏開花，是專心一致的表現，是謙虛為懷的象徵；是安詳寧謐的境界，是閒適知足的豁然，心無旁騖，堅貞不二，智者處世，仁者待人，燕仔楊梅，可以當之。

【2008/客家文化季刊/24 期/頁 58】

燕仔銜泥口愛穩　蜘蛛結絲在肚中

ien-/rhan∨	e∖/er-	ham∨/-	nai∨/-	kieu∖/✓	oi-/∨	vun∖/✓
ㄧㄢ-/ㄖㄢ∨	ㄝ∖/ㄜ-	ㄏㄚㄇ∨-	ㄋㄞ∨/-	ㄎㄧㄝㄨ∖/✓	ㄛ丨-/∨	万ㄨㄣ∖/✓
燕	仔	銜	泥	口	愛	穩

di✓∖	du✓∖	gied∖/-	xi✓/si∖	cai-/+	du∖/✓	zung✓/zhung∖
ㄉㄧ✓∖	ㄉㄨ✓∖	ㄍㄧㄝㄉ∖/-	ㄒㄧ✓/ㄙㄧ∖	ㄘㄞ-/+	ㄉㄨ∖/✓	ㄗㄨㄥ✓/ㄓㄨㄥ∖
蜘	蛛	結	絲	在	肚	中

　　這句客諺，極具文學的比喻修辭之美。意思是：不論爲人處世，或婚姻愛情，都要學習燕子銜泥，端莊穩重；更要學習蜘蛛結絲（思），長駐心中，永遠都要心口如一。

　　燕子爲人類朋友，銜泥築巢於簷下，看他靈敏精巧的口中銜泥，未曾失誤，而且長戀舊居；蜘蛛則不論山林舍下，到處都有芳蹤，看牠相思情愫，連綿無盡，永在心中。天下有情男女，何妨學習蜘蛛燕子，不論天涯海角，永遠魂牽夢縈，口中穩穩含泥（你）不變，又豈有馬前潑水或遺棄糟糠之事？

　　燕子銜泥，口穩而戀舊；蜘蛛結絲，絲（思）長而專情；情深意重，值得三思。它是客諺，也是山歌，千百年來，傳唱不絕，是甜蜜愛情與幸福家庭的良伴，意深味永。

【1996-11-29/聯合報/17 版/鄉情】

鴨嫲討食　毋知坑窮
山豬食肉　毋知香臭

ab╲/- ma∨/- to╲/ siid-/shid╲ m∨/- di/╲ hang/╲ kiung∨/-

ㄚㄅ╲/- ㄇㄚ∨/- ㄊㄛ╲/ ㄙㄅ-/ㄕ|ㄅ╲ ㄇ∨/- ㄅ|/╲ ㄏ尢/╲ ㄎ|ㄨㄥ∨/-

| 鴨 | 嫲 | 討 | 食 | 毋 | 知 | 坑 | 窮 |

san/╲ zu/zhu╲ siid-/shid╲ ngiug╲/- m∨/- di/╲ hiong/╲ cu-/chu∨

ㄙㄢ/╲ ㄗㄨ/ㄓㄨ╲ ㄙㄅ-/ㄕ|ㄅ╲ 兀|ㄨㄍ╲/- ㄇ∨/- ㄅ|/╲ ㄏ|ㄛㄥ/╲ ㄘㄨ-/ㄔ|ㄨ∨

| 山 | 豬 | 食 | 肉 | 毋 | 知 | 香 | 臭 |

　　鴨嫲(泛指鴨子)討食，毋知坑窮；山豬食肉，毋知香臭。意指鴨子覓食，逢魚即吞，遇草即食，如地毯搜索，一掃而光，絕無蓄積，竭澤而漁，以致溪窮水乾，而仍不知；山豬日夕悠遊山林田野，食量極大，喜愛雜食，所遇食物，不加聞嗅，旋即入口，不加細嚼，囫圇吞下，直至所食淨盡，而仍不知其味。有欲望無窮，貪得無饜，好逸惡勞，好食懶做，享用過度，為子孫憂，不知未雨綢繆，居安思危的涵義在內。

　　鴨子最喜生活水邊，尤其是在小溪覓食。看那成群結隊的鴨子，嘎嘎嘎嘎的呼朋引伴，同入溪中，雙翅揚起，一嘴用力潛入水裏覓食，如快艇奔馳，艇後冒水，如巨鯊潛行，水波冒泡；如吸塵器一般，吸攝入肚；如割草機似的，斬將騫旗，真是談笑用兵，所向披

麛，不論大小魚蝦，狗頜鱸鰻，螻蟈青蛙，鰡鰍蝌蚪，蚯蚓小蟲等，盡皆入彀，無所隱遁。而且從溪前掃向溪尾，從上游掃向下游，凡我水族同胞，無分老幼，無一倖免，真有滅族之危。鴨子全然不覺，仍在盡情享用，但知今日飽，不知明日飢；但見眼前食，不曾思來年。於是，鴨之所至，寸草不生，童山濯濯，汙穢遍地，聞者掩鼻，魚蝦罕見，蛙蟲潛形，不見涓涓之流水，但聞嘎嘎之叫聲！

　　山豬長年活躍山中，居無定所，隨處四竄，喜卑穢下溼之地，個性急躁不堪，取食迫不及待，如土委地，如水就下，不辨鮮潔香臭、冷熱生熟，更無須細嚼慢嚥，急速吞之。畜養多年之豬，三餐飲食，尚不待主人將杓中食物倒下，中途已躍然而起，張嘴銜接，而有「豬接杓」之譏，是否滾熱燙人全然不理，只求馬上滿足口腹之欲。家豬尚且如此，山豬更是野性難馴，入口食物，亦無美惡香臭粗細多寡之別，全數如海水倒灌一般，吞落肚中，好像兵燹之餓殍，地獄之餓鬼者，滿嘴殘渣，滿目貪婪，心中只有口腹之欲，意中毫無高遠理想。朝不慮夕，為子孫憂，在適者生存浪潮席捲之下，一旦誤陷羅網，身入柵欄，則山豬日益減少，家豬日益增多，飽食終日，無所事事，更不知香臭矣！

　　鴨嬸討食，毋知溪窮；山豬食肉，毋知香臭。終導致魚斷蝦絕，食物匱乏，糟蹋糧食，身陷羅網，只顧眼前，不思來年，盡情消費，不知節約之類，更不知溪、山恐有困窘之日，地球亦有竭盡之時。今日台灣只顧追求經濟發展，唯錢是圖，唯利是視，不顧自然生態，濫伐濫墾，水土流失，空氣汙染，河川惡臭，人心如水，垃圾如山，全然不思「數罟不入污池，魚鱉不可勝食；斧斤以時入山林，材木不可勝用」的古訓，比之鴨嬸山豬之飽食終日，人類又相去幾何？

【1997-05-29/聯合報/17 版/鄉情】

雞子出世無乳食　鴨子出世無爺娘

gie╱/gai╲　zii╲/╱　cud╲/chud-　se-/she╲　mo╲/-　nen-/╲　siid-/shid╲
《1せ╱/《ㄞ╲ㄗ╲/╱　ㄘㄨㄉ╲/ㄔㄨㄉ-　ㄙせ-/ㄗせ╲　ㄇㄛ╲/-　ㄋせㄣ-/╲　ㄙㄉ-/ㄕ1ㄉ╲

雞　　子　　出　　世　　無　　乳　　食

ab╲/-　zii╲/╱　cud╲/chud-　se-/she╲　mo╲/-　ia╲/rha-　ngiong╲/-
ㄚㄅ╲/-　ㄗ╲/╱　ㄘㄨㄉ╲/ㄔㄨㄉ-　ㄙせ-/ㄗせ╲　ㄇㄛ╲/-　1ㄚ╲/ㄖㄚ-　ㄤ1ㄥ╲/-

鴨　　子　　出　　世　　無　　爺　　娘

　　雞子(小雞)出世無乳(奶)食，鴨子(小鴨)出世無爺娘(父母)。意指小雞一旦降臨人間，就必須自力更生，不只沒有母奶可以吸吮，更要自己覓食；鴨子一出世，就如難兄難弟一般，整批賣給別人，無法與父母相處，更無爺娘照顧撫育，也要好好生存下去，二者都毫無怨言。有知足不辱，樂天知命，不可自甘墮落，自怨自艾，只羨慕別人，不反躬自省，自恨枝無葉，莫怨太陽偏的涵義在內。

　　農業社會，雞與家庭關係最為密切，幾乎沒有一家農戶沒有養雞，而土雞又容易飼養，看牠們每天早晨出去自由活動，傍晚下班回家，覓食一天，早已充飢果腹，莫不逍遙自得。每天除了主人供給固定食物，其他都要自己上山另闢糧源，連小雞也不例外。看那小雞，由母雞孵出以後，便要自己吃飯，過著獨立生活，除了少小由母雞帶領出門覓食外，不只沒有母奶可以吸吮，沒有媽媽飼飯，沒有撒嬌對象，更無法使性子，賭氣的權利，而且從來也不知道什

麼叫餵食，牠們也安之若素，知足常樂，不怨天尤人，不消極墮落，有時還要面對老鷹等強敵的掠奪，猛獸的吞噬，小雞驚魂甫定之後，仍能積極樂觀。

至於鴨子，命運似乎不及小雞，小雞雖無母奶可食，至少有母雞照顧撫養，公雞父親隨時在保衛安全，兄弟姊妹相聚共享天倫之樂，而鴨子甫一出生，來不及見父母一面，就被迫拆散分離，成了形同無父無母的活孤兒，沒有溫暖的家，沒有兄弟姊妹陪伴，不知自己姓氏名誰，就賣與遠方陌生環境，從此父母情斷，兄弟義絕，相見無日，鴨子父母，眼看愛兒被強行帶走，一點反抗的權利與能力都沒有，那無助的眼神，無奈的落寞，不但無法自由表達，還要表現得很快樂，如果不能適應，可能隨時就被淘汰，父母尚且如此，小鴨尤甚，真是情何以堪！

雞子出世，無奶可食，自食其力，自力更生；鴨子出世，無爺無娘，失去親情，家庭解體，流浪他鄉，成為孤兒。前者雖稱幸運，有母雞照顧，但，也需要自己啄食；後者則父母迫於無奈，無力善盡父母職責，遂使小鴨失去歡樂童年，外表似是安詳恬靜，內中辛酸又有誰知？

反觀人類，生而啼哭，不能自立，襁褓時期，最為長久，照顧撫育，無微不至。然而世間尚有許多不能善盡本身責任，竟而賣女為娼，虐子度日，怪怨父母，怨責聲切者，所謂「毋(不)讀書，怨爺娘；毋識字，怨屋場(環境)」者，豈能不稍事自省，以雞鴨為師？

【1999-06-04/聯合報/39 版/鄉情】

黃連雖苦能治病　芒花雖白難紡紗

vong∨/－　lien∨/－　sui∕/＼　fu＼/＼　nen∨/－　cii-/chi+　piang-/+
ㄈㄛㄥ∨/－　ㄌㄧㄢ∨/－　ㄙㄨㄟ∕/＼　ㄈㄨ＼/＼　ㄋㄝㄣ∨/－　ㄘㄧ-/ㄔㄧ+　ㄆㄧㄤ-/∨

黃　　連　　雖　　苦　　能　　治　　病

ngiong∨/－　fa∕/＼　sui∕/＼　pag-/＼　nan∨/－　piong＼/／　sa∕/＼
ㄫㄧㄛㄥ∨/－　ㄈㄚ∕/＼　ㄙㄨㄟ∕/＼　ㄆㄚㄍ-/＼　ㄋㄢ∨/－　ㄆㄧㄛㄥ＼/／　ㄙㄚ∕/＼

芒　　花　　雖　　白　　難　　紡　　紗

　　黃連雖苦能治病，芒花雖白難紡紗。意指黃連雖然味苦，卻能治病；芒花雖白，卻難紡紗，吾人不可只看事物表象，或憑初次感覺，而武斷事務優劣，率爾去取，致未能人盡其才，物盡其用，值得深入思考，體悟真諦。

　　黃連，又名王連，支連，莖長尺許，春開小花，根可入藥，但其味甚苦，所謂「啞巴吃黃連，有苦難言」，又有「黃連樹下種苦瓜，從頭苦到腳底下」，都說明了黃連之苦，令人印象深刻，人們避之唯恐不及，誰願無端惹上黃連呢？只是，其味雖苦，卻能苦復回甘，清涼解毒；有病治病，無病強身，對身體有百利而無一害，故黃連爲醫中珍品，缺少不得。至如秋冬之際，滿山芒花，潔白如雪，添增秀色，令人讚賞有加，而流連忘返。

　　只是，在古代農業社會，即將進入寒冬之際，最迫切需要的是禦寒衣物，看那芒花雖白，卻不能紡紗織布，以度寒冬，哪有閒情

逸致，欣賞美景？何況，不旋踵間，芒絮盡落，僅剩殘枝斷梗，在落日秋山，秋風淅淅的吹拂下，徒增荒涼之意！於是，可知二者各有特色，黃連雖苦，卻能治病，芒花雖白，不能紡紗，不可只憑自己一時好惡，輕棄黃連，驟斷事物優劣，而使人未能盡其才，物未能盡其用，屈抑人才，於己未必有利，於物又未得其所，實爲可惜。

　　黃連雖苦，能夠治病，但要對症下藥，忍得奇苦，芒花雖白，卻難紡紗，但可製成掃把，以去塵垢，又爲瑟瑟秋山，添增美景，未嘗不是美景當前，情趣無限。而黃連芒花，一春一秋，開花競艷，真是「秋至滿山多秀色，春來無處不花香」，連苦且黃連，也笑逐顏開，也許是在「莫學黃連心裡苦，愛學芒花滿地發」吧！在不虞衣物匱乏的今日，欣賞秋山如雪，不是更能體悟人盡其才，而天生我才必有我用嗎？

【1997-12-13 ／民衆日報／鄉土版】

饅頭羅 矸死老阿婆
山布荊 毋貪好燒也貪輕

man ∨/- teu ∨/- lo ∨/-

ㄇㄢ∨/- ㄊㄝㄨ∨/- ㄌㄛ∨/-

饅　頭　羅

zag ＼/- xi ＼/✓ lo ＼/✓ a ✓/＼ po ∨/-

ㄗㄚㄍ＼/- ㄒㄧ＼/✓ ㄌㄛ＼/✓ ㄚ✓/＼ ㄆㄛ∨/-

矸　死　老　阿　婆

san ✓/＼ bu-/∨ giang ✓/＼

ㄙㄢ✓/＼ ㄅㄨ-/∨ ㄍㄧㄤ✓/＼

山　布　荊

m ∨/- tam ✓/＼ ho ＼/✓ seu ✓/shau ＼ ia-/rha+ tam ✓/＼ kiang ✓/＼

ㄇ∨/- ㄊㄚㄇ✓/＼ ㄏㄛ＼/✓ ㄙㄝㄨ✓/ㄕㄠ＼ ㄧㄚ-/ㄖㄚ+ ㄊㄚㄇ✓/＼ ㄎㄧㄤ✓/＼

毋　貪　好　燒　也　貪　輕

　　「饅頭羅，矸死老阿婆；山布荊，毋貪好燒也貪輕」。意指這二種樹木，輕重有別，剛柔各異，切莫以貌取樵，或不得其情，使用不當，失之毫釐，差以千里。是一句上山砍柴指南的諺語。

饅頭羅（不是曼陀羅），是一種常綠喬木，可以入藥，葉互生呈倒卵形，在平地及山麓都極為常見，他為什麼會砑死老阿婆呢？原來饅頭羅，在農民心中是一種雜樹，一不可為棟為梁，二不宜當柴取火，堅硬似鐵，不易折枝破木，放置許久，溼氣猶存，一般人都不願將之撿回燒火。聽說以前有個老阿婆，年老體衰，看看灶下木柴，所剩不多，便獨自一個人上山撿柴，不意之間，發現許多看似枯乾的饅頭羅，便如獲至寶的準備砍下截斷，捆成幾把，豈料它堅硬而重，砍也砍不斷，挑也挑不動，幾番周旋之後，阿婆早已筋疲力盡，被壓倒在地上了。

　　砍柴最怕砍到饅頭羅，那砍什麼最好？上山砍過柴的人大多知道，最易取火的是竹杈（竹子的枝葉），但那需要等到秋冬之際，砍竹出售之後才有，而且屬私人財產，外人不宜去撿，何況，那只能當火種，很快燒完，最好的應是相思樹，它可以燒成木炭，看那滿山青翠欲滴，鮮有枯枝敗葉，即使有，恐亦為別人所捷足先登了，只好再退而求其次，去撿各種雜樹樹枝。

　　砍柴最好能砍到山布荊，俗稱布荊仔，它不但質地輕柔，而且好燒，看起來似是笨重的一大把，卻可以很輕鬆，走在崎嶇的山路挑回家，而不會累。這世上山砍柴者的最愛，所以說：「撿樵愛撿山布荊，毋貪好燒也貪輕」，更何況山布荊還可以做藥呢！

【2000-03-23/聯合報/17 版/鄉情】

時令氣象

春寒多雨水

cunˊ/chunˋ　　honˇ/-　　doˊ/ˋ　　iˋ/rhiˊ　　suiˋ/shuiˇ

ㄘㄨㄣˊ/ㄔㄨㄣˋ　ㄏㄛㄣˇ/-　ㄉㄛˊ/ˋ　ㄧˋ/ㄖㄧˊ　ㄙㄨㄟˋ/ㄕㄨㄟˇ

春　寒　多　雨　水

——春頭寒　雨豐沛

　　時序雖已進入猴年，但卻要等到下星期正月十四日才立春，在這之前，似仍可算是羊年的殘冬，羊年冬天，為什麼特別冷呢？大家多覺得，羊年之冬，特別寒冷。

　　其實，天氣如此嚴寒，早在預料之中。客諺云：「冬至在月尾，賣牛來買被。」九十一年冬至，在十一月十九日，天氣寒冷以致有多人冷死的不幸；九十二年冬至在十一月二十九日，剛好是在十一月的最後一天，根據前人的經驗，天氣是極為寒冷的，北方及台灣諺語也說：「冬至在月尾，凍死老烏龜」、「冬至在月尾，大寒正二月」（冬至在月尾，農曆一、二月時最冷），可見寒冷天氣，不會就此罷休，還會有一兩個月的漫長時間，所謂「正月冷死牛，二月冷死馬，三月冷死耕田儕（人）」連牛馬都要凍死了，無怪乎南部有大量的虱目魚凍斃，禦寒措施實不可不早作準備。

　　有如此寒冷的天氣，可以預料今年雨量豐沛。所謂「春寒、雨水」，尤其是「春頭寒」（初春之寒，更會帶來豐沛的雨量）。由於兩年的乾旱，各地水庫告急，政府甚至決定二月六日起有第二階段限水措施，

意在節約用水。所幸現在陰雨綿綿，這種天氣將會持續一段時間，根據「上初三、下十八」的說法（初三陰晴，可決定上半個月陰晴），而年初三陰天，一直到十四十五，大概都陰多於晴。由於去年雲遮中秋月，預料今年會水打元宵夜，而十四日剛好是立春，十五是元宵，十四、十五下雨的機率極大，一旦十四、十五下雨，根據「立春落水透清明，一日落雨一日晴」的說法，未來一兩個月，將是陰雨多於晴的日子，慢慢解除旱象。

客諺又云：「雙春夾一冬，十個牛欄九個空」（一年有兩個立春的話，雨量豐富，但要注意家禽家畜的健康），剛好今年有兩個立春，一個在正月十四日，另一個在十二月二十六日，正是象徵雨量的豐富，將要揮別旱象。另據古人占卜元旦云：「申酉（今年為甲申年）元旦是豐年，高低便得十分全；五穀豐收麻豆好，只防六畜有災難。」眼看各地禽流感蔓延，各國政府都下令撲殺雞隻，防止疫情擴散之際，對於今年的晴雨寒暖與衛生保健，實不可等閒視之。

【2004/01/30 /聯合報 /民意論壇】

立春晴　一春晴

lib-/㇏　cun╱/chun╲　qiang╲/ciang-

ㄅㄧㄅ-/㇏　ㄘㄨㄣ╱/ㄔㄨㄣ㇏　ㄑㄧㄤ╲/-

立　春　晴

id╲/rhid-　cun╱/chun╲　qiang╲/ciang-

ㄧㄅ㇏/ㄖㄧㄅ-　ㄘㄨㄣ╱/ㄔㄨㄣ㇏　ㄑㄧㄤ╲/-

一　春　晴

————由老祖宗的諺語對照比較
　　　天象變化預兆　未旱防災參考

　　報載，石門水庫旱象持續擴大，再不下雨，水庫將正式進入枯旱期。不禁令人想到各種天象變化的預兆，未嘗不可做爲未旱防災的參考。根據諸多氣象諺語的顯示，今年恐有乾旱之象。

　　猶記去歲納莉風災襲台的次日，農曆八月初一那天，打了好幾次的雷，所謂「八月雷聲發，大旱一百八」（八月響雷，恐有三個月的乾旱），果然，氣象局在兩三個月內，就預測會有三個月的缺水期，而今年恐有旱象，供水會有問題。事實顯示：九十年下半年是一個暖冬，雨量奇少，自然影響了石門水庫的進水量，在雨量最豐沛的春天，如果沒有下雨的話，那旱象自然難免。

　　而今年春雨勢必不多，可從下列各諺語得到證明：所謂「立春

落水透清明，一日落水一日晴。」今年立春，偏偏沒下雨，恐怕不會下雨到清明，春天的雨水自然減少；又說「正月雷先鳴，四十五日暗天庭」（正月打雷，恐有一個半月的雨季），如今是農曆正月，一直都沒有聽到雷聲，下雨的機率自是不多；又說「冬至晴，元旦雨；冬至雨，元旦晴」，年前的冬至雖然沒什麼雨，但也不是晴天，而是陰天，結果，元旦（農曆新年）一直是陰晴不定，雨量之少是必然的，我們又可從「上初三，下十八」的晴天，可預測整個月大多是晴天。

另外，又可從去年中秋節而可覘知今春元宵節的晴雨，所謂「雲遮中秋月，水打元宵夜」（今年中秋節如果烏雲遮月，明年元宵晚上一定會下雨），而去年的中秋節晚上，是一個皓月千里的夜晚，很顯然今年元宵節晚上下雨的機率不大，將是一個欣賞花燈的大好時光。

從以上各種諺語的交叉對照，詳細比較，就會發現今年春雨不多，雨量很少，加上去年暖冬，又無多少冰雪融化，今年雨量實在不多，這必然會影響到春耕，直到夏季的用水，雖然元宵節是個晴朗夜晚，但是想到去年的水災，預測今年的乾旱，所謂「大水之後，必有荒旱；旱災之後，恐有凶年。」雖然未必如此，但有識之士，確不可不思深慮遠，未旱防災，防患未然，方為上策。

【2002-02-24/聯合報/15 版/民意論壇】

吂到驚蟄先響雷　四十五日烏暗天

mang∨/-　do-/∨　giang↙/↘　ciid/chid　xien↙/sien↘　hiong↘/↙　lui∨/-

ㄇㄤ∨/-　ㄉㄛ-/∨　ㄍㄧㄤ↙/↘　ㄘㄉ/ㄔㄧㄉ　ㄒㄧㄢ↙/↘　ㄏㄧㄛㄥ↘/↙　ㄌㄨㄧ∨/-

吂　到　驚　蟄　先　響　雷

xi-/si∨　siib-/shib↘　ng↘/↙　ngid↘/-　vu↙/↘　am-/∨　tien↙/↘

ㄒㄧ-/∨　ㄙㄅ-/ㄕㄧㄅ↘　ㄫ↘/↙　ㄫㄧㄉ↘/-　ㄪㄨ↙/↘　ㄚㄇ-/∨　ㄊㄧㄢ↙/↘

四　十　五　日　烏　暗　天

——冬雪是寶　春雪是草

「吂到驚蟄先響雷，四十五日烏暗天」，意指未到驚蟄，就響起了雷聲，爾後一個半月的日子裡，大概是雨量豐沛，雨多於晴，即使是沒有下雨，也是乍陰乍晴，令人難以捉摸的天氣。

驚蟄是二十四節氣之一，重要的農耕指標依據。所謂斗指丁雷鳴動，蟄蟲皆震起而出，所以名為驚蟄。在正常情況下，多在驚蟄時才打雷，驚醒了冬眠的草木蟲魚，因而順利生長，欣欣向榮，同時象徵國泰民安，風調雨順。一旦尚未驚蟄而響雷，好比未成形的胎兒提早出生，未復原的身體強行工作，必打亂了生活秩序，而使得自然失調，因而恐有後遺症發生。

未到驚蟄先響雷的第一個效應，就是會有一個多月陰雨綿綿的日子。如今年的驚蟄是在三月五日(農曆正月二十五日)，可是早在過年

及正月初九時就已雷聲連連。那時，也已下了十多天的雨了，而立春時也下雨，所謂「立春下雨透清明，一日落雨一日晴」，正月初三、十八及二月初三都下雨，一直到農曆二月，多是陰雨多於晴天，真是「驚蟄吂到一聲雷，七七四十九日不見天。」

驚蟄未到一聲雷的第二個效應，便是天氣嚴寒，以今(九十四) 年而言，從春節至今(農曆二月)，氣溫降至四度至八度是常事，氣溫低而凍死不少人，高山下大雪，合歡山等雪花飄飄，積雪一百多公分，所以北方諺語說「未到驚蟄一聲雷，四十九日雪花飛」。這與「正月雷鳴二月雪，三月無水做田缺，四月秧打結」，不謀而合。

未到驚蟄雷先鳴，除了帶來陰雨、嚴寒、霜雪外，第四個效應便是寒害。這次的三月雪(農曆二月雪)，凍壞了正要發芽的春茶，正要收成的蔬菜。正要開花發芽的農作物，一夕之間，損失十幾億，所以說「吂到驚蟄一聲雷，家家田禾無收成」，這樣的春雪，其實是不吉利的。但有人卻以瑞雪稱之，這可能有待商榷。

春雪不是瑞雪，在古代曾被視為災雪。早在唐朝時，亦曾下三月雪，侍郎蘇味道以為瑞雪，率百官向皇帝賀喜，左拾遺王求禮駁斥說：「這是災雪不是瑞雪！公身為宰相，不能變理陰陽，非時降雪，將為災害，反誣為瑞，如此誣罔視聽，如果三月雪為瑞雪，那麼，臘月雷豈不為瑞雷？」遂不以春雪為瑞雪，而以警惕之用。

春雪非瑞雪，冬雪才是瑞雪。因為冬天，天寒地凍，草木凋零，萬物在休養生息之際，儘管大雪紛飛，覆蓋大地，不但無害，反而有益，在一段蓄積潛藏之後，等到來春雪水溶化，化為春水，則不愁旱象。因此便說「冬雪是寶，春雪是草」，「冬雪是被，春雪是鬼」(冬雪覆蓋哺育大地，春雪如魔鬼般摧殘幼苗，奪人性命)，「冬雪年豐，春雪無用」，「冬雪財，春雪晦」(冬雪帶來財富、豐收，春雪帶來晦氣、災害)，因此，春雪怎麼可以說是瑞雪呢？

「吂到驚蟄一聲雷，四十五日烏暗天」，「吂到驚蟄一聲雷，四十九日雪花飛」，除了氣象預測以外，更有為人處世的啓發警示作用。時機未成熟，處事未圓融，輕銳躁進，率爾操觚，此皆未蟄之雷也，可不慎乎？

【2005-04/客家雜誌/178 期】

清明晴　魚仔上高坪

清　明　晴

魚　仔　上　高　坪

今天是清明節,是慎終追遠、民德歸厚的重要日子。然而,清明本是單純的廿四節氣之一,為什麼清明掃墓要掛紙,清明前後,為什麼又要放春假呢?

清明掃墓,客語稱之為掛紙,原本掃墓是要燒紙錢給祖先的;但是傳說自從晉文公火燒綿山,介之推與母親抱樹而死,文公乃下令全國在這三天之內不得熟食,不得舉火,就是所謂的寒食節。

寒食節剛好在清明前一天,又叫孤寒日,先祖父在時,常說孤寒日不可以掃墓;而掃墓原是要燒紙錢的,因不得舉火以後,就稱為掛紙,實在是飲水思源,感恩戴德的表現,但因中國北方至為寒冷,三日寒食影響民生至大,故唐後寒食之風漸弛,但掛紙之名因而流傳下來。

清明多在農曆二、三月間,剛好雨水驚蟄春分過後,春雨綿綿,掛紙之時,散紙於地,其實是替祖先修葺房屋,避免漏水,同時掃

除塵垢祓除不祥，做好環境衛生，是極好的象徵意義及生活教育。除散紙修屋外，亦掛紙其上，並用鬆軟石頭壓之，子孫能生活鬆融而不會困頓。

　　清明，就是氣清景明，春暖花開，桃紅柳綠，一片欣欣向榮。一日之不足，乃有三日之春假，是春遊遠足美好的回憶。

　　清明，是春秋「時」義的啟發，所謂「清明前，好蒔田；清明後，好種豆」，春遊之際，可以發現，所有田都已插好秧了，如果未插者，過時就會「黃秧蒔田難轉青」了，可不慎哉！

　　清明，又是一年晴雨的預測指南，所謂「清明晴，魚仔上高坪；清明雨，魚仔杈（樹枝）下死」，意即清明晴，今年會雨量豐富；清明下雨，今年雨量缺乏，可能要預防乾旱，可提供我們參考。

【2008-04-04/聯合報/A23 版/民意論壇】

立夏吹北風　地動疾疫泉水湧

lib-/﹨	ha-/+	coi ╱/cho﹨	bed﹨/-	fung ╱/﹨
ㄌㄧㄅ-/﹨	ㄏㄚ-/+	ㄘㄨㄟ╱/ㄔㄨㄟ﹨	ㄅㄝㄉ﹨/-	ㄈㄨㄥ╱/﹨

立　　夏　　吹　　北　　風

ti-/+	tung ╱/﹨	qid-/cid﹨	id-/rhid﹨	qien ∨/can-	sui﹨/shui╱	iung﹨/rhiong╱
ㄊㄧ-/+	ㄊㄨㄥ╱/﹨	ㄑㄧㄅ-/ㄖㄧㄅ﹨	ㄧㄅ-/ㄖㄧㄅ﹨	ㄑㄧㄢ∨/ㄘㄢ-	ㄙㄨㄟ﹨/ㄕㄨㄟ╱	ㄧㄨㄥ﹨/ㄖㄨㄥ╱

地　　動　　疾　　疫　　泉　　水　　湧

────震災水災　蟾蜍馬陸北風爲師

報載大陸地震前夕，曾出現大規模的蟾蜍遷徙現象。這是地震的徵兆嗎？如能見微知著，或可稍加預防。

無獨有偶的，台灣在九二一大地震前夕，也有大量馬陸出現；去年彰化出現大量馬陸入侵民宅，隨即也發生了地震。馬陸出現，當然不一定會地震，但凡事必有徵象，如果有意忽略，錯失研判的良機，恐與以蒼生福祉理念背道而馳。

同樣的，台灣的水旱之災，也可從許多前人經驗得到啓示。例如近日忽颳北風，涼颼颼的，大異往昔。殊不知諺云：「四月初一吹北風，山空海也空」，又云「立夏吹北風，地動疾疫泉水湧」，今年農曆四月初一剛好是立夏，地動就是地震，是指立夏北風，可能會地震或疾疫蔓延，未料地震竟然發生在四川，而台灣也應謹防腸病

毒。這種涼夏還要多久呢？諺云「立夏北風起，連颳四十天」，又云
「立夏颳北風，十個魚塘九個空」，恐怕暗示今夏雨量將至爲豐富。

　　有許多諺語可資佐證；如「四月初一雨水多，六七月裏水滂沱；」
剛好今年農曆四月初一下雨，四月一即立夏，又云「立夏雨，打爛
鼓；立夏雨，多雲天」「立夏雨，蓑衣會臭醙」（立夏下雨則雨季長，
雨衣都被淋得有臭味了）。

　　四川大地震，農曆剛好四月八，所謂「四月初八，水打菩薩」「四
月初八，大水沖菩薩」「四月初八晴，鯉魚上高坪」（雨量豐富，鯉
魚可藉水勢游至岸上）和「清明晴，魚仔上高坪」「四月北風水打杈」
（四月北風，象徵水災）。

　　古代伏羲氏治理天下，就是靠仰則觀象於天，俯則觀法於地，
取法天象風雨明晦變化，以爲施政指針，雖是絲毫天象的異兆，果
有益於天下，豈忍斥爲無稽之談。見微知著，謹防今夏水患，實是
以蟾蜍馬陸北風爲師矣。

【2008-05-14/聯合報/A15 版/民意論壇】

芒種夏至　有好食也懶去

mong∨/－　zung-/zhung∨　ha-/∨　zii-/zhi∨
ㄇㄛㄥ∨/－　ㄗㄨㄥ-/ㄓㄨㄥ∨　ㄏㄚ-/∨　ㄗ-/ㄓㄟ∨

芒　　種　　夏　　至

iu✓/rhiu＼　ho＼/✓　siid-/shid＼　ia-/rha+　nan✓/＼　hi-/∨
ㄧㄨ✓/ㄖㄧㄨ＼　ㄏㄛ＼/✓　ㄙㄉ-/ㄕㄉ＼　ㄧㄚ-/ㄖㄚ+　ㄋㄢ✓/＼　ㄏㄧ-/∨

有　　好　　食　　也　　懶　　去

　　芒種夏至，有好食也懶去（至、去，客音同韻）。這是一首節氣諺語。旨在說明仲夏（國曆六月，農曆五月左右）以後火傘高張，天氣極度炎熱的情況，即使是有豐盛筵席可以享受，但由於火燄噴人，燠熱難當，也懶得前去。

　　芒種，斗指巳爲芒種，此時可種有芒之穀，過此即失時而難以生長，故名芒種。芒種十五天後，就是夏至。斗指乙爲夏至，萬物於此時，皆假大而極至，時夏將至，故名夏至。至者，盡也、盛也，夏天已至盛大而極至，好比人到青壯之年，精力旺盛到了顛峰，而芒種夏至就是夏天施展極度威力，最爲炎熱的季節。

　　夏至開始，天氣至爲炎熱而懶得出門，即使有佳肴美酒，也恐將意興闌珊，全無食欲。此時最盼望者，便是甘霖普降，清涼鬆爽，以消暑意。所以說「夏至日得雨，一滴値千金」，夏雨，不只對人有益，對萬物更有幫助，所以又說：「夏至日得雨，其年必豐」，「夏至

日得雨，豆子值萬金。」夏至，也是作物收成，晴雨預測的指針。

夏至日雨、心中欣喜；夏至不雨，則炎熱而令人鬱抑，因爲，夏至無雨入三伏　(夏至如果沒有下雨，將提早進入三伏的炎熱季節)。三伏，就是初伏，中伏和出(末)伏；夏至以後第三庚日爲初伏，夏至第四庚日爲中伏，立秋後第一庚日爲出伏。十日爲一庚日，夏至後到了出伏之際，其實已過了一個多月，這段期間爲炎熱的三伏季節，所以說：「夏至無雨三伏熱」(夏至不下雨，以後的三伏天會極爲炎熱)。

今年(民國八十九年)六月二十一日夏至，全省除少數地區外，多爲晴天，因此，在往後的一個多月裏，都可能不會下雨而炎熱無比，天乾物燥，氣溫奇高，苦熱難當。所謂「六月日頭七月火，八月曬死草」，甚至中暑頭昏而眼冒金星，難怪有珍饈盛饌，恐怕也懶得去了。

【2000-08-30/聯合報/39 版/鄉情】

三伏之中逢酷熱　準定三冬多雨雪

sam╱╲	fug╲/-	zii╱╲	zung╱/zhung╲	fung∨/-	ku╱╲	ngied-/╲
ㄙㄚㄇ╱╲	ㄈㄨㄍㄍ╲/-	ㄗㄧ╱╲	ㄗㄨㄥ╱/ㄓㄨㄥ╲	ㄈㄨㄥ∨/-	ㄎㄨ╱╲	ㄤㄧㄝㄉ-/╲
三	伏	之	中	逢	酷	熱

zun╲/zhun╱	tin-/+	sam╱/╲	dung╱/╲	do╱/╲	i╲/rhi╱	xied╲/sied-
ㄗㄨㄣ╲/ㄓㄨㄣ╱	ㄊㄧㄣ-/+	ㄙㄚㄇ╱/╲	ㄉㄨㄥ╱/╲	ㄉㄛ╱/╲	ㄧ╲/ㄖㄧ╱	ㄒㄧㄝㄉ╲/-
準	定	三	冬	多	雨	雪

——夏至無雨三伏熱

　　連日高溫，燠熱難當，日前台北高到三十七點八度。氣象專家警告，反聖嬰現象已經展現，使得今年怪事特別多。但根據傳統客諺的看法，今年的炎熱其實是正常的，所謂「夏至無雨三伏熱」，「三伏之中逢酷熱，準定三冬多雨雪；三伏之中無酷熱，田中五穀多不結。」可見現在雖酷熱，卻是吉祥的預兆。

　　三伏，是一年之中最熱的日子，一般多在農曆六月。所謂三伏，是指初伏、中伏和終（出）伏。伏是金氣伏藏之日，在夏至（六月二十二日）後的第三庚日爲初伏（今年是農曆七月十六日），第四庚日爲中伏（七月二十六日庚子日），立秋八月八日後初庚日爲末伏（八月十五庚申日），這一段時間稱之爲三伏天，剛好是夏至、小暑、大暑、立秋的節氣，天氣自然燠熱難比。所謂「夏至無雨三伏熱」，今年的夏至

是在國曆六月二十二日，那天全台灣多沒下雨，因此，今年的炎熱，是在預料之中，而且將一直持續下去到立秋才會減威。這三伏天的酷熱，是象徵冬天瑞雪的降臨。筆者去年曾用客諺預測今年不愁旱象，同樣，明春也是會普降甘霖的。為什麼呢？

　　所謂「夏至見青天，有雨在秋邊」（夏至晴，秋天多雨），「夏至無日頭，一邊吃一邊愁」，今年正是如此。氣象局不也預測，下週會有雷陣雨，颱風也會來臨？而今年農曆四月，曾颳數次北風，象徵秋天七月雨量甚為豐富，北方諺語也說「伏裡多酷熱，冬天多雨雪」、「夏至火燒天，大水十八番」，又說「伏裡不熱，田裡無米」，與前述「三伏之中無酷熱，田中五穀多不結」，道理是一樣的。

　　所謂「三伏之中逢酷熱，準定三冬多雨雪」可預知瑞雪兆豐年外，亦可觀知今冬將較寒冷，所謂「冬至在月尾，賣牛來買被」，今年冬至將在農曆十一月二十九日，配合冬天的雨雪，寒冷或可預期。因為，這些諺語都是相互關連、環環相扣的。看來，今夏的酷熱難當，不只不應抱怨，還應額首稱慶呢！

【2003/07/19/聯合報/民意論壇】

六月一雷破九颱　九月一雷九颱來

liug ˋ /-	ngied- / ˋ	id ˋ /rhid-	lui ˅ /-	po- / ˅	giu ˋ / ˊ	toi ˅ /-
ㄌㄧㄨㄍˋ /-	ㄫㄧㄝㄉ- / ˋ	ㄧㄉ ˋ /ㄖㄧㄉ-	ㄌㄨㄧ ˅ /-	ㄆㄛ- / ˅	ㄍㄧㄨ ˋ / ˊ	ㄊㄛㄧ ˅ /-
六	月	一	雷	破	九	颱

giu ˋ / ˊ	ngied- / ˋ	id ˋ /rhid-	lui ˅ /-	giu ˋ / ˊ	toi ˅ /-	loi ˅ /-
ㄍㄧㄨ ˋ / ˊ	ㄫㄧㄝㄉ- / ˋ	ㄧㄉ ˋ /ㄖㄧㄉ-	ㄌㄨㄧ ˅ /-	ㄍㄧㄨ ˋ / ˊ	ㄊㄛㄧ ˅ /-	ㄌㄛㄧ ˅ /-
九	月	一	雷	九	颱	來

———晴雨寒暑　一「諺」知秋

　　報載日前擦邊而過的蘭寧颱風席捲大陸，雨量驚人。如果蘭寧登陸台灣的話，後果不堪想像。

　　其實日前氣象報告出現蘭寧是否侵台爭議的時候，在八月十一日上午，桃園的上空出現了無數次的雷聲，所謂「六月（農曆六月）一雷破九颱，九月一雷九颱來」，那不起眼的幾聲雷，竟然趕走了颱風，雖是不可思議，其實是一「諺」知秋。

　　今年一月，筆者曾在課堂利用客諺，預測今年雨量將甚為豐沛，言猶在耳，七月二日就發生了大水災。除春寒帶來的雨水，立春落雨透清明所累積的雨量，「雙春夾一冬，十個牛欄九個空」所呈現的雨量豐富等條件之外，其他的諺語也可會合參考。

　　所謂：「三月北風燥惹惹，四月北風水打杈；五月北風平平過，六

月北風不是貨。」今年四月颳好幾次北風，可以想見今年雨量甚多。而最近的六月，也起了許多次的北風，所見不只雨量大，而且會造成災害，如前不久的印度、湖南、四川、廣州大雨，可知今年因雨而造成災害，不只是台灣而已。

「夏至端午前，農人淚漣漣。」今年夏至在農曆五月初四，是在端午之前，果然，在七月二日（農曆五月十五日）颱風暴雨來襲，重創中台灣，農民欲哭無淚！又云：「夏至見青天，有雨在秋邊」、「六月有庚申，七月有秋淋」（農曆六月，如逢有庚申日，七月可能會有大水），而今年六月二十四日是庚申日，六月庚申日主七月下大雨，庚申年則主今年雨量豐。而七月將是一個關鍵時刻。

今天已是農曆七月初一，如果下雨，所謂「七月初一雨，落得萬人愁」，我們不能忽視這諺語的警惕作用，因為「不怕七月半的鬼，就怕七月半的水」、「七月落水又起風，十個柑園九個空」，這跟「雙春夾一冬」是相互印證的。

雨極則旱，旱極則荒。會否旱災，且看農曆八月是否有雷聲，所謂「八月雷聲發，大旱一百八」（八月如打雷，至少會有三個月以上的旱災），前人經驗用諺語指導我們晴雨寒暑的預測，不宜輕忽。

【2004/08/16/聯合報/民意論壇】

河溪旮晃橫 芋仔正上棚
河溪必力直 芋仔就好食

---

ho∨/-	hai✓/ヽ	ga✓/ヽ	la✓/ヽ	vang∨/-
ㄏㄛ∨/-	ㄏㄞ✓/ヽ	ㄍㄚ✓/ヽ	ㄌㄚ✓/ヽ	ㄇㄤ∨/-

河　　溪　　旮　　晃　　橫

vu-/+	e ヽ/er-	zang-/zhang∨	song✓/shong ヽ	pang∨/-
ㄇㄨ-/+	ㄝヽ/ㄜ-	ㄗㄤ-/ㄓㄤ∨	ㄙㄛㄥ✓/ㄕㄛㄥヽ	ㄆㄤ∨/-

芋　　仔　　正　　上　　棚

ho∨/ho-	hai✓/ヽ	bid-/-	lid-/ヽ	ciid-/chid ヽ
ㄏㄛ∨/ㄏㄛ-	ㄏㄞ✓/ヽ	ㄅ丨ㄉ-/-	ㄌ丨ㄉ-/ヽ	ㄘㄉ-/ㄔ丨ㄉヽ

河　　溪　　必　　力　　直

vu-/+	e ヽ/er	qiu-/ciu+	ho ヽ/✓	siid-/shid ヽ
ㄇㄨ-/+	ㄝヽ/ㄜ-	ㄑ丨ㄨ-/+	ㄏㄛヽ/✓	ㄙㄉ-/ㄕ丨ㄉヽ

芋　　仔　　就　　好　　食

　　「河溪旮晃橫，芋仔正上棚；河溪必力直，芋仔就好食。」意指銀河呈現東西向時，正是開始種植芋頭的好時機；而當銀河呈現南北向的時候，芋頭則已長得亭亭玉立，其根部之果實也已長得豐腴肥美，

可為佐食的佳餚了，可說是農耕與自然生活的結合，種植作物的指針，天人合一的和諧配合，春秋時義的自然發揮。

　　河溪，就是銀河，一直是童年美麗的象徵，是豐富想像力的泉源，更是文學生活結合的生命體，在現實中有美夢，美夢中有現實，不會鑿虛蹈空，也不會窒礙難行，因為，在美麗的銀河呈現東西向時，父祖長輩便會引領我們到清幽的山田種芋頭，俗語說：「三月芋，四月薑」暮春三月，天朗氣清，鶯聲婉囀，正是種植芋頭與各種豆類等作物的時機，此時，也正是秧苗漸長，可以多種一些農作，會有豐衣足食的感覺，白日種完芋頭，夜晚碧空如洗，仰觀東西橫亙的銀河，再聽聽先祖母美麗的故事，一切是那麼的安詳靜謐，而有遼敻無垠之感。

　　芋頭種下去，是那麼的充實，經過三個月的時間，芋頭才會成熟，也就是母親常說的：「五月上宗宗，六月毋好動，七月上碗公」（五月將泥土培壅填滿，六月只看看照顧就好，不要動它，七月就可收成煮食了。）此時的早稻也已收割完畢，禾埕盡是稻香，夜晚在院子裡，仰望夜空，那美麗的銀河卻早已呈現南北向了。原來，芋頭生長的過程，就是銀河從東西向轉變為南北向的時候，難怪說「河溪必力直，芋仔就好食」別看那不起眼的芋頭，根與莖都可做成美味佳餚，而當我們看到滿天星斗閃耀，夜空如洗，院子也是一幅美麗的畫面，除了那「銀燭秋光冷畫屏，輕羅小扇撲流螢；天階夜色涼如水，臥看牽牛織女星」的淳樸境界外，也還有「七姑星，七姊妹」可愛童謠聲。

　　天上的銀河美，地上的芋頭也美，當天上的銀河從東西轉到南北，地上的芋頭也由細嬰長成亭亭玉立，嫣然一笑的芋頭了，芋頭對人類貢獻極大，根莖可為佐食之外，也許您不知道，芋莖的汁液，更是蜜蜂的剋星，當我們在山上，如果被蜜蜂螫刺時，就可利用芋頭莖的汁液在傷口塗上，三五分鐘之後就可消腫不痛，安然無恙。而用芋頭所做成的芋頭餅，也別有一番風味，難怪，我門總是期盼著芋頭的長大。

不過，總有令人遺憾者，乃是芋頭一生對人類默默貢獻，尤其是那綠意盎然，亭亭如蓋的芋荷（芋葉），隨風搖曳的保護家園，而人類卻用「芋荷形」三字來比喻人類的不能守成，一生都很窮困，不知是否真的如此，但我們還是真的喜歡芋頭。

河溪呇冘橫，芋仔正上棚；河溪必力直，芋仔就好食。是芋頭生長的過程，也是童年成長快樂的時光，成年人甜蜜的回憶，可以認識自然，認識生命，是天文地理的結合，自然人文的合一，文學生活的融合，也是啓蒙教育的落實，幸福溫馨的韻味。

【註】
呇冘橫：呇冘為借音，本為角落；呇冘橫借為打橫之意。
必力直：筆直的樣子。

【2008 秋季號/客家文化季刊/25 期/頁 55】

八月雷聲發　大旱一百八

bad ＼/- 　ngied-/＼ 　lui ∨/- sang ∕/shang ＼ fad ＼/-

ㄅㄚㄅ ＼/- 　ㄤ丨ㄝㄅ-/＼ 　ㄌㄨㄟ ∨/- ㄙㄤ ∕/ㄕㄤ ＼　 ㄈㄚㄅ ＼/-

八　　　月　　　雷　　　聲　　　發

tai-/+ 　hon ∕/＼ 　id ＼/rhid- 　bag ＼/- 　bad ＼/-

ㄊㄞ-/+ 　ㄏㄛㄣ ∕/＼ 　丨ㄅ＼/ㄖ丨ㄅ- ㄅㄚㄍ ＼/- ㄅㄚㄅ ＼/-

大　　　旱　　　一　　　百　　　八

　　目前大家似乎都在研議如何防治水患，其實這是雨後送傘、賊過尋棍的亡羊補牢之計，但未旱防災的積極預防措施，亦應雙管齊下，方能達到事半功倍的實質效果。因為，根據諺語與天象顯示，明年極可能發生旱災，為什麼呢？

　　十四、十五日農曆八月初一、初二連續兩天，下午兩三點多的時候，台北桃園上空，傳來陣陣雷聲，客諺說：「八月雷聲發，大旱一百八。」又說：「八月響雷，大豬毋使（不必）捶」（八月如果打雷，各種動物如豬隻，可能會因為發生傳染病而喪失性命），由這兩句諺語看來，明年必須嚴防旱災和傳染病的發生。

　　也許有人會以為這是無稽之談，但由這幾年的經驗看來，確實不是無的放矢。因為，在民國九十年納莉襲台，正是農曆的七月二十九日，在第二天初一，中壢上空傳來雷聲，三個月後的國曆十二月三日，氣象局就發布暖冬與可能水荒的消息，結果，民國九十一

年，我們經歷了第一年的旱災，旱災之後，就是SARS（瘟疫）蔓延。連續旱了兩年，而今年的大水，其實也都是可以預知的。

由於今年有兩個立春，明年年初則無立春。春，剩也，無春就是沒有剩的意思，是指雨水無剩，雨水無剩則代表明年雨量稀少，另則雨量稀少是因暖冬關係，因今年冬至在十一月初十，是月頭，冬至在月頭，代表是暖冬，可見，明年的旱象，現在似可看出端倪。

要防旱，除了靠人民節約用水外，水庫亦不宜再輕易洩洪了，宜多作儲水設施，水資源善加利用與儲存。否則，旱象一旦呈現，恐將無所措手足矣！

【2004-09-16/聯合報/A15版/民意論壇】

日動晴　夜動雨

ngid ╲/-　　tung ╱/╲　qiang ∨/ciang-

兀ㄧㄅ╲/-　　ㄊㄨㄥ╱/╲　ㄑㄧㄤ∨/-

日　　　動　　　晴

ia-/rha+　　tung ╱/╲　i ╲/rhi ╱

ㄧㄚ-/ㄖㄚ+　ㄊㄨㄥ╱/╲　ㄧ╲/ㄖㄧ╱

夜　　　動　　　雨

　　七月三十日清晨，寶島外海發生規模六點四的地震，接著又是賀伯颱風進逼而來，且逢農曆十五月圓漲潮，正是應了諺語「日動(地震)晴，夜動雨」之兆。

　　這句諺語意思是說，白天地震會晴天，夜晚地震會下雨。如依前人經驗，不但颱風可能直接來犯，且雨量亦必豐沛應防成災。凡是自然現象，多有脈絡可循，如兒時，地震前，雞鴨牛群都不肯進入屋舍，不久果真發生地震。

　　「日動晴，夜動雨」、「月暈而風，礎潤而雨」等古諺，是先民經驗的累積，或許不見得百分之百真確，也有待科學驗證，但至少可提醒我們提高警覺、有備無患。以自然為師，誰曰不宜？

【1996-07-31/聯合報/11 版/民意壇論】

立冬晴 一冬晴

lib-/ヽ   dung ✓/ヽ   qiang ∨/ciang-

ㄌㄧㄅ-/ヽ   ㄅㄨㄥ✓/ヽ   ㄑㄧㄤ∨/-

立   冬   晴

id ヽ/rhid-   dung ✓/ヽ   qiang ∨/ciang-

ㄧㄅヽ/ㄖㄧㄅ-   ㄅㄨㄥ✓/ヽ   ㄑㄧㄤ∨/-

一   冬   晴

「立冬晴，一冬晴；立冬雨，一冬雨」。意指立冬之日如果是晴天，可能整個冬天多是晴天，如果當日下雨，整個冬天多會下雨，這是先民利用二十四節氣的晴雨做整個冬天晴雨的預測，可以提供參考。

立冬者，斗指西北，維爲立冬，冬者終也，立冬之時，象徵萬物終成，故名立冬。立冬是冬天的開始，西北陰冷之氣開始向南推移，各種植物到了成長的極限，有的花草樹木，開始落葉，凋謝，甚至死亡，在這一關鍵時刻，如果是晴天，象徵整個冬天大多晴天，如果是雨，則整個冬天大多是雨，這是否準確？也需要其他條件配合，和立春晴，一春晴一樣，是很值得參考的。

立冬晴，是否會一冬晴，以 2006（97）年而言，立冬是晴天，使得 2006 年形成暖冬，雨量少，2007 年立冬下雨，冬天雨量多，連過年都下雨，是個陰濕的冬天，2008 年立冬情，冬天雨量也不多，

但冬天則較為寒冷，可見立冬是一個關鍵的日子。「立冬晴，一冬晴。」大陸如福建、廣東河源等許多地區都有這個說法。

立冬，是冬之始，陰氣極盛，要把握在這個節氣前做好翻鬆泥土的工作，客語稱之為「撬冬」，所謂「立冬前犁金，立冬後犁銀，立春後犁鐵」。是指在冬禾割完後，要趕快把田翻土挖鬆，把握越來越少的日照，可以方便人們種菜，使土地肥沃，如果在立冬前就翻土，吸取日照的時間就長，來年土地必肥沃，在立冬好比拿金一樣；立冬後才翻土，顯然醞釀時間較短，但還好，好比拿銀子一樣；至於到了立春後才翻土，則田地陰冷磽瘠，必不利秧苗生長，所以像鐵一樣。

「立冬晴，一冬晴」，又有所謂「立冬出日頭，春天冷死牛」的說法，要過一個漫長的冬天，在冬天的開始之日立冬的晴雨，來先做整個冬天的因應措施，實在是計慮周詳，有智慧見解的。

立冬晴　樵米堆到滿地坪

lib-/ˋ　　　dung ∕/ˋ　　qiang ∨/ciang-

ㄌ丨ㄅ-/ˋ　　ㄉㄨㄥ∕/ˋ　　ㄑ丨ㄤ∨/-

立　　冬　　晴

qiau ∨/ciau-　mi ＼/∕　doi ∕/ˋ　do-/∨　　man ∕/ˋ　ti-/+　piang ∨/-

ㄑ丨ㄠ∨/-　ㄇ丨＼/∕　ㄉㄛ丨/ˋ　ㄉㄛ-/∨　ㄇㄢ∕/ˋ　ㄊ丨-/+　ㄆ丨ㄤ∨/-

樵　　米　　堆　　到　　滿　　地　　坪

───今年物價爲什麼比較便宜？

以去年（2007）年和今（2008）年而言，大家似乎已經明顯感受到物價是較爲平穩而降價不少，向來極少跌價的石油，也由每公升 36 元，降到現在的 20 元左右，跌幅將近 50%，而且也還有降價的空間，其他民生物資如桶裝瓦斯，也降了一百元左右，而車市、房市等，也有許多議價空間，使我們對物價上漲壓力，減輕不少，物價爲什麼會下跌呢？可從客家諺語提早覘知。

今年物價下跌的第一個原因是：「八月大〈音泰〉，街頭無菜賣；八月小，街頭菜了了」，意指農曆八月如果月大（30 天），那麼，物價必貴；如果是月小（29 天），那麼，物價便會便宜，例如：民國 96 年八月是月大，物價飆漲令人難以負荷；而今（97）年是月小，雖然同樣有颱風水災，可是物價竟平穩無比，而且還在一直跌價之中。

今年物價下跌的第二個原因，可從立冬晴雨得知，立冬，是季節的分水嶺，也是萬物收成的指標，立冬是斗指西北維為立冬，冬者終也，立冬之時，萬物終成，故名立冬。所謂「立冬晴，樵米堆到滿地坪；立冬落，樵米貴過靈丹藥」，意指立冬晴天，柴米油鹽等物資不虞匱乏，到處都是；立冬如果下雨，各種物資就比靈丹妙藥還要貴了。去年立冬適逢下雨，物價飛漲；而今年立冬正是晴天，果然各種民生物資便宜無比。

　　今年物價下跌的第三個原因，可從十月初一的天氣來預測，立冬大多在農曆十月，故十月的晴雨頗有啓發之處，如：「十月初一晴，樵炭灰樣平；十月初一陰，樵炭貴過金。」恰好今年十月初一晴，果然民生物資到處都是，極為便宜；而去年十月一是陰天，物價極為高漲，令人餘悸猶存。

　　客諺，不只可覘測晴雨，而由晴雨又可了解物價，這些也都不是孤立的，都是有相關性的，如今年八月大，立冬，十月初一都是晴天，而晴天就象徵物價便宜，其實，立冬的晴雨，在重陽節就已可預知，所謂「重陽無雨望十三，十三無雨一冬晴」「重陽無雨立冬晴，立冬無雨一冬晴」，今年重陽無雨，立冬也晴天，真是「樵米堆到滿地坪」了。

【2008/客家文化季刊/26期/頁63】

子竹高過娘　一冬暖洋洋

zii ╲/╱	zug ╲/zhug-	go ╱/╲	go-/╲	ngiong ∨/-
ㄗ╲/╱	ㄗㄨˋ╲/ㄓㄨㄍˋ-	-ㄍㄛ/╱╲	╱ㄍㄛˊ-/╲	ㄥㄧㄛㄥ∨/-

子　竹　高　過　娘，

id ╲/rhid-	dung ╱/╲	non ╱/╲	iong ∨/rhong-	iong ∨/rhong-
ㄧㄉ╲/ㄖㄧㄉ-	ㄉㄨㄥ╱/╲	ㄋㄛㄣ╱/╲	ㄧㄛㄥ∨/ㄖㄛㄥ-	ㄧㄛㄥ∨/ㄖㄛㄥ-

一　　冬　　暖　　洋　　洋

　　報載中央氣象局統計，台灣今年一月到十一月的平均溫度是史上第二高溫，預料冬季平均溫也高於往年，將是一個暖冬。這種說法，與傳統客諺預測今年暖冬不謀而合。

　　今年爲何是暖冬，可從各種植物未按時序花開花謝得證明外，尚可從客諺「子竹高過娘，一冬暖洋洋」得到驗證。只要稍微觀察，便會發現今年郊外的嫩竹，大多高於老竹，這是因爲老竹在前幾年寒冬，無法繁茂；今冬日暖，竹筍遂快速發條，高過老竹。

　　今年暖冬的第二個原因，可從廿四節氣諺語來預測，如「立冬晴，一冬晴」，今年立冬之日放晴，象徵今冬晴多於雨，晴多則氣溫自然偏高。

　　再則由冬至日來看：所謂「冬至在月頭，無被毋使（不必）愁。」今年冬至是在農曆十一月初三，在月頭，象徵今冬將會溫暖如春，這可能不是巧合，因爲氣象局說今年是第二高溫，第一高溫是在民

國八十七年，那年的冬至是在農曆十一月初四，也是暖冬。

至於「冬至在月尾，賣牛來買被」，冬至如在月尾，則冬天極爲嚴寒，如民國九十二年冬至是在十一月廿九日，那年冬春之際，各地都極爲嚴寒，創下最低氣溫紀錄，合歡山積雪七十五公分，歐洲凍死四百人，奇冷無比。

今年冬暖的第三個原因，可從中秋晴雨來覘測。所謂「雲遮中秋月，水打元宵夜」（中秋烏雲遮月，明年元宵夜必定下雨），又謂「八月十六雲遮月，來年須防大水沒」，剛巧今年中秋，天無纖雲，皓月千里，且連續兩三天，預測明春元宵夜必也清輝皓月，流瀉千里，而且晴多於雨。

冬暖，導致晴雨不諧，旱象恐將發生，這是令人擔憂之處。在農曆九月廿八日晚十時四十分之際，突然孤雷大作，繼而下雨。所謂「九月（農曆）雷聲發，旱到明年八月八」「九月孤雷發，大旱一百八」（九月打雷，是旱象徵兆。）繼之於農曆十月初一（十一月廿二日）又雷聲大作，所謂「雷打冬，十個牛欄九個空」（冬天打雷，是不好的預兆）。

伏羲氏觀天時，盡地利以趨人和，正是對大自然的關懷而得的啓發，由冬至之月頭或月尾，以觀冬暖或冬寒；由雷聲之發以預測是否會旱的經驗，正是想從大自然而得到啓發，作爲未旱防災，未雨綢繆，不可等閒視之而貽誤先機。

【2006-12-03/聯合報/A15 版/民意論壇】

附錄：暖冬旱象的印證

1、　　本文刊於聯合報 95 年 12 月 3 日 A15 版。一週後，全球各地抗暖活動展開。

2、 2007 年 1 月 4 日聯合報載：2006 年年均溫 24，2 度，是 56 年來次熱。

3、 2007 年 2 月 7 日聯合報載：北京暖冬，高達 16℃，是 167 年來最高溫。

4、 2007 年 2 月 26 日聯合報載：大陸每年增 0，22 度，暖化恐毀數億人。

5、 2007 年 3 月 17 日聯合報載：127 年來，2006 年最暖。

6、 2007 年 3 月 24 日民視新聞：孟加拉第一起禽流感撲殺 4 萬隻雞，西非流行腦膜炎，4 千人喪生。

7、 2007 年 3 月 29 日聯合報載：由暖化而洪水暴雨，上海東京恐將淹沒。

8、 2007 年 5 月 31 日聯合報載：四川大旱，破庫調水。

9、 2007 年 8 月 11 日聯合報載：英國電腦模擬氣候，三年後暖化加劇。

10、 2007 年 8 月 23 日聯合報載：榮家染登革熱，增至 58 人。

11、 2007 年 12 月 9 日聯合報載：大陸江西、湖南省正遭遇歷史罕見秋冬連旱，合計有八百五十萬畝作物受旱。

12、 2007 年 12 月 15 日中國時報載：2007 年，歷史上第五暖。

13、 2007 年 12 月 17 日聯合報載：50 年大旱，贛、湘、粵、桂出現百年來最低水位，多處河流斷流。

14、 2007 年 12 月 13 日中國時報載：線病毒怪病襲美，紐約等地至少 1035 人感染，數十人住院，至少十人不治。

十月十五雨　蓑衣笠嫲無脫體

siib-/㇏	ngied-/㇏	siib-/㇏	ng㇏/ノ	i㇏/rhiノ
ㄙㄅ-/㇏	ㄤ丨ㄝㄅ-/㇏	ㄙㄅ-/㇏	ㄤ㇏/ノ	丨㇏/ㄖ丨ノ
十	**月**	**十**	**五**	**雨**

soノ/㇏	iノ/rhi㇏	lib㇏/-	ma∨/-	mo∨/-	tod㇏/-	ti㇏/ノ
ㄙㄛノ/㇏	丨ノ/ㄖ丨㇏	ㄌ丨ㄅ㇏/㇏	ㄇㄚ∨/-	ㄇㄛ∨/-	ㄊㄛㄅ㇏/㇏	ㄊ丨㇏/ノ
蓑	**衣**	**笠**	**嫲**	**無**	**脫**	**體**

——冷冬　諺語說透

報載氣象局表示：自周三起氣溫開始下探至十四度、十三度。事實上，今年的冬天，將較去年寒冷，爲什麼呢？

以農曆十月分來看，十月十五日的陰晴，可覘測寒冷與否，所謂「十月十五晴，寒風細雨盡歸正；十月十五雨，蓑衣笠嫲（斗笠）無脫體。」意即十月十五是晴天，寒風細雨將遠離，氣溫自然升高；十月十五如下雨，只要出門，蓑衣斗笠就無法離身，溫度自然降低。今年十月十五，一早就陰雨綿綿，加上米塔颱風從台灣外圍掠過，帶來大雨，氣溫就開始降低了。

其次從夏至看冬季的天氣，所謂「夏至無雨三伏熱，準定三冬多雨雪。」今年夏至是晴天，夏天炎熱，冬天雨雪豐足，而天氣自

然發冷。

再來，我們也可從立秋看天氣，所謂「日立秋，主冷；夜立秋，主熱」，意即夏秋季節變化交會的那一剎那，如果是白天的話，天氣會冷；如果是夜晚，天氣就會較熱，檢視一下去年立秋的時刻是在八月七日夜子時，因此，去年冬天，溫暖如夏；而今年的立秋，則在八月八日卯時（上午五點到七點），是白天，預料今年冬天將較冷。

原因之四，可從冬至看寒暖。「冬至在月頭，無被無使愁；冬至月中央，霜雪兩頭扛。」去年冬至是農曆十一月初三，因此去年冬天極為溫暖；而今年冬至，卻在十一月十三日，接近月中，不是下霜，就是下雪，預料今冬可能較為寒冷。

原因之五是，可從立冬晴雨來覘測冬季溫度的變化，所謂「立冬晴，一冬晴；立冬雨，一冬雨。」今年立冬剛好是雨天，這句諺語如果準確的話，預料今冬將是雨多於晴，雨多則氣溫自然降低，因此，預料今冬的氣溫，可能冷於去年。

看來，今冬可能將較為寒冷，可以早為之計萬無一失。

【2007-11-29/聯合報/A19 版/民意論壇】

冬至在月尾　賣牛來買被

dung ˊ/ˋ　zii-/zhi ˇ　cai-/+　ngied-/ˋ　mi ˊ/mui ˋ

ㄉㄨㄥˊ/ˋ　ㄗ-/ㄓㄧˇ　ㄘㄞ-/+　ㄫㄧㄝㄉ-/ˋ　ㄇㄧˊ/ㄇㄨㄧˋ

冬　至　在　月　尾

mai-/+　ngiu ˇ/-　loi ˇ/-　mai ˊ/ˋ　pi ˊ/ˋ

ㄇㄞ-/+　ㄫㄧㄨˇ/-　ㄌㄛㄧˇ/-　ㄇㄞˊ/ˋ　ㄆㄧˊ/ˋ

賣　牛　來　買　被

———冬雪抵黃金 來年不愁旱象

報載這幾天馬祖、太平山、拉拉山等地大雪紛飛，尤其馬祖，是十多年來第一次下雪，合歡山氣溫極低，雪線降至七年來的最低點，山區各地銀白，平地亦氣溫驟降，爲何今年特別冷呢 ？

客諺說：「冬至在月尾，賣牛來買被。」（冬至如果在月尾，天氣會很冷），剛好今年冬至在上週日，農曆十一月十九日，所以，從冬至以後，天氣漸趨寒冷，先是陰雨，然後氣溫漸降，各地陰濕，從台灣到大陸多是如此。電視新聞報導，香港、印度共有十八人凍死，北京積雪極厚，阿爾卑斯山雪崩，有二人死亡，莫斯科有一百二十人凍死，可見今年的冬天，確是極冷的，冷得令人感到意外。但若從氣象諺語看，則今冬的嚴寒又是在意料之中，從冬至的月頭月中月尾，可以預測天氣的寒暖。

客諺說：「冬至在月頭，無被毋使（不必）愁。」（冬至如在月初，是暖冬）去年的冬至在農曆十一月初八，因此，去年整個冬天，都是溫暖如春，溫暖則乾旱無雨，也無下雪，因此形成了旱災。而今冬寒冷下雪，其實是個好預兆。所謂：冬雪財，冬雪年豐，冬雪抵黃金，冬雪將帶來明年的春雨，似乎是可以預期，因此，冬天寒冷，雖然較為不便，卻為明年帶來生機。

我們還可從冬至的晴雨，預測農曆新年的晴雨。所謂「冬至雨，元旦晴；冬至晴，元旦雨。」今年的冬至剛好是個大晴天，預期台灣北部農曆新年時恐將會下雨。而所謂「雲遮中秋月，水打元宵夜。」今年中秋烏雲遮月，明年元宵夜恐怕也會下雨。過年下雨，元宵下雨，而明年立春是年初四，亦極可能下雨。由今冬寒冷，各地瑞雪紛飛看來，明年將是瑞雪兆豐年，旱象當可減輕矣。

【2002-12-29/聯合報/15版/民意論壇】

冬至赤 田必壢 冬至烏 禾上埔

dung ↗/↘　zii-/zhi ∨　cag ↘/chag-　tien ∨/-　bid ↘/-　lag ↘/-

ㄉㄨㄥ↗/↘　ㄗ-/ㄓ丨∨　ㄘㄚㄍˋ/ㄔㄚㄍ-　ㄊ丨ㄢ∨/-　ㄅ丨ㄉˋ/-　ㄌㄚㄍˋ/-

冬　　至　　赤　　田　　必　　壢

dung ↗/↘　zii-/zhi ∨　vu ↗/↘　vo ∨/-　song ↗/shong ↘　bu ↗/↘

ㄉㄨㄥ↗/↘　ㄗ-/ㄓ丨∨　ㄇㄨˊ/↘　ㄇㄛ∨/-　ㄙㄛㄥˊ/ㄕㄛㄥˋ　ㄅㄨˊ/↘

冬　　至　　烏　　禾　　上　　埔

　　「冬至赤，田必壢；冬至烏，禾上埔。」意即冬至逢晴，明年即使是低窪地區農田，也會乾燥得有裂痕如闌干，即有旱象之意；冬至遇雨，明年即使是高地的旱田，也可插秧。即雨量豐沛，象徵五穀豐收，可供參考。因此，不論晴雨，均要有前瞻性，以作萬全準備，未雨綢繆，以解決旱象，或疏濬溝渠，植樹防洪，未嘗不是好事。如果因應得宜，更有「冬至天晴無日色，來年定唱太平歌」的佳兆。

　　從冬至也可預測過年的天氣，如「冬至晴，元旦（農曆）雨，冬至雨，元旦晴。」例如1996年冬至晴，過年時果然又冷又雨，直到賀伯颱風來時，才獲紓解，卻釀成三十年來大水災。假使早覘天時，妥為規劃準備，當可消弭災禍於無形。因此，多接近自然，仰觀俯察，了解天時地利，實為最經濟的環保，可尋回青山綠水的自然環境。

　　仰望冬至浩瀚無垠的晴空，真該深體大自然的奧秘。還有許多如「冬至在月頭，無被毋使愁；冬至在月中，無水也無風；冬至在月尾，

賣牛來買被。」「冬至無雨一冬晴」等古諺，早已深入民間。看來，冬至已成了天氣的觀測站，是先民智慧的表現，可不深思？

【1997-1-21/民眾日報/27 版/鄉土】

冬至魚生　夏至狗肉

dung ╱╲　zii-/zhi╲　ng╲/-　sang ╱╲
ㄅㄨㄥ╱╲　ㄗ-/ㄓ丨╲　兀╲/-　ㄙㄤ╱╲

冬　至　魚　生

ha-/+　zii-/zhi╲　gieu╲╱　ngiug╲/-
ㄏㄚ-/+　ㄗ-/ㄓ丨╲　《丨ㄝㄨ╲╱　兀丨ㄨ《╲/-

夏　至　狗　肉

——中道和諧的飲食養生

　　到過廣東客家地區的朋友，會發現那裡的客家人喜歡吃狗肉，難怪《石窟一徵》有一則客諺說「冬至魚生，夏至狗肉」，意指冬至要吃生魚片，以降火氣；而夏至則要吃狗肉來補身體。但在台灣的客家人，已不再利用狗肉做為夏至的補品了，這是兩岸客家人不同的地方。

　　狗是人類最忠實的朋友，尤其是台灣土狗，健康忠誠又可防疫，豈忍食之？很不幸的，人類最早所吃的肉，就是狗肉，我們可從「然」字得到證明，「然」是由炙犬所組成，炙犬就是烤狗肉，而不是豬肉，因為豬性急躁，不易捕捉，只有狗，容易親近，反而被人類出賣了。今天還有許多國家如韓國等，還在吃狗肉，這是很原始古老的習俗。

　　夏至為何要吃狗肉，主要是古代要以狗禦蠱毒之意，又取冬病夏治之法。所謂夏至，乃是斗乙為夏至，萬物於此，皆假大而極至，故

為夏至。至者盡也，盛極而衰，一陰始生，因此，在陰氣始生之際，就以陽氣補之。補陽氣，當然不一定要用狗肉，也有燉雞湯、三伏貼、吃羊肉的，但吃羊肉卻不一定在夏至，而在三伏天。

　　吃羊肉為何要在三伏天，因為三伏天是一年當中最熱的日子，如果夏至晴天的話，那三伏天多是非常炎熱的，即所謂「夏至無雨三伏熱，準定三多多雨雪」，意指夏至如果晴天，那三伏天會極為炎熱，今年夏至剛好是晴天，根據以往的經驗，如民國 92、93、96 年夏至皆是晴天，結果，三伏天極為炎熱，而冬天就會非常寒冷，甚至降下大雪。

　　所謂伏日，是指金氣伏藏之日，是四時代謝，陰陽相生相長的關係。《後漢書》有六月伏日之說，師古注曰「伏者謂陰氣將起，迫於殘陽，而未得升，故為藏伏」那麼，什麼叫三伏呢？就是從夏至後第三庚為初伏，第四庚為中伏，立秋後初庚為後伏。今（97）年的初伏為農曆六月十七日，中伏為六月二十七日，後伏為七月初八日，也叫末伏、終伏，這就是三伏。因為前二者都在六月，所以又叫六月三伏天，三伏，剛好是我們的暑假，客語稱為避暑。

　　在這麼炎熱的三伏天，許多人都吃冰涼汽水以消暑，但大陸徐州卻還有十萬人吃羊肉的盛況，三伏吃羊肉，據說是「冬病夏治，以毒攻毒」的療效，以使身體發熱排汗，其實是釋放身體毒素，有其一定的功能。因此，夏天吃冰冷飲料，未必有益身體，多吃熱食方有益健康。

　　台灣客家也並非不懂此理，在夏天雖不吃狗肉羊肉，但卻易之以薑蒜等，即所謂「冷天荸薺熱天薑，生活毋使上藥坊」在炎熱的夏日食物裡多放一些薑，也可以補身體的虛弱，在寒冷冬天的食物裡也有荸薺（蘿蔔）可以防止火氣上升，就是陰陽調和，中道和諧的效果，好比永「和」豆漿的油條（熱）與豆漿（冷）的搭配，真正做到永「和」。其實，是一種中道和諧，不走極端的養生方法。

於是，從古代的冬至魚生夏至狗肉，到現在的冬天茱頭夏天薑，是一種飲食方法的轉變，不只是仁民愛物的思考，也能配合天時以養生，尤其是有名的客家茱包，是由蘿蔔做成的，所謂「蘿蔔上了街，醫生拆招牌」尤其在冬天，大家都在吃麻油雞酒、火鍋、當歸鴨等極熱補品，如用清涼蘿蔔來降低火氣，將會長保健康，可見蘿蔔功能有多大，竟然都要讓醫生失業了。還有那著名的「豬腸炒薑絲」，真的會令我們常常相思，所謂「朝晨三皮薑，生活毋使上藥坊」，意思是早晨吃點薑，竟然健康得不必看病，可見薑的功能有多大。除了茱頭、薑以外，還有蒜頭，更是盛暑的預防針，呂洞賓曾盛讚蒜頭為「人間自有臭靈丹，何必神仙來下凡」認為可以預防瘟疫，難怪有「五月不食蒜，鬼在牖頭鑽」之說，更有那鵝腸炒韭菜，真的是「長長久久」。這些客家美食，永遠伴隨我們渡過酷暑及寒冬。

　　冬天蘿蔔夏天薑，與冬至魚生，夏至狗肉的效果是一樣的，但因為不再吃狗肉，使我們跟狗的距離越來越近，感情愈來愈深；可愛的茱頭、蔥、蒜、韭，豈止是好吃，更是中道和諧，一片仁心善意溫柔敦厚的好夥伴！

　　【2008-07-04/行政院客委會/哈客網路學院/電子報/59期】

2001 年雨量為什麼那麼豐富？

————氣象諺語 先民智慧警語

中颱納莉在幾度徘徊之後，終於直撲台灣，由於時值農曆二十九，是海水漲潮之際，勢必會有強勁的風雨，防治之道，除了注意氣象預報外，先民留下許多有智慧遠見、屢試不爽的氣象諺語，實在不宜漠視。

客諺有云：「三月北風燥惹惹，四月北風水打杈（樹枝）」意即農曆三月颳北風會發生旱災，四月颳北風將會發生水災。今年剛好閏四月，四月份長達五十九天之久，在其間，連續吹了好幾次的北風，筆者即擔心今年恐怕會發生水災。不意到了暑假，來了五次颱風，四次侵台，首先是高雄發生大水災，接下來的桃芝颱風，更造成嚴重土石流，而今，怪颱納莉再度轉撲台灣，加上「四月北風水打杈」的預警諺語，這次的風雨，如不謹慎防範，後果是不堪設想的。

尤其還有一句客諺：「七月落水（下雨）又起風，十個柑園九個空。」意指七月的風雨，勢必會造成農作物的嚴重損害，「七月初一雨，落得萬人愁」，巧合的是，今年農曆七月初一和二十九，月初和月尾，都下雨，幾次以來的風雨所造成的損失與夢魘，創痕未癒之際，今颱風又再度來襲，又豈可不加以預防與重視。

先人的經驗與智慧告訴我們：四月北風和七月風雨，可能會造成重大的災害，這是長期以來觀察及親身體驗的結果，是愛護土地、觀察仔細的心得，我們除了用現代科技觀察氣象外，重視本土的氣

象諺語，未嘗不是預防天然災害的方法之一，又豈可等閒視之？

【2001-09-17/聯合報/15 版/民意論壇】

2002 年為什麼有旱象？

——天象變化預兆 未旱防災參考

報載，石門水庫旱象持續擴大，再不下雨，水庫將正式進入枯旱期。不禁令人想到各種天象變化的預兆，未嘗不可做爲未旱防災的參考。根據諸多氣象諺語的顯示，今年恐有乾旱之象。

猶記去歲納莉風災襲台的次日，農曆八月初一那天，打了好幾次的雷，所謂「八月雷聲發，大旱一百八」（八月響雷，恐有三個月的乾旱），果然，氣象局在兩三個月內，就預測會有三個月的缺水期，而今年恐有旱象，供水會有問題。事實顯示：九十年下半年是一個暖冬，雨量奇少，自然影響了石門水庫的進水量，在雨量最豐沛的春天，如果沒有下雨的話，那旱象自然難免。

而今年春雨勢必不多，可從下列各諺語得到證明：所謂「立春落水透清明，一日落水一日晴。」今年立春，偏偏沒下雨，恐怕不會下雨到清明，春天的雨水自然減少；又說「正月雷先鳴，四十五日暗天庭」（正月打雷，恐有一個半月的雨季），如今是農曆正月，一直都沒有聽到雷聲，下雨的機率自是不多；又說「冬至晴，元旦雨；冬至雨，元旦晴」，年前的冬至雖然沒什麼雨，但也不是晴天，而是陰天，結果，元旦（農曆新年）一直是陰晴不定，雨量之少是必然的，我們又可從「上初三，下十八」的晴天，可預測整個月大多是晴天。

另外，又可從去年中秋節而可覘知今春元宵節的晴雨，所謂

「雲遮中秋月，水打元宵夜」（今年中秋節如果烏雲遮月，明年元宵晚上一定會下雨），而去年的中秋節晚上，是一個皓月千里的夜晚，很顯然今年元宵節晚上下雨的機率不大，將是一個欣賞花燈的大好時光。

　　從以上各種諺語的交叉對照，詳細比較，就會發現今年春雨不多，雨量很少，加上去年暖冬，又無多少冰雪融化，今年雨量實在不多，這必然會影響到春耕，直到夏季的用水，雖然元宵節是個晴朗夜晚，但是想到去年的水災，預測今年的乾旱，所謂「大水之後，必有荒旱；旱災之後，恐有凶年。」雖然未必如此，但有識之士，卻不可不思深慮遠，未旱防災，防患未然，方為上策。

【2002-02-24/聯合報/15版/民意論壇】

2008 年為什麼是冷冬？

——今冬，天氣將會很冷嗎？

　　時序進入了仲冬，白天雖似是豔陽高照，但早晚溫差却甚大，而有很深的冷意，氣象局也幾度發布冷氣團將要來襲，籲民眾多加注意保暖，令人驚異的是美國氣象資訊，早在八月就已預告今年會是冷冬，這與客諺的說法不謀而合，今年的冬天，恐怕會是冷冬，為什麼呢？

　　今冬會很冷，其實是從二十四節氣來預測的。首先從夏至來看，所謂「夏至無雨三伏熱，準定三冬多雨雪」，意指夏至日如未下雨，三伏天就會很熱，冬天則會下霜下雪，天氣很冷，恰巧今年夏至是個大晴天，與去(96)年一樣，夏天很熱，冬天很冷，今年將會是個冷冬。

　　再從立秋日看，所謂「日立秋，主冷；夜立秋，主熱」意即立秋的時辰，如果在白天，冬天會很冷；如果是在晚上，冬天會很溫暖。例如 95 年立秋時在夜晚子時，冬天非常溫暖，是歷史上第二高溫，第一高溫是在 87 年，立秋時辰也是在夜晚丑時(凌晨 1 至 3 點)，凡是在夜晚交秋的冬日多是暖冬；而白天立秋的冬天則甚為寒冷，如 96 年立秋在卯時，92 年立秋也在卯時，都是白天，冬天極為嚴寒，如歐洲冷死 400 人等的災情，而今年立秋的那一剎那是在白天午時(11-13 時)，預料今年冬天將會是個冷冬。

　　我們又可從二十四節氣的冬至來看，所謂「冬至在月頭，無被毋使愁；冬至月中央，霜雪兩頭扛；冬至在月尾，賣牛來買被」，意

指冬至的月頭月尾可看出冬天是暖冬或冷冬，如95年是暖冬，冬至日是在十一月初三，87年暖冬，冬至日在十一月初四，而冷冬的民國92年，冬至日是在十一月二十九，月尾，冷冬的88年，冬至日是在十一月26日，也是月尾。而今年冬至是在十一月24日，仍是月尾，因此，今冬可能非常寒冷。

由此可見，二十四節氣與冷冬或暖冬的關係至為密切，如果不懂二十四節氣，將無法了解千變萬化的天氣。難怪古人說：「不懂二十四節氣，白把種子撒滿地」。二十四節氣不只教我們農耕種作，也告訴我們陰陽晴雨寒暖的變化，其實，是長期觀察深入體驗而得來的結果，從夏至、立秋、冬至來預測今年可能是冷冬，可以及早作禦寒的準備。

【2008-12-04/行政院客委會/哈客網路學院電子報/第70期】

2008年雨量為什麼那麼豐富？

——今夏，雨量為何如此豐富？

近日來，媒體連篇累牘的各地水災報導，使我們感覺到，今(97)年的雨量特別豐富，災害也特別多，最嚴重的水患，莫過於緬甸大水，造成近二十萬人死亡；四川震災亦有近十萬人喪命，受災人數更是無以計數，再加上台灣腸病毒肆虐，病毒重症已達一百九十一例，且有七人死亡。今年，雨量為何如此豐富，災害這麼多呢？

其實，這些大多可從客諺預知而防患，如：「立春落水透清明，一日落水一日晴」是指立春日如果下雨，在清明節前的這段期間，定是雨多於晴，剛好今年立春在國曆二月四日，當天下雨，接著農曆春節也下雨，整個春季正是雨多於晴，在春季就已累積豐富的雨水。

雨量豐富的第二原因是「四月北風水打杈（客音 ca-/+，竹枝、樹枝）」意指四月颳北風會做水災，剛好整個農曆四月，陣陣颼颼涼意，北風陣陣，讓人感覺到根本不像夏天，如「四月初一吹北風，山空海也空」，又云「立夏吹北風，地動疾疫泉水湧」，九十七年農曆四月初一剛好立夏，地動就是地震，是指立夏日颳北風，可能會地震或疾疫蔓延，未料大地震竟然發生在四川，台灣也亮起了腸病毒的紅燈，果然地震疾疫如泉水般湧來，實在可怕。而這種北風，一颳就颳了一個多月，如「立夏北風起，連吹四十日」、「立夏吹北風，十隻陂塘九隻空」，是指立夏北風，將會有大雨，池塘的魚都被打走了，無不暗示雨量特別豐富。真是萬物靜觀皆自得，可以有無

窮啟發。

　　雨量豐富，甚至成災，還有許多客諺可以預測並資佐證，如「四月初一雨水多，六七月裡水漕漕」（客音 co∨/- co∨/-，四月初一下雨，以後的六七月，可能會大雨滂沱），今年四月初一、初二都下雨，不料還沒到六七月，各地就已驚傳水災了，四月初一又正好是立夏，所謂「立夏雨，打爛鼓；立夏雨，多霉天」（立夏下雨，以後的雨，可能把鼓都打爛掉，立夏下雨，雨量會很多）又云「立夏雨，蓑衣會臭醜」（立夏下雨則雨季長，雨衣都被淋得有臭味了）。

　　四川大地震，農曆剛好四月初八，所謂「四月初八晴，水打菩薩」，「四月初八晴，大水沖菩薩」，均是指四月初八晴會有大水災，又云「四月初八晴，鯉魚上高坪」（是指四月初八晴，象徵雨量豐富，鯉魚都藉泛濫水勢，游至岸上）這和「清明晴，魚仔上高坪；清明雨，魚仔杈下死」是一樣的。今年四月初八與清明，都是大晴天，象徵今年雨量至為豐富，許多預測會有大雨的諺語都不謀而合，可不是孤立或巧合的。

　　又如「五月南風漲大水」（五月颳南風會做大水災）在端午前後，颳了好幾次的南風，而且極為強勁，所謂有強風必有強雨，果然各地驚傳水災。今夏雨豐，諺語實已預知。

　　除了前面緬甸大水外，自國曆六月四日起，媒體不斷報導：雨來荖淹，臺西一片汪洋，崙豐國小停課，好茶村民困，雲林臺西淹水，屏東十六人被困。

　　六月六日自由時報：二百毫米雨量，高縣市積水八十公分，全台農損五千萬。

　　六月八日中國時報：香港五十年最大暴雨，航班亂。

六月九日聯合報：廣東陽江茂名兩市遭五十年一遇暴雨，逾百萬人受災，四川鐵路山崩，多人死傷。先前河南大風，冰雹災害二十人死亡，全省受災人口近百萬人。

六月十五日聯合報：大陸南方遭遇數十年來超大豪雨，已造成五十五人死亡，七百萬人受災，其中陽朔遭遇五十四年最大洪水，水深一層樓，各地洪水淹沒縣城一半以上。

六月十五日中國時報：彰化雲林又大雨滂沱，農民欲哭無淚，虎尾數十公頃瓜田嚴重受損，農民辛苦付諸流水。美國也水淹愛荷華，導致二十人死亡，西達瑞比市如水鄉澤國。

六月十六日中國時報：時雨暴強，大高雄積水成災，高屏農損一千八百萬，瓜果最慘。

如此豐富的雨量，不獨台灣如此，各地皆然，而這些幾乎都可以從諺語得到印證，而豐富的雨量又造成作物的損失，如「玉荷包減產價飆，買氣不振」「紋枯病來襲，水稻拉警報」等，正應了客諺「四月初一雨，有花結無子；四月初二雨，有穀結無米」的警訊，豈可輕忽？

顧炎武云：「三代以前，人人多是天文學家」。乃在於善觀氣象變化，而能了解陰晴，因月暈而風，礎潤而雨；物類之起，必有所始，故古代伏羲氏治理天下，就是仰則觀象於天，俯則觀法於地，取法天象晴雨晦明變化，以為施政指針，雖是絲毫天象異兆，果有益於天下，豈可斥為無稽之談，見微知著，未雨綢繆，提早預防水患，方是以蒼生福祉為念之用心，果真如此，則諺之為用大矣哉！

【2008-06-20/行政院客委會/哈客網路學院電子報/第 58 期】

2009 上半年為什麼會有疫情 旱象？

——《祖先的智慧》疫情、旱象 俗諺早預警

前天，北縣光復國小因為有學童染新流感，停課七天。新流感似已在世界各地悄悄蔓延，再加上本是應該「小滿江河滿」的梅雨季節，也是滴水不下，今年為何會有傳染病而雨量又特別稀少呢？

先人的智慧顯示，其實是有跡可尋的。

今年是雙春，也就是有兩個立春；雙春所顯示的情況：不是雨量特別多，就是雨量特別少。

民國九十三年是雙春，當年水災頻傳。

同時，雙春也象徵將有傳染病蔓延，九十三年初，通霄就有二千多隻雞死亡，台南有三百廿五隻珍禽，因感染禽流感全部撲殺；彰化高雄等地養雞場，也有十萬多隻雞感染遭撲殺。這是諺語所謂的「雙春夾一冬，十個牛欄九個空。」

這是過往先人經驗的忠實紀錄，一種人文的觀察，是一個預警，忽略它，實在太可惜了。

氣候趨勢，或也可用諺語看出端倪：「一年雙春旱一冬」、「兩春夾一冬，麻布好遮風」，便是指出今年可能會旱災，以及冬天會很溫暖。

今年雨量稀少的徵象，可從諺語「立春落雨透清明」理解；今年立春未下雨，故今春雨量極少。另外諺語又云「三月北風燥惹惹」得知，因為，今年農曆三月，至少颳了五次的北風，顯示了旱象。

昨（廿三）日是戊辰日，辰是龍；傳統上農曆正月初一，那一

天是辰日，就說是龍日，如果是年初十日是辰日，就稱爲十龍。

今年年初十是庚辰日，便稱爲「十龍治水」；一年中最多有十二龍，十龍算是多龍了，所謂「少龍潦，多龍旱」、「少龍多雨水，多龍懶治水」，是指少龍則多雨，多龍則少雨。

前人的經驗，暗示可能會有旱災及疫病，不趕緊作防旱防疫的工作，恐非智者所爲。

況且，今天就是農曆五月初一了，傳統將農曆五月稱作惡毒之月，是指細菌孳生最旺的月分，要注意飲食衛生，對如何預防新流感的蔓延，應有正面的啓發。

【2009-05-24/聯合報/民意論壇】

2009 為什麼會水旱疾疫情並至？

今（2009）年八月八日以前，全台呈現一片旱象，各地正準備啓動抗旱措施之際，不料莫拉克颱風（2009-08-08）帶來了山河崩裂，肝腸寸斷的水患，重大的傷亡，使原本呈現旱象的台灣，頓時之間變成了水災的人間煉獄，死傷之慘，令人怵目驚心！同時禽流感亦來勢洶洶，國內外已有很多人死亡，據云：疾疫在蔓延之中，真是屋漏偏逢連夜雨，水旱又遇禽流風。而今年為何會水旱疾疫並至呢？其實是有跡可循的。

前人經驗告訴我們，今年閏五月，有兩個立春（雙春），凡是逢雙春閏月的年份，非旱即水，除了有旱象的諺語外，也有會雨的說法，所謂：「閏年閏月多雨水」，而今年是先呈旱象，再做水災，結果造成至少四百人以上死亡，農損一百多億，全台死了十四萬頭豬，五百九十二萬隻的雞，一百一十七萬隻鴨的慘狀，其他損失不計其數，難怪古人會說：「雙春夾一冬，十個牛欄九個空」，這諺語其實已暗示雙春閏月恐怕有災難，這人文的觀察如能也作科學研究的參考，是有益民生社稷的。

何況，這也不是孤證，1998 年也是閏五月，又是雙春，分別在正月初八和十二月十九，當年正逢嚴重的口蹄疫蔓延，活埋了 250 萬頭的豬，真是聞豬色變。

今年雨量豐富至大潦成災的第二個啓示是：所謂「四月北風水打权」和「六月北風不是貨」，偏巧今年農曆四月及六月都颳北風，再加上三月也颳數次北風，可見今年是先旱後水，水旱並至，並非無因。而且客諺云：「六月吹北風，水浸龍王宮」（六月的北風，竟

使龍王自家的宮殿都淹水），真是不可思議，難怪今年八八水災一天的雨量竟可等於一年的雨量，那濤湧澎湃、潑灑倒灌而來的的水，大地一時怎能消化，怎能不成巨災？

再來，今年民間傳說是十龍治水。一般多以為「少龍多雨水，多龍懶治水」，會形成旱象。實際上今年許多地方也呈現旱象，但更深入體會的是，懶治水並不一定是少雨水，而是未去治理或草率治理。這些治水的龍，不是意見太多，各逞其能，就是懶得管理，任其自生自滅，於是雨量自然分配不均，有時久旱不雨，有時傾盆連下數日，真是半年不下雨，一下半年雨，大水滿山滿谷，山崩地裂，沖堤毀橋，淹沒村莊，慘不忍睹，因而形成大水災，真的是「一龍治水，風調雨順；九龍治水，旱澇不均。」造成莫拉克前所未有的水災。

又有所謂「龍多四靠，不旱就澇」（龍多了，互相推諉卸責，結果，不是旱災，就是水災），其實，治水的龍，好比治國的人才，如果不能密切合作，遇事則推，不按牌理出牌，政出多門，責任歸屬劃分不清，國事自然一團混亂，則如「醫多不治龍，龍多懶治水」一般，則有更甚於莫拉克者乎！水旱並至，豈不值得警惕？

【註】1. 洞庭湖 60 年來最乾渴，水位已降至 60 年來歷史同期最低值，該水位自城陵磯有水位記載以來，都很罕見。

——2009-10-24 聯合報 A11 版。

　　　2. 世界衛生組織 10 月 23 日指出，全球已近有 5000 人因感染 H1N1 而死亡，確實數字尚不止此。

【2009-10-24 / 聯合報 / A7 版】

親情倫理

一等人 忠臣孝子　兩件事 讀書耕田

id丶/rhid-	den丶/ヾ	ngin∨/-	zung╱/zhung丶	siin∨/shin-	hau-/∨	zii丶/ヾ
丨ㄉ丶\ㄖ丨ㄉ-	ㄉㄝㄣ丶\丶	兀丨ㄣ∨/-	ㄗㄨㄥ╱/ㄓㄨㄥ丶	ㄙㄣ∨/ㄕㄣ-	ㄏㄠ-/∨	ㄗ丶/ヾ
一	等	人	忠	臣	孝	子

liong丶/ヾ	kien-/+	sii-/+	tug-/丶	su╱/shu丶	gang╱/丶	tien∨/-
ㄌㄧㄛㄥ丶\ヾ	ㄎㄧㄢ-/+	ㄙ-/+	ㄊㄨㄍ-/丶	ㄙㄨ╱/ㄕㄨ丶	《ㄤ╱/丶	ㄊㄧㄢ∨/+
兩	件	事	讀	書	耕	田

「一等人，忠臣孝子；兩件事，讀書耕田」，二者乃長期以來，客家文化奉爲圭臬的傳家之寶。是爲人處世的基本原則，立身行道的重要標竿。永遠做第一等人，第一等事。忠臣孝子，其實是盡忠職守孝順父母的孝悌楷模；讀書耕田，更是志道據德，依仁游藝，耕讀傳家的優良家風。耕田，不只是一般稱作可耕之田，更是包含著弘道濟世的福田，基本衣食生活的水田，敦品勵學的心田，端看個人如何立德與運用智慧，如何積極入世，珍惜生命的春天。

形體的生命有限，精神的生命無窮，絢爛的春天固然令人陶醉，但是稍縱即逝，不如內心長存理想，使生命之春，萬古常青，我們有幸生而爲人，受於父母，就應把握人生基本原則，盡忠職守，友愛孝悌，以讀書求道，所以，我們不可只看表象的五彩繽紛，更應探尋事務深廣的內涵；不能只顧欣賞美麗的繁花幻影，也應時常綻放優雅的心靈之花；不只是點燃立志進德的熊熊烈火，更應點亮靈明剔透溫柔

善良的心靈之燈。代代相傳。

　　讓心靈之燈，能飲水思源，回向父母；讓心靈之燈，去照亮大地，去溫暖眾生。這就是忠恕孝悌，也是智慧品德，更是成功。所謂成功，並非只功業彪炳，叱咤風雲而已，應是只有理想，有遠見，從頭到尾秉持信念，雖九死吾猶未悔的豪情壯志，黃河千轉猶復朝東的堅強毅力，亦即孟子所言「居天下之廣居，立天下之正位，行天下之大道，得志與民由之，不得志，獨行其道」的偉大標竿，真正以愛擁抱大地，以仁關懷蒼生，悲天憫人的胸懷，義薄雲天的執著，樂以天下，憂以天下，窮則獨善其身，達則兼善天下，隨時隨地都是忠臣孝子，隨時隨地都不忘讀書耕田，鞠躬盡瘁，死而後已，先聖先賢，啟示尤多，今日青年宜早立志，以見賢思齊。

　　立志宜高，力行則宜務實，所謂九層之臺，起於累土；千里之行，始於足下。必須篤實踐履，方能期於有成，雖然心愛天下，亦須先以充實內涵，積極修德為依歸，有道德乃能救國，有智慧乃能破愚，得之故佳，失亦欣然，不悔於純潔無思的執著，方能使我們的生命有忠孝傳家，讀書耕田的源頭活水，洋溢著永恆的春天。

　　左傳云：太上有立德，其次立功，其次立言，此之謂三不朽。故史記伯夷叔齊為列傳第一，頗具深義；裴度還帶積德，官至宰相；韓愈祖先積了九代之德，終成古文宗師；目連救母，實為道德楷模；唾面自乾的婁師德推薦狄仁傑為宰相，卻遭其排擠，婁師德寬恕之，最後狄仁傑深受感動，彼此成了莫逆，由此可知，道德感人如此春風麗日，化生萬物；水火可以同源，水中可生蓮花，更是道德的極致。

　　積德行善，與佛教的勸善是相通的，如佛印與蘇東坡的論道，佛印的心中有佛，將世界的一切，都看成觀音菩薩一樣，這就是心靈的境界已經提升，心中有佛不假外求，「佛在靈山莫遠求，靈山就在汝心頭，人人有座靈山塔，好在靈山塔下修。」正說明了修養品德，人人

可為，一切皆宜從修養品德，孝順父母，友愛同學做起。

　　清朝袁枚為了一首不具名的詩句，找了一年，才知道作者就是蔣士銓，從此二人，情深意濃，並作詩云：「我願同年如春樹，枝枝葉葉相依附；不願同年如落花，鸞飄鳳泊飛天涯。」對待同學更是仁至義盡，每年都祭掃亡友沈鳳司，三十年如一日，實在難得；好友程晉芳欠他一筆債，死時，袁枚難過得杯箸落地，立即飛舟渡江，前往弔喪，在靈前焚燬了借據，又贈鉅金恤其遺孤，一代大文學家友愛同學的精神，深值效法。

　　讀書耕田（力耕福田）是一輩子的事，沒有年齡之分，也沒有身份限制，古時百姓固然要讀書，權傾天下的太子皇帝也一樣要唸書，歷史上的昭明太子學識豐富，唐玄宗親自注解孝經，宋真宗有「安居不用架高樓，書中自有黃金屋」的勸學篇，清朝康熙皇帝，常常唸書至深夜，仍不肯休息，真是令人敬佩，乾隆皇帝雖然不如康熙認真，但也文武全才。

　　善於讀書，可以增長智慧，受用無窮，莊子云：「宋人有善於不龜手之藥者，一日所得不過數金，客買其方，大敗越人，卻裂地而封之。」此全在善用與否而已，以前曾流行讀書無用論，可能是一般人不善於讀書而困於現實吧！讀書也可以增廣見聞，解決糾紛；袁枚作縣長時，一位新娘被龍捲風捲到九十里之外，男方要退婚，袁枚以他的博學，舉出了元代也曾發生過這樣的事，因而輕易的挽回婚姻，成其美眷，如果不是博學引導，恐會弄巧成拙。而今日社會已從神權、君權，發展到民權時代，最大的動力就是知識的力量，可見，讀書的重要性，可以破除君權神授的無知，功用無窮。

　　我們常在客家的三合院建築，正門的兩側門上看到有「清風、明月」以及「魚樵、耕讀」的對聯，正說明了平生最重要的兩件事，心中常如清風明月，隨時都要漁樵耕讀，如此溫柔敦厚，積極進取，安

詳和諧的文化，確是有益世道人心。

我們在青年時代，最具體又最能珍惜生命春天者，莫過於讀書與修德，但願我們能將知識與道德結合爲一，忠於人己家國，孝於父母尊長。立身處世，處處以有益於天下爲念，以仁存心，以禮立身，以義行事，以達到人生清風明月，讀書耕田的和諧境界。

有第一等學識，第一等襟抱，才是第一等人，常存忠孝之心，行如清風明月，如此讀好書，耕福田，做第一等事，福德必如星宿之海，萬源湧出矣。

【2009-08-22】

初一十五毋講古　三頭兩日背了祖

cu╱╱　co╲　id╲/rhid-　siib-/shib╲　ng╲/╱　m∨/-　gong╲/╱　gu╲/╱
ㄔㄨˊˋ　ㄧㄅˋ/ㄖㄧㄅ-　ㄙㄣ-/ㄕㄧㄅˋ　ㄤˋˊ　ㄇ∨/-　ㄍㄛㄥˋˊ　ㄍㄨˋˊ

| 初 | 一 | 十 | 五 | 毋 | 講 | 古 |

sam╱╱╲　teu∨/-　liong╲/╱　ngid╲/-　poi-/+　liau╲/╱　zu╲/╱
ㄙㄚㄇˊˋ　ㄊㄝㄨ∨/-　ㄌㄧㄛㄥˋˊ　ㄤㄧㄅˋ-　ㄅㄛ1-/+　ㄌㄧㄠˋˊ　ㄗㄨˋˊ

| 三 | 頭 | 兩 | 日 | 背 | 了 | 祖 |

　　近日以來，中國大陸發生了五十年來最大的冰雪天災，同時台灣也寒流來襲，我們的春節將會在濕答答之中度過。

　　濕冷的春節，出門不便，要做什麼好呢？最好就是在家做親子教育。所謂「初一十五毋講古，三頭兩日背了祖。」多講古，才不會忘了父祖。

　　講古，就是講述古老的故事和諺語，是長期經驗智慧的結晶；而且它文學性的方式表達出來，足以發人深省。

　　如今冬的寒冷，可從多方諺語印證，其中之一便是「冬至月中央，霜雪兩頭扛」（九十六年冬至在十一月十三日，月中央），看到大陸的冰天雪地，其實正是用諺語來預測冷冬的證明。同樣，「冬至晴，元旦雨」更證明其準確性。

　　而前日是立春，適逢下雨，所謂「立春落雨透清明，一日落雨一日晴」，象徵明年初春雨水豐足，可為耕作出門的指南。

再看農曆十二月廿四日晚為小年夜，就是為人所遺忘的「入年界」，年初五是「出年界」，這段期間是真正的過年，要拿「錢」去壓歲、去砸年，成功了才過得了年關，這是神話語言民俗生活的結合；同時廿四日晚也是送灶神的日子，從這天開始，更須謹言慎行，以免被灶神懲罰，所謂「上天言好事，下界保平安」，而家長也不隨便責罵小孩，甚至在牆壁貼上「童言無忌」自我約束，是小孩最快樂的新年。

　　據傳唐朝詩人羅隱之母，因為在煮菜時信口雌黃，又拿筷子在灶上戳，觸怒了灶神，使得原本可以當皇帝的兒子，被灶神撤銷資格。所以，祖母常說：筷子（筆也一樣），千萬不可在桌上亂戳，因此有「羅隱介阿姆──亂說話」，這寓褒於貶的歇後語，至今記憶猶新。

　　過年，也是敬天法祖，探親訪友，孝親敬長，飲水思源的積極實踐。在香煙繚繞中，可以講述觀世音寧願普度世人的宏願，五穀爺的臉為何那麼黑，關公的臉為什麼那麼紅等，不論是初二回娘家，初三送窮鬼，初四人迎神種種民俗故事，都是傳承著溫柔敦厚的傳統文化，長留芬芳。

　　明天就是年初一了，在溼答答的春節，向子女講述前賢的嘉言懿行，正是親子教育溫馨的樂章；生活教育的實踐，一家和樂融融，才是春節的真諦。　　　　【2008-02-06/聯合報/A11 版/民意論壇】

到穀雨 補阿姆　到立夏 補阿爸

do-/ˇ	gugˋ/-	iˋ/rhiˊ	buˋ/ˊ	aˊ/ˋ	meˊ/ˋ
ㄅㄛ-/ˇ	ㄍㄨㄍˋ/-	ㄧˋ/ㄖㄧˊ	ㄅㄨˋ/ˊ	ㄚˊ/ˋ	ㄇㄝˊ/ˋ

到　穀　雨　補　阿　姆

do-/ˇ	lib-/ˋ	ha-/+	buˋ/ˊ	aˊ/ˋ	baˊ/ˋ
ㄅㄛ-/ˇ	ㄌㄧㄅ-/ˋ	ㄏㄚ-/+	ㄅㄨˋ/ˊ	ㄚˊ/ˋ	ㄅㄚˊ/ˋ

到　立　夏　補　阿　爸

———傳統母親節　不限某一天

　　昨天是國際母親節，雖是外來的節日，但已融入了我們的生活　；不過，號稱是重視孝道的民族，傳統的母親節又是那一天呢？

　　其實，我們不是沒有母親節，只是我們的母親節並不限定於某一天，而是屬於一段期間的。客諺說：「到穀雨，補阿姆；到立夏，補阿爸。」意即從穀雨到立夏這一段期間，要多注意父母的健康，尤其是碰到閏月（今年閏二月），出嫁女兒（在家子女亦然）一定要買豬腳麵線，回家探望父母，以慰親心。所謂「斷油不斷醋，斷醋不斷外家（娘家）路」（不管情況如何，都不會忘了回娘家），所帶回的豬腳，要剁但不可剁斷，象徵母女之心永遠相連，不會斷的；麵線，更代表著親恩福澤綿長，子女孝思無盡。

　　為什麼要在這段時間，特別回家照顧父母的健康呢？

穀雨，是每年的國曆四月二十或二十一日，立夏是每年的五月六日或七日，這時正是春夏之交，季節變化，乍晴還雨，乍暖還寒的時節，一般人都不太適應，何況高齡父母？

　　國曆五月，剛好是農曆四月，四月是極陽之月，此時天氣漸漸轉熱，各種細菌開始孳生蔓延，年邁雙親，最易染病，為人子女者不可不特別注意父母健康，尤其馬上就是農曆的五月（惡毒之月），不在這之前的關鍵時刻，為父母做一調理預防，是難以安枕的。因此，這近一個月的時間，稱為傳統的母（父）親節並不為過。

【2004-05-10/聯合報/A15 版/民意論壇】

賣田毋敢田脣行　賣子毋敢喊子名

mai-/+	tien∨/-	m∨/-	gam↘/↗	tien∨/-	sun∨/shun-	hang∨/-
ㄇㄞ-/+	ㄊㄧㄢ∨/-	ㄇ∨/-	ㄍㄚㄇ↘/↗	ㄊㄧㄢ∨/-	ㄙㄨㄣ∨/ㄕㄨㄣ-	ㄏㄤ∨/-
賣	田	毋	敢	田	脣	行

mai-/+	zii↘/↗	m∨/-	gam↘/↗	hem↗/↘	zii↘/↗	miang∨/-
ㄇㄞ-/+	ㄗ↘/↗	ㄇ∨/-	ㄍㄚㄇ↘/↗	ㄏㄝㄇ↗/↘	ㄗ↘/↗	ㄇㄧㄤ∨/-
賣	子	毋	敢	喊	子	名

「賣田毋敢田脣行，賣子毋敢喊子名」，是一首上愧祖先，下愧子女，外愧天地，內愧良心的諺語。意指祖宗所留田產家業，一旦不能守成，又售予他人之後，再度路過田埂時，必定觸動心絃，而不敢行走；所生子女，未能撫養長大，逕自賣予他人為子，再度見面時，內心必會痛苦而不敢呼喚其名，真是既有今日，何必當初？如今後悔，卻已莫及，有勸人不可輕易變賣田地與子女之涵義在內。

舊時農業社會，田地為農民的重要生計財產，一生希望的寄託，所謂「有土斯有財」，只有鼓勵人們開山打林，買田買地。田地增加，則是家道興旺、財富豐盈的象徵；田地減少，則是家道中落，財富減少的徵兆。因此，鮮少勸人賣田賣地，多鼓勵人去買田置產等，因此，便有「大人度量大，年年買所在」的說法，尤其早期我們以農立國，日夜生活所依都是肥美的田地，生產出豐富的五穀雜糧，千百年來，形成了一個欣欣向榮的農村美景，一心盼望，兩人同心，三陽開泰、

四季發財；五穀豐登、六畜興旺。看那小橋流水，農舍人家；綠野平疇，稻浪翻風；雞啄嫩草，鴨戲池塘；牧童夕照，裊裊炊煙；漁樵唱晚，蕉窗課讀的景象；真是樂天知命，天人合一，物我交融的境界。

若果一旦未能堅持，或受重金利誘，或為償還賭債或人力不足，或時移事變，子孫遠走他鄉，則田地盡歸他人，徘徊田埂，眼望熟悉的一景一物，人事已非，土地未曾負人，人卻背離土地而去，午夜夢回，那幼時甜美的鄉村夢境，卻遙不可及，恍然若失，我，怎敢走向故鄉親切而遙遠的田埂，豈不愧煞也哉？

舊時社會，一般觀念，多是祈求人丁旺盛，瓜瓞連綿，百子千孫，一則因應耕作的勞力，一則已完成傳宗接代的任務。但，多子多孫，有時卻是貧寒人家生活的壓力，在衣食無著，兼資親人有病，成群稚齡嗷嗷待哺的情況下，迫於無奈，就會將子女送給人家，或賣予他人。寄人籬下，不論是幸福或是不幸，一旦將子女賣予他人，總有子女商品化的感覺，從此關係當是日益疏遠，想起親生骨肉，實質上已不是自己的子女，腦海中便會不斷呈現往日可愛的種種。一顰一笑，天真無邪的樣子，難免暗自感傷，如果不幸遭受虐待，煎熬過日的話，豈不更加難過？因此當我們遇到從小賣給人的子女時，還敢叫他的名字嗎？

難怪許多被賣的子女，長大後，對其生身父母，固然有非常孝順者，但大部分總顯得幾許冷漠，下焉者則仍存憾恨之心，被賣出的養女，也多是口出「不養我，又何必生我」的抱怨，甚至一輩子都不愛回娘家，父母，連子女的名字都不敢呼喚了，怎敢盼其回娘家呢？

母親常說：「有一個母親想將青瞑的孩子帶去拋棄，不料走過田埂路上，兒子卻喃喃自語『毋知哪條禾苗好做種，毋知哪條禾苗好做種，』一語震驚了母親的心靈，便打消將他拋棄的念頭。後來這個兒子不但有成就，而且很孝順。」

田地賣了不但愧對祖先，也愧對土地；兒女賣了，不但愧對子女，也愧對後代，怎麼敢叫子女的名字呢？但我們有許多無形的田地，無形的子女，那豐富的文化遺產，活化石般的客家語言，如果任其沉淪消亡，百年之後，我們將有何面目去見祖先呢？同樣的，許多不婚族的思想，不生族的觀念，或婚而不生，性而無愛的思潮，又葬送了多少無形或正要成形的子女？社會果真「後無來者」時，豈只是愧對祖先子女，更是愧對天地良心了。

　　看來，賣田不敢田邊走，賣子不敢喚子名，實在值得深思。

【2005-08/客家雜誌/182 期/頁 52~53】

死阿爸 毋多知　死阿姆 門背企

xi＼/si／	a／／＼	ba／／＼	m∨/-	do／／＼	di／／＼
ㄒㄧ＼＼	ㄚ／／＼	ㄅㄚ／／＼	ㄇㄇ／／-	ㄉㄛ／／＼	ㄉㄧ／／＼
死	阿	爸	毋	多	知

xi＼/si／	a／／＼	me／／＼	mun∨/-	boi-/∨	ki／／＼
ㄒㄧ＼＼	ㄚ／／＼	ㄇㄝ／／＼	ㄇㄨㄣ∨/-	ㄅㄛㄧ-/∨	ㄎㄧ／／＼
死	阿	姆	門	背	企

　　「死阿爸，毋多知；死阿姆，門背企」，這句諺語意指子女在父母死後所受到的待遇，劃然有別。父親不幸登遐，尚有母親照顧，感覺似乎並不那麼深刻強烈。而母親棄世，雖然父親還在，但因缺乏母愛滋潤，卻成了受忽略的孤兒，常茫然無依的佇立於大門背後，發呆沈思，震動了無恃無怙者的心弦，更值椿萱並茂者的珍惜與省思。

　　報載日本男人不會當父親，其實，中國男人亦然。深入探討，並非中國男人不會當父親，而是傳統所加諸的壓力使之無暇兼顧而已！千百年來，他們必須解決家庭衣食住行的內憂，以及洪水猛獸旱魃兵燹的外患，於是有三過家門而不入的大禹，有一飯三吐哺的周公，解生民憂患猶未及，那有餘力照顧小孩？哺育子女的重任便落在母親身上了。詩經蓼莪云：「父兮生我，母兮鞠我，拊我畜我，長我育我，顧我復我，出入腹我。」子女心目中，父母的地位就顯

然有別。傳統的父親面對著上述內憂外患以及「養不教、父之過」的壓力，繼承宗祧的負擔，又懼怕「父不父，子不子」的指責，一生都在壓力與寂寞中度過，真是「古來父親多寂寞」！

在母系社會裡，人民但知有母而不知有父，夫妻如過客，父子如路人，豈不寂寞？在求生存過程中，可能命喪子女手中也不一定，這種寂寞，近乎殘忍！至於父系社會，父親責任更重，寂寞更多，尤其是長年遷徙的族群，父親更是經年在外，父子難得一見！在記憶中，我與父親總是聚少離多，為了生活，他要遠走他鄉，他很少享受子女聚集的溫暖，有的是異域工作的寂寞！

古往今來，不論是甕牖繩樞的貧民之父，或是位尊九五的帝王父親，大多體會了寂寞之苦！他們有不見子女成長，不知子女成就的寂寞；對子期望落空、失望惆悵的寂寞，父子不幸連累就刑，愧咎難贖的痛苦寂寞；也有望子成龍，事業家庭無法得兼的寂寞；還有期盼兒子，失去兒子的寂寞；他們骨肉深情，犧牲無悔，愛深責切，長作嚴師，他們雖有靈犀一點，卻未能相通；雖已溝通，卻又參商難見，人天相隔。多情卻似總無情，唯在兒前笑不成，所以在其死後，子女感受並不深刻。

請看：身為大將軍退休的叔梁紇，雖已六十三歲了，仍然盼望生個兒子，便和妻子顏徵在祈禱於尼山，皇天不負苦心人，終於如願以償。誰都想不到，他們竟然生了一個中華民族的聖人——孔子。誰又料到，在孔子三歲時，父親就去世了。生前，他看不到兒子成長的失落。死後，也無法得知以共享聖人之父令譽的寂寞，像這寂寞千古，含恨而逝的父親，實不可縷述。如韓愈三歲時，父親就走了，其父仲卿真無法料到兒韓愈會成為趕鱷魚的大將，又是唐宋古文八大家之首呢！同樣，歐陽修四歲時，也不幸成了孤兒，父親歐

陽觀實未想到，六十年後，其子給他的殊榮和無盡的美譽。這些，都是千秋萬世名、寂寞身後事！他們地下有知，應是寂寞而甜蜜吧！

　　望子成龍，一直是中國父母的重大壓力，而父親所受尤深！父親與兒子，始終有一段距離，聖如孔子，對子女卻從無親愛的表現：伯魚曾兩次見到客廳獨處的父親，他敬畏的匆忙離開，卻被孔子叫住，做父親的，也只問他學過詩、學過禮沒有而已，隨即就讓他去讀詩學禮了。君子，是如此的淡遠其子啊！誰都沒有預測到，伯魚五十歲時，竟先孔子而死，典籍雖未敘述他的哀傷，想那晚年喪子的父親，孔子必是哀傷而寂寞的。

　　中國本來就是極為重母輕父的民族，把殺父認為是尋常小事，卻把殺母親為罪大惡極！晉時，有司報告：「有個兒子殺了母親！」阮籍說：「嘻！殺父還差不多，怎麼可以殺母親呢？」同座的人責怪他為何失言。晉文帝也質疑：「殺父是天下的極惡，你認為可以做嗎？」阮籍回答：「天下只知有母而不知有父，所以，殺父好比是禽獸之徒；殺母，那就禽獸不如了。」可見，中國子女重母有甚於父。傳統所要求於父親者，不只是父親而已，又不被子女所知，誰說不是「古來父親多寂寞」？正是「死阿爸，毋多知」之深義。

　　至如失去母親的子女，感受可能更加深刻。歷史上如舜之失母，「母在一子單，母去三子寒」的閔子騫等，都是母親去世後，子女孤苦無依的情景，那孤單的寂寞，不只是門背企（站）而已。

　　「死阿爸，無多知；死阿姆，門背企」不是父親不愛子女，也不是子女不愛父親；而是獨立自主的成長，理勝於情的苦壯，父親對子女們，多是獨立自主，母親所給予子女的，多是慈愛與關懷，二者相輔相成，缺一不可。　　【1999-01-11/聯合報/39 版/鄉情】

看戲看胡鬧　看齋看行孝

kon-/∨	hi-/∨	kon-/∨	fu∨/-	nau-/+
ㄎㄛㄣ-/∨	ㄏ l-/∨	ㄎㄛㄣ-/∨	ㄈㄨ∨/-	ㄋㄠ-/+
看	戲	看	胡	鬧

kon-/+	zai╱\	kon-/+	hang∨/-	hau-/+
ㄎㄛㄣ-/+	ㄗㄞ╱\	ㄎㄛㄣ-/+	ㄏㄤ∨/-	ㄏㄠ-/+
看	齋	看	行	孝

　　看戲看胡鬧，看齋看行孝。意指看戲之人，若不領悟戲中之意，弦外之音，取其要義而有所啓示，則只得其胡鬧而已；不如好好看一場養生送死的道士誦經，和尚法會的做齋，闡釋生離死別之苦，父母恩情之大，而有勸世教孝的涵義在內。

　　舊時農業社會，日出而作，日入而息，娛樂機會很少，看戲也成奢侈要求，一旦有戲團上演，大家莫不趨之若鶩，將平日緊張工作置之度外，而得到片刻休息。看戲雖是調劑身心之事，在傳統禮教的束縛之下，總是不太受到鼓勵肯定的。儘管戲中內容多的是忠孝節義、予人為善的內涵，也總要穿插一些插科打諢、幽默諷刺等笑料，在瞎鬧玩笑的背後，有其嚴肅的意義。

　　但是，看在長輩的眼中，卻認為是荒誕不經、無益風教，以為是瞎鬧而排斥；更可惜的是，看戲者本身，亦沈醉在瞎鬧之中而不了解戲劇的真諦，才是令人遺憾。

爲免除這種遺憾，許多做家長的常會帶著自家的小孩去看「做齋」。做齋是人死亡出殯前夕的功德法會，舊時遇到左鄰右舍有人不幸去世時，總會呼朋引伴地前去「才帋手」(幫忙之意)，在告別式的前夕，有一場極爲熱鬧的做齋，看那道士煞有介事不斷地誦經，和尚帶著孝子孝女們，虔誠的膜拜，哀戚的不捨，誠有古時遺風。

　　接著，便上演目連救母，或三藏才亥經過橋等傳統孝道與人爲善的故事，歌頌父母恩情、勸化子女行孝，感人的音樂，流利的四句，押韻對偶，感人肺腑，在生離死別，遭逢大慟、哀傷氣氛的烘托之下，始體爺娘惜子長江水，子想爺娘擔竿長；江山爲主人爲客，悵然傷感今宵多的深層感觸，真是見者鼻酸，聞者泣下，看齋至此，可不行孝？

　　看優良戲曲，入人心坎，真是社會安定不可忽視的力量，只是易爲瞎鬧戲謔、插科打諢所蒙，而失其精華，得其糟粕，況其下焉者，又甚於胡鬧矣。如今，隨著歲月變遷，社會變化，前往看齋之人寥寥無幾，看戲聽歌之人卻如過江之鯽；看齋之人固不必多，而看戲行孝之人卻不宜減少；如何使孝道不致式微，將做齋之內涵無形融入戲劇生活之中，確是一項嚴肅而有意義的課題。

【1998-10-26/聯合報/39 版/鄉情】

家娘無好樣　心舅同和尚

ga ╱╲	ngiong ∨ /-	mo ∨ /-	ho ╲ ╱	iong-/rhiong+
ㄍㄚ╱╲	ㄤㄧㄛㄥ∨/-	ㄇㄛ∨/-	ㄏㄛ╲╱	ㄧㄛㄥ-/ㄖㄧㄛㄥ+

家　　　娘　　　無　　　好　　　樣

xim ╱/sim ╲	kiu ╱╲	tung ∨ /-	vo ∨ /-	song-/shong ∨
ㄒㄧㄇ╱/ㄒㄧㄇ╲	ㄎㄧㄨ╱╲	ㄊㄨㄥ∨/-	ㄊㄛ∨/-	ㄙㄛㄥ-/ㄕㄛㄥ∨

心　　　舅　　　同　　　和　　　尚

　　偷拍光碟案，不幸釀成全民運動，致使大學生販賣光碟以圖近利，前不久更有大學生研究生，不惜兼差色情行業，不以為恥，許多假借「性教育」之名以形性行為之實，已在社會蕩漾蔓延，獨責大學生恐於事無補，請看多少類似光碟案之各方男女，起步都是早已畢業之高學歷人士，且是社會崢嶸頭角之人物，尚淪落致此！所謂「示人以正，其患猶偏；示人以偏，其弊無窮。」亦正合客諺所云：「家娘無好樣，心舅同和尚。」

　　意指婆婆行為不端，在外與人有染，自以為神不知鬼不覺，豈料，早已破綻百出，媳婦清清楚楚，如此為長不尊的婆婆，自有效尤取法的媳婦，也有樣學樣，與和尚私通，真是「上有好者，下必有甚焉。」

　　可惜大多媒體報導亦然，缺乏好樣（模範），唯恐不驚世駭俗，以取悅民眾，爭取收視率，故循規蹈矩，好人好事者，大多默默無聞；譁眾取寵，為非作歹者，一一騰播電視，以蹈空踏虛，標奇立異，難

能而不可貴，非禮義之中者多在報導之列，一夕可以成名；皓首窮經，行仁履德者，終其一生，鄉里不知，媒體果真如此，則後果堪憂，所謂「取法乎上，僅得乎中；取法乎中，僅得乎下。」長期如此，耳濡目染，豈非家娘無好樣，媳婦同和尚，欲社會不競逐利益，其可得乎？

話雖如此，讀聖賢書，仍宜有「人不知而不慍」之胸襟，有所為，有所不為的抉擇，切不可孤芳自賞，自怨自艾；寂寞難耐，而傲倖為非，違道犯德，或揭人隱私，或不能慎獨自守，有愧屋漏，亦有東窗事發之日，客諺又云：「衰衰衰，同（外遇）福老嫲（指外邊女子）同到丈人哀（丈母娘）。」正指此也。

亦即蓄意為偏，行險傲倖者，在家已有妻室兒女，卻仍在外風流自許，拈花惹草，尋歡作樂，如此男貪女愛之事，可一不可再，可再不可三，終究上天有眼，在軟玉溫香、翻雲覆雨之際，始發現對象竟是丈母娘，一切清高形象土崩瓦解，一切美麗回憶付之東流，果是花莫亂採，嬌莫亂貪，亂貪亂採，害人一生。

風俗之厚薄，繫乎一二人知所向；風氣之良窳，亦賴乎正道之引導，示人以義，其患猶私，示人以偏，後患無窮，正是家娘無好樣，心舅同和尚，可不慎乎？

【2001-12-31】

無心舅發心舅羅　有心舅又奈心舅毋何

mo∨/- xim╱/sim╲ kiu╱/╲ bod╲/- xim╱/sim╲ kiu╱/╲ lo∨/-
ㄇㄛ∨/- ㄒㄧㄇ╱/╲ ㄎㄧㄨ╱/╲ ㄅㄛㄉ╲/- ㄒㄧㄇ╱/╲ ㄎㄧㄨ╱/╲ ㄌㄛ∨/-

無　　心　　舅　　發　　心　　舅　　羅

iu╱/rhiu╲ xim╱/sim╲ kiu╱/╲ iu-/rhiu+ nai-/+ xim╱/sim╲ kiu╱/╲ m∨/- ho∨/-
ㄧㄨ╱/ㄖㄧㄨ╲ ㄒㄧㄇ╱/╲ ㄎㄧㄨ╱/╲ ㄧㄨ-/ㄖㄧㄨ+ ㄋㄞ-/+ ㄒㄧㄇ╱/╲ ㄎㄧㄨ╱/╲ ㄇ∨/- ㄏㄛ∨/-

有　　心　　舅　　又　　奈　　心　　舅　　毋　　何

「無心舅發心舅羅，有心舅又奈心舅毋何」，意指尚未娶媳婦時，天天夢想著要娶媳婦，把娶媳婦當成天大的喜事，人生最大的理想，把媳婦幻化成美麗的憧憬，溫柔的象徵。孰知，媳婦一旦過門之日，正是理想破滅之時。感覺上，不唯媳婦不理她、欺負她，甚至兒子也與她漸行漸遠。看著媳婦，總覺不是滋味，尤其是卿卿我我，甜蜜他去，不聽老娘使喚，又一點辦法都沒有，而感深受委屈，背地哭泣。實有貴遠賤近，向聲背實，太重理想，昧於現實；一廂情願，情重於理；期望愈高，失望愈大，闇於自見，知音其難的涵義在內。

　　為人子女者，多希望父母全心全意的慈愛，做父母的多希望子女成材又孝順；做媳婦的，多希望婚後完全自主，不要有婆婆的約束；做婆婆的，則希望媳婦能將中饋之事，料理得完美無缺，又要如女兒般的貼心孝順，僕人般的殷勤服侍。因此，兒子一旦長大，便急著到處物色對象，盼望能找到一個媳婦，有如花似玉的容貌，又能家頭教

三、親情倫理　　177

尾的勤勞，針頭線尾的才藝，灶頭鑊尾的廚藝，田頭地尾的體力，苦力娘的溫馴，趙五娘的孝順，孟姜女的專情，集古今女子優點於一身，合婦德婦容婦言婦功於一體，噯！如此媳婦，多麼美好，多麼幸福，半夜念及，都會偷笑。於是，朝也「媳婦」，暮也「媳婦」，朝朝暮暮，「媳婦」如故，除了媳婦，還是媳婦，渴望媳婦，如霖雨大潦之望太陽，烈日大旱之望雲霓。

　　媳婦終於過門，美夢果已成真。上焉者還能與之同住，但，理想現實，到底是有距離的。總覺媳婦不合己意，不是嫌她容貌不出眾，就是手腳不靈活；不是菜太鹹，就是飯太硬；不是言語不夠恭順，便是態度不夠和藹，一談及媳婦缺點，便洋洋灑灑，口若懸河，此乃主觀的不如意，至如次焉者，則已近被動的嫌棄，是她反客為主，嫌老娘動作慢，手腳笨，老態龍鍾，骯髒齷齪，衣裳老舊，行為粗俗，廚房油膩，碗筷不潔，落伍迷信，心地偏狹，無一為是，甚至頤指氣使，指桑罵槐，言語尖酸，行為刻薄，偶一勸告，則怒目相向，挾夫他去，始深體兒子是假的，媳婦更如天邊之月，遙不可及，兒子，是媳婦的，不是母親的，真是娶了媳婦，丟了兒子！兒子不過拿些金錢孝順母親，媳婦竟然為此鬧得雞犬不寧，不禁頹然而倒，廢然而歎！怎奈自家身已老，骨已枯，目已矇，耳已聾，齒已齧，三餐白飯嚥不下，漫漫黑夜睡不著，面對女皇般的媳婦，高宗般的兒子，只好孤獨度日，徒喚奈何了。

　　無媳婦時，想要媳婦，有媳婦時，又倍覺委屈，理想終不是現實，夢想最是容易破滅，所謂遙聞聲而相思，日進前而不「喜」，崇己抑人，貴遠賤近，編織美夢，向聲背實則無根寄託將會落空，確是彩雲易散琉璃碎，好夢由來最易醒！婆媳關難解脫，滿腹心事訴諸誰？

　　其實，今日的媳婦乃是明日的婆婆，今日婆婆也是當年的媳婦，身為媳婦，昔日敬婆婆而遠之，今日身為婆婆乃有今是昨非之歎。看

那屋簷水點點滴，滴盡多少如煙的往事，若不設身而想，易地而處，反躬自省，退讓三分，則江山為主人為客，廳下交椅輪流坐，代代相傳，將一直陷在「無心舅發心舅羅，有心舅又奈心舅毋何」的迷思泥淖中，可不慎哉？

【2007-12-31/行政院客委會網站/客家諺語】

【註】

心舅：媳婦。

發心舅羅：編織娶媳婦的美夢。

麼儕打屁 孤盲絕蒂 佢孫打屁 消腸化氣

「麼儕打屁？孤盲絕蒂；佢孫打屁，消腸化氣。」這是一句諷世諺語。意指別人放屁，汙染空氣，聞此臭氣，令人生氣，必會不得好死，絕子絕孫；而自家人放屁，卻像伯公放屁一樣，非常神氣，可以清涼解毒，消腸化氣，神清氣爽，大有裨益。雖略有嚴於責人，寬於責己；處世偏私，淆亂是非；為老不尊，教壞子孫的涵義在內。但，阿公之護孫心切，語多詼諧，年紀雖大，反應靈敏，自我解嘲，實亦未可厚非。

我們常常看到年老的祖父，背著孫子，高興的去買糖果或者看戲，俗話說：「阿爸惜滿子，阿公惜長孫」。尤其是三代單傳的人家，這個祖父就特別疼愛孫子了，兒子出外工作，孫子簡直就是寶貝，所以，對於孫子的一言一行，都覺得是美妙無比，親切可愛，言如鐘磬玉音，行如拈花微笑，人世間有哪個小孩比我的孫子更可愛呢？

於是，當這位祖父背著孫子在人群中聊天時，突聞一陣異聲，從

山谷中噴湧而出；一陣異味不斷衝入鼻內，頓時勃然大怒責備說：「麼儕打屁？孤盲絕蒂！」還向四周瞪了一瞪，做孫子的，沒想到阿公怎麼突然變得那麼可怕，竟嚇呆了，馬上囁嚅不安的低聲對祖父說：「對不起，剛才是我放屁啦！」阿公低頭一聽原來是自己的孫子放屁，頓時笑逐顏開，語氣急轉直下說：「哦！亻厓孫打屁，消腸化氣！」

原來，准許自己放屁，不准別人放屁！孫子放屁，可以消腸化氣；別人放屁，卻絕子絕孫，實在不足取法，但，孫子總是自己的好，祖父之護孫情殷，愛孫情切，反應靈敏，頓時之間口氣一轉，化解尷尬，如能善體其心，啓示尤多。

【註】

打屁：放屁

【1999-01-18/聯合報/39 版/鄉情】

國清才子貴　家富小兒驕

gued＼／-　qin／cin＼　coi∨/-　zii＼／　gui-／∨

ㄍㄨㄝㄉ＼／-　ㄑㄧㄣ／＼　ㄘㄛㄧ∨/-　ㄗ＼／　ㄍㄨㄧ-／∨

國	清	才	子	貴

ga／／＼　fu-／∨　seu＼/siau／　i∨/rhi-　gieu／/giau＼

ㄍㄚ／／＼　ㄈㄨ-／∨　ㄙㄝㄨ＼／ㄒㄧㄠ／　ㄧ∨/ㄖㄧ-　ㄍㄧㄝ／／ㄍㄧㄠ＼

家	富	小	兒	驕

　　台灣家庭十分富裕，少年問題卻日漸增多，大家沈迷於物質的魅力，瘋狂於金錢的追逐，棄禮義於不顧、置倫理而罔聞，於是疏忽子女教育，故有少年子弟爲非作歹，富豪子女逃家竊盜、迷途不返，真是家富小兒驕。

　　驕，是驕奢、驕縱，妄自尊大之意，是一切行爲偏差的開始。當然，家富，小兒未必驕，其關鍵在於是否富而後教。古人愛子，教以義方，弗納於邪，才可去其驕奢淫佚，導以正道，如若富而不教，或教而不得其道，小孩習於好逸惡勞，養尊處優，不知工作辛苦，稼穡艱難，待人不知禮儀、處世不知廉恥，唯我爲是；予取予求，用錢如流水，揮霍無度，坐吃山空，以致誤入歧途，父子相對無言，疏離冷漠富而後教，民知禮義而有向善之心；富而不教，民棄廉恥而無悔改之意。

　　尤其是青少年，處於染蒼則蒼，染黃則黃，極可教育的時期，父

母若只忙於事業而忽略子女的引導關懷，雖然家富，小兒卻驕奢之心，邪僻之行，甚至有牢獄之災，恐怕後悔莫及了。

【2009-06-25】

爺娘惜子長江水　子想爺娘擔竿長

ia∨/rha+　ngiong∨/-　xiag＼/-　zii＼/ノ　cong∨/chong-　gong╱/＼　sui＼/shui╱

ㄧㄚ∨/ㄖㄚ-　ㄤㄧㄛㄥ∨/-　ㄒㄧㄚㄍ＼/-　ㄗㄧ＼/ノ　ㄘㄛㄥ∨/ㄔㄛㄥ-　ㄍㄛㄥ╱/＼　ㄙㄨㄟ╱/ㄕㄨㄟ╱

爺　　娘　　惜　　子　　長　　江　　水

zii＼/ノ　xiong＼/ノ　ia∨/rha-　ngiong∨/-　dam-/∨　gon╱/＼　cong∨/chong-

ㄗ＼/ノ　ㄒㄧㄛㄥ＼/ノ　ㄧㄚ∨/ㄖㄚ-　ㄤㄧㄛㄥ∨/-　ㄉㄚㄇ-/∨　ㄍㄛㄣ╱/＼　ㄘㄛㄥ∨/ㄔㄛㄥ-

子　　想　　爺　　娘　　擔　　竿　　長

「爺娘惜子長江水，子想爺娘擔竿長。」意指父母之於子女的愛是綿綿不絕，無窮無盡，像滔滔東去的滾滾長江之水一樣，沒有止境的一天，而真能回想反哺父母恩情的不能說沒有，只是和長江比較起來，就像一根扁擔，或者一陣風一樣的微不足道了，實在值得我們警惕深思。這和詩經蓼莪的「父母之德，昊天罔極」的道理是一樣的。

爺娘惜子是不分風雨晦冥，晨昏日夜，無時或停的。他們愛的方式儘管不同，但愛心則一，從懷孕開始，就已注意到腹中胎兒，如何營造一個安全舒適的空間，使胎兒免於恐懼驚嚇，即是所謂的胎教，嬰兒之未生，就已如此關愛，嬰兒既出之後，則更是照顧得無微不至。有名的度子歌，已道盡從前養兒育女的艱辛，不只要撫養教育，更要使之趨吉避凶，度過災厄，故帶小孩稱之為度子，實在是有深刻的寓意存焉！

父母對於子女的愛，小自襁褓中的嬰兒，大至結婚生子，擔憂煩

勞之事無日無之，牽腸掛肚之心越繃越緊，不論是頭燒額痛，或是感冒風寒；不論是風雨未歸或是遠度他鄉，都是愁腸百結，念兒情殷，憐子惜女，慈恩浩瀁，愛澤綿長，有如長江。

　　至若子女之於父母的愛，實不若父母之於子女之深，由於從小到大，都受父母庇蔭成長，總以為父母是高樓大廈，是奔騰駿馬，是金庫銀行，是萬能博士，如阿拉丁之神燈，如神仙之葫蘆，取之無盡，用之不竭，不知金錢得來不易，不知父母無法永遠健壯如山，，總以為父母如泰山之不倒，如日月之長明，殊不知，子女健壯如牛之日，也正是父母年老體衰之時，何曾設身處地，想到父母親的健康？那斑白的頭髮，渴望的眼神，是不敢說出欲見子女的期待，儘管承受無比的壓力，也不敢在子女面前有絲毫的退縮，於是，一般做子女的，也就不會去善體親心的關懷父母，儘管「子行千里母擔憂」但是，「母行千里兒不愁」；「爺娘惜子常無縫」但要「子想爺娘卻無閒」，比起長江水而言，真如一根扁擔，一陣風而已。

　　這種子女，如稍有一些成就，還可堪告慰，有等而下之者則忤逆父母，棄養爺娘，對父母需索無度，不從則毆打父母，或弒親者亦多有之，真是有子不如無！比起一陣風，一根扁擔而言，不禁令人廢然而歎！

　　爺娘惜子長江水，子想爺娘擔竿長，其實是為人父母的暮鼓，為人子女的晨鐘，是父母子女的教科書，倫理綱常的啟示。愛子，則宜示之以長遠之計，使其知飲水思源。孝親，其實是最佳的典範！

　　所謂江山為主人為客，廳下交椅輪流坐，不信請看屋簷水，點點滴滴在心頭！

【2009-10-20】

家有三條龍　任食毋會窮
家有三條虎　任食毋會苦

ga✓丶	iu✓/rhiu丶	sam✓丶	tiau∨/-	liung∨/-
ㄍㄚ✓丶	ㄧㄨ✓/ㄖㄧㄨ丶	ㄙㄚㄇ✓丶	ㄊㄧㄠ∨/-	ㄌㄧㄨㄥ∨/-

家　　有　　三　　條　　龍

im-/rhim+	siid-/shid丶	m∨/-	voi-/+	kiung∨/-
ㄧㄇ-/ㄖㄧㄇ+	ㄙㄉ-/ㄕㄧㄉ丶	ㄇ∨/-	ㄇㄛ丶ㄧ-/+	ㄎㄧㄨㄥ∨/-

任　　食　　毋　　會　　窮

ga✓丶	iu✓/rhiu丶	sam✓丶	tiau∨/-	fu丶✓
ㄍㄚ✓丶	ㄧㄨ✓/ㄖㄧㄨ丶	ㄙㄚㄇ✓丶	ㄊㄧㄠ∨/-	ㄈㄨ丶✓

家　　有　　三　　條　　虎

im-/rhim+	siid-/shid丶	m∨/-	voi-/+	ku丶-✓
ㄧㄇ-/ㄖㄧㄇ+	ㄙㄉ-/ㄕㄧㄉ丶	ㄇ∨/-	ㄇㄛ丶ㄧ-/+	ㄎㄨ丶✓

任　　食　　毋　　會　　苦

　　家有三條龍，任食毋會窮；家有三條虎，任食毋會苦。意指家中如有三個生肖屬龍的家屬，那真是太好了，家裡是永遠不會困窘貧窮

的；同樣，家中如有三條生肖屬虎的，那家中也永遠不會匱乏貧苦的了，生龍活虎，象徵人才濟濟，三龍三虎，象徵人丁興旺，可見龍虎在人們心中有多麼重要的分量。

為什麼家中有生肖屬龍的就不會窮呢？實因自古以來，龍就是不可知，不可測帝王將相，富貴利達的象徵，見首不見尾，變化萬端，是想像中的神。所謂龍，是麟蟲之長，能幽能明，能細能長，能登天潛淵，為神靈之精；是雨神，是夏禹雨治水的助手，是帝王身份祥瑞的代表，喜事的來臨；「龍生九子，各有所長」，凡稱龍者，多所歡迎。許多名稱，都要冠上龍字，如：龍神、龍王、龍燈、龍袍、龍蝦、龍柏、龍岩（福建地名）、龍宮、龍顏、龍床、龍子、龍女等，一龍天下無難事。想想看，住的是鳳閣龍樓，吃的是龍蝦，穿的是龍袍，坐的是龍椅，睡的是龍床，家中怎會窮呢？

於是我們會說「有錢一條龍，無錢一條蟲；龍生龍，虎生虎；老鼠生的兒子會打洞」「龍配龍，鳳配鳳，玉女配金童」「龍一條，贏過蚯蚓一畚箕」「龍歸晚洞雲猶潔，麝過青山草木春」「龍行一步，草木沾恩」。龍，真的太了不起了，一切的雲行雨施，都要靠稱龍的海龍王來作主啊，澤被萬民，自可物阜民豐。生肖屬龍的，心理上，在起跑點上就已勝人一籌了。有一龍之才，就已不得了了，何況有三龍，豈不可以食邑萬家，永遠不會窮了嗎？

為什麼家中有三條虎，就永遠不會苦呢？其實是指虎具有王公大臣之才，有治國濟世之能，如果龍是帝王的話，虎就是將相，所謂「雲從龍，風從虎，聖人作而萬物睹」正是聖君賢相的遇合。「虎毒不食子」如果誤食善良百姓，便終身為其親人服務，傳說有隻老虎，吃了一個孝順的孩子，而他就是年老母親終身唯一的寄託，慈母勇敢的上山尋找失蹤的愛兒，見到老虎，義正辭嚴的便問「你是否吃了我的小孩？」老虎竟然頷首稱是，以後每天便獵食供養其母，其母去世，竟以身殉，

稱爲「義虎」。

　　老虎有智慧，不輕易露出爪牙，所謂「虎豹不外其爪」，真的是「示之以柔，迎之以剛」。貓也一樣，不見其爪，都是外柔內剛，綿裡藏針，難怪被稱爲虎科。身處江湖危險可以防身，所以又說「虎生三子，必有一彪」，彪或作豹，會食虎子，是指老虎帶三子過河，每次只能帶一子，爲避免虎子爲彪所食，所以先帶彪到對岸，再回來帶子過去，順便帶彪回來，又帶第二子過去，再回來帶彪過去，完成了安全渡河的任務，是充滿無窮智慧的慈愛的，有如此的智慧，自可突破千萬困難，使事業虎虎生風，雖瘦雄心猶在，所生之子，也虎父無犬子，何愁不會成功，怎會苦呢？

　　家有三條龍，任食毋會窮；家有三條虎，任食毋會苦；有龍有虎，不窮不苦；但是要記得：「不怕虎生三只口，只怕人懷兩樣心」，有虎不怕山高，有龍不怕水深，共同努力，相得益彰，同心協力，眾志成城，才能夠「山高自有人開路，水深自有撐船人」，共立不朽之業，致無窮之富。

【2009-10-31】

毋識字 怨爺娘　無賺錢 怨屋場

m∨/-　siid＼/shid-　sii-/+　ien-/rhan∨　ia∨/rha-　ngiong∨/-

ㄇ∨/-　ㄙㄉˋ/ㄕ丨ㄅ-　ㄙ-/+　丨ㄋ-/ㄖㄢ∨　丨ㄚ∨/ㄖㄚ-　兀丨ㄛㄥ∨/-

毋　　識　　字　　怨　　爺　　娘

mo∨/-　con-/∨　qien∨/cien-　ien-/rhan∨　vug＼/-　cong∨/chong-

ㄇㄛ∨/-　ㄘㄛㄋ-/∨　ㄑ丨ㄋ∨/ㄘ丨ㄋ-　丨ㄋ-/ㄖㄢ∨　ㄇㄨㄍˋ/-　ㄘㄛㄥ∨/ㄔㄛㄥ-

無　　賺　　錢　　怨　　屋　　場

　　這是諷刺只會遷怒、怨天尤人的警語。意思是：沒讀書，不識字，都怪父母失職，負我甚多；長大了，討生活，可是總不賺錢，歸根究柢，就是祖宗沒庇蔭，祖宅風水差，才落魄如此！千錯萬錯，都是他人錯，與我何相干？

　　於是，成了失敗者的藉口，懶惰者的託辭，偏激者以此洩憤，怨嘆者以此自憐，子弟行為偏差，怪他交了損友；成績退步，怪人教學不力；收成不好，怨天；馬路不平怨地；前途受挫折，怪父母；事業不發達，怪祖先；總有埋怨之意，而無感恩之心。其實，不問貧富貴賤，生我一身，已足以感恩矣！縱然不識字，何須怨爺娘？即使不賺錢，又何須怨屋場呢？絲毫沒有自醒能力的錯誤示範，豈不也是日後子孫埋怨的對象？

　　出語怨人易，反躬責己難；怨道果真遠去，謙讓確已蒙塵？唯己為是，唯人為非，怪爺娘不愛，怨子弟不材，固足以逞一時之快，亦

恐貽後世之羞！

　　看那江山爲主，廳堂位置輪流坐；養兒方知爺娘苦，養女方知苦爺娘！

　　爺娘，屋場，豈真有罪？

【2009-7-31】

四

婚姻愛情

嫁雞隨雞　嫁狗隨狗　嫁狐狸滿山走

ga-ノV gieノ/gaiヽ suiVノ- gieノ/gaiヽ ga-ノV gieuヽノ suiVノ- gieuヽノ

ㄍㄚ-ノV ㄍ丨ㄝノ/ㄍㄞヽ ㄙㄨㄟVノ- ㄍ丨ㄝノ/ㄍㄞヽ ㄍㄚ-ノV ㄍ丨ㄝㄨヽノ ㄙㄨㄟVノ- ㄍ丨ㄝㄨヽノ

嫁　雞　隨　雞　嫁　狗　隨　狗

ga-ノV fuVノ- liVノ- manノヽ sanノヽ zeuヽノ

ㄍㄚ-ノV ㄈㄨVノ- ㄌ丨Vノ- ㄇㄢノヽ ㄙㄢノヽ ㄗㄝㄨヽノ

嫁　狐　狸　滿　山　走

「嫁雞隨雞，嫁狗隨狗，嫁狐狸滿山走」。意指事前既經縝密思考而決定結合的佳偶，就要相愛相惜，永浴愛河以期白首偕老。以愛爲始，以愛爲終，多欣賞對方優點，不論是敦厚老實的雞犬，或是滿山遊走的狐狸，都應取法對方的勇武忠貞，聰明智慧，多情瀟灑，才能體會嫁雞隨雞，嫁狗隨狗，嫁狐狸滿山走的生活情趣。當然，他們都是凡人，自亦白璧有瑕，恐要警惕包容，智慧解決，不宜率爾拂袖而怒，惡言相向，遽予去之。

　　動物種類甚多，爲什麼說嫁雞隨雞，嫁狗隨狗，嫁狐狸滿山走呢？這實在是先民對夫妻生活觀察入微，心胸寬廣，生活藝術化的逼真表現。因爲雞和犬，與人類關係最爲密切。古代農業社會的鄉村，鮮有不畜雞養犬者，長年朝夕相處，對其了解日趨深入，才發現可愛的土雞一族，值得學習之處甚多：看那雄赳赳而睥睨群倫的公雞，不只每日準時司晨，對母雞老婆更是百般照料，偶然尋一蚯

蚓佳肴，立即奮翼呼喚母雞前來享用，而母雞更如賢慧勤快、母儀天下的賢妻良母，日夜都可將十幾隻小雞照顧得無微不至，不幸強敵環伺，鷹隼掠空而來，必奮勇護雛，不畏犧牲，令人敬佩，這樣美滿的生活，怎可不嫁雞隨雞呢？

至如畜養的土狗，表現得也是可圈可點：上山會打獵，入夜可看門；臨危能護主，上陣勇追敵，為人類最為忠貞的朋友，多少義犬殉主的精神長昭，令人肅然起敬。而且情愛至上，惟妻為尊；敵人見面，分外眼紅。可歎賊寇盡塵土，衝冠一怒為「紅顏」，這樣的丈夫，難道不該嫁狗隨狗嗎？

至若狐狸，也屬犬科，是智者的代表，能履冰而聽，小心謹慎；又善媚悅惑人，智取獵物，為百獸之冠。是仁者的象徵，牠臨終之際，往往正對山丘，是不忘本的精神，禮記有謂：「狐死正首丘，仁也」的讚美；且情愛專一，修煉千年，成精成仙，多彩多姿。而九尾白狐，子孫蕃息，為祥瑞之徵，集專情於一世，合仁智以終身，雖穴居野處，滿山遊走，嫁與狐狸，不是飄逸瀟灑嗎？

嫁雞隨雞嫁狗隨狗，揆其初義，實在是婚姻教育最早最佳的啟蒙課程，先民不只觀察入微，且期能掌握愛情的真諦。為什麼呢？原來公雞雖然雄壯威武，英姿勃發，論及閨房之事，不過數秒之間，心滿意足；母雞也不怪怨嗔怒，仍然安分守己的去度子啄食；而那其貌不揚的土狗，其於床第工夫，竟讓萬物之靈的人類望塵莫及；而母狗卻在巫山雲雨之後，棄之而他去；狡猾多疑的狐狸，最喜盜雞虐犬，殘害農作，貌不若公雞之威武，性不若公狗之突出，又居無定所，緊張疑懼，嫁與狐狸，只得滿山遊走了。

於是，古人嫁女，便諄諄告誡，以嫁雞隨雞，嫁狗隨狗為臨別贈言：師法母雞的負責盡職，莫學母狗的下堂求去，更不宜見異思

遷，甚至東食西宿。如今，時移勢變，男女平權；嫁娶爲名，結婚爲實，男女雙方都應互相尊重，以雞犬爲師，狐狸爲鏡，共同攜手經營幸福婚姻，才是「嫁雞隨雞，嫁狗隨狗，嫁狐狸滿山走」的真諦。

【1998-02-09/聯合報/17 版/鄉情】

毋驚家中窮　斯愛餔娘好笑容

m∨/-　giang✓/↘　ga✓/↘　zung✓/zhung↘　kiung∨/-

ㄇ∨/-　ㄍㄧㄤ✓/↘　ㄍㄚ✓/↘　ㄗㄨㄥ✓/ㄓㄨㄥ↘　ㄎㄧㄨㄥ∨/-

毋　驚　家　中　窮

sii-/∨　oi-/∨　bu✓/↘　ngiong∨/-　ho↘/✓　seu-/siau∨　iung∨/rhung-

ㄙ-/∨　ㄛㄧ-/∨　ㄅㄨ✓/↘　ㄫㄧㄛㄥ∨/-　ㄏㄛ↘/✓　ㄙㄝㄨ-/ㄒㄧㄠ∨　ㄧㄨㄥ∨/ㄖㄨㄥ-

斯　愛　餔　娘　好　笑　容

———夫妻相處 兩人同心 雖貧亦富

「毋驚家中窮，斯愛餔娘好笑容」。是指做丈夫的，不怕家中窮苦，最怕的就是妻子沒有笑容。如果妻子沒有笑容，比家境貧窮更爲可怕，可見妻子在丈夫心中的地位比什麼都來得重要。只要看到老婆笑容，就心滿意足了。象徵男性並非唯我獨尊，處處關懷到自己的妻子；一方面也象徵女性的獨立自主，並不處處依賴男人，是兩性關係的明燈。

報載台灣地區離婚率日攀新高，以八十四年而言，離婚夫妻近兩萬對，而且女方主動訴請離婚者占百分之五十九點零九，比率亦年年增加；至 2008 年 1 月單月，台灣地區離婚登記爲 4398 對，相當每天有 146 對，一年中就有五萬對夫妻離婚，離婚率之高，高居亞洲之冠。而且女性主動訴請離婚的佔百分之七十多。由於台灣兩

性日趨平等，女性有豐富知識，獨立自主，對婚姻品質要求越來越高，男性如不警惕，妻子隨時會下堂求去，難怪許多做丈夫的會「不怕家中窮，斯愛妻子好笑容」。

　　其實夫妻相處，應該多尊重，多包容。人之稟賦有賢有愚，酸甜苦辣，所嗜亦異，難以強同，如能設身處地，善體其心，善意為基礎，從寬做橋樑，自是溫馨的開始，和諧的表徵。笑容，可以化解敵意；笑容，可以拉近距離；笑容，可以溫暖心房；多少笑容，促成了幸福美眷；失去笑容，扼殺多少幸福婚姻？美麗的笑容，不只可以健身娛心，延年益壽，更是幸福婚姻的佳釀，甜蜜生活的醇醪。難怪客諺也說：「燈籠恁靚愛點燈，阿妹恁靚愛笑容」，客家男子懂得毋驚家中窮，只愛餔娘好笑容，深體兩性相處的哲理，笑容是生活的潤滑劑，固是有容乃大，亦是謙卑為懷，如若不此之圖，日日不是相敬如「冰」，同床異夢；就是聒噪吵架，抨盆擲缽，鬧得雞犬不寧，則恐離婚之紅燈亮起，下堂的鐘聲長鳴。

　　毋驚家中窮，只愛餔娘好笑容，固然是丈夫心中的期盼，何嘗不是做妻子內心的呼喚，是夫妻相處的指南針，也是兩性平等的真諦。唯有兩人一條心，泥土就會變黃金；兩人有笑容，家中才會永不窮。

【1997-03-31/聯合報/11 版/民意論壇】

折了折　豬腳矺

zadˋ/zhad-　liauˋ/ˊ　zadˋ/zhad-　zuˊ/zhuˋ　giogˋ/-　zagˋ/-
ㄗㄚㄅˋ/ㄓㄚㄅ-　ㄌ丨ㄠˋ/ˊ　ㄗㄚㄅˋ/ㄓㄚㄅ-　ㄗㄨˊ/ㄓㄨˋ　ㄍ丨ㆯˋ/-　ㄗㄚㄍˋ/-

折　　了　　折　　豬　　腳　　矺

「折了折，豬腳矺」(矺，壓、抵、虔誠敬獻之意)，這是一首婚禮的民俗諺語。意指男女雙方定親提親，婚姻嫁娶的禮俗雖是極為繁複，若要避免繁文縟節，減省一些規矩，那仍是有很大的彈性空間，甚至取消一些禮品儀節酒水等，都並無不可。然而，千折萬折，唯獨需備豬腳(蹄膀)一對，牲儀(雞)一付，以祭祀女方祖先，那是千萬不可折合減少的，充份表達了對女方(母系)祖先的虔敬與尊重，是極具意義的。

男女婚姻大事，雖說不完全由父母做主，但雙方父母在協助子女完成婚事的責任仍十分重大。例如結婚時，男方依傳統方式必須準備的禮儀極多，一般而言仍需要：大閹雞二隻，牲禮(全副豬羊、四雞四鴨)、紅蛋一百或二百個，父母席(熟食十碗)、豬肚、六禮(祭祖禮，點燭禮，開剪禮，開面禮，引娘禮，廚官禮)，另外還要送酒壺雞(酒及雞)等酒水及肚痛肉(感謝女方生育之恩)等，禮數至為複雜，而此乃犖犖大者。

這些繁複之禮，亦非一成不變，雙方在事前，就可先商議好，如何在不違背傳統習俗又兼顧現實情況下，該減省的就減省，可免除的就免除，應照傳統的就行禮如儀，可折合的就折合。例如，以豬羊首，

現代社會極少殺整條豬，就可雙方商議減少一半，或做折合，但不管如何減省折合，最低限度一定要準備豬腳(蹄膀) 一付，以備在結婚當日，祭祀女方歷代祖先，表示飲水思源，感恩追遠之意，同時請舅舅點燭，並唸四句：「龍燭光輝照華堂，兩姓合婚永吉祥：男大當婚女當嫁，雙燭透尾壽年長」云云。

男女婚姻，是心靈的契合，情愛的結晶，更是千年血脈的傳承，不是庸俗的商場交易，因此，傳統的聘金禮物等都可在雙方共識下取消或減省，唯獨祭祀女方祖先的豬腳牲儀，是一種追遠感念的精神象徵、文化傳承，千萬不可輕易拋棄，也是對母系祖先的虔敬誠意，這在兩性平等的現代社會，無疑仍是最先進的。

【2001-06/僑苑/34 期/頁 25-26】

郎愛分梨妹就切　切來切去切傷心

long∨/-　oi-/∨　fun╱/╲　li∨/-　moi-/∨　qiu-/ciu+　qied╲/cied-

ㄌㄛㄥ∨/-　ㆦ1-/∨　ㄈㄨㄣ╱/╲　ㄌ1∨/-　ㄇㆦ1-/∨　ㄑㄧㄨ-/+　ㄑㄧㆤㄉ╲/-

郎　　愛　　分　　梨　　妹　　就　　切

qied╲/cied- loi∨/-　qied╲/cied- hi-/∨　qied╲/cied- song╱/shong╲ xim╱/sim╲

ㄑㄧㆤㄉ╲/-　ㄌㆦ1∨/-　ㄑㄧㆤㄉ╲/-　ㄏ1-/∨　ㄑㄧㆤㄉ╲/-　ㄙㆦㄥ╱/ㄕㆦㄥ╲ ㄒㄧㄇ╱/

切　　來　　切　　去　　切　　傷　　心

「郎愛分梨妹就切，切來切去切傷心」，這是一首一語雙關的諺語。意思是：哥哥要分梨來吃，妹妹就會拿刀來切。但切開的結果，即傷到了梨子的心。意即哥哥說要分離，妹妹就心情悲切、傷心。「絕」，（客語絕、切同音）如此悲切（絕）的結果，真正傷到妹子的心，值得細細體會。

現在正是水梨盛產的季節，梨子吃來清甜可口，香入心脾，尤其是新竹新埔的水梨，特別好吃，真是吃在嘴裡，甜在心裡。梨子雖然好吃，但對於熱戀中或在完婚，新婚中的男女而言，吃梨是一個大忌諱。因爲梨與離同音，面對面吃梨，好像就有不幸分離的預感似的，因爲流傳中，客家熱戀男女是不吃梨的，即使吃梨，也不拿刀切梨，以避免傷到梨子的心，實在用心良苦，亦即表示熱戀中男女情深義重，是不輕易分離的。

其實吃梨本是尋常之事，無意之間，竟把它看作是一件嚴肅的事，

只因女子心思特別敏銳，以及感受長年離別之苦，尤其是早期客家族群，男人經常在外謀生，離別次數頻繁，長期聚少離多，對於離別，總有那麼揮之不去的陰影，有什麼風吹草動，就以為什麼事會發生。因此，看到了「梨」子，就想到離別，聽到了「切」，就想到「絕」，真是無可奈何之事。同時，也說明了彼此是那麼的真情相愛。

　　所謂「梨子好吃汁盈盈，梨汁滴落妹衣襟；郎愛分梨妹就切，切來切去切傷心 」，可見青年男女不是不喜歡吃梨，只盼「食梨」不要變成「失離」(失離、食梨，客語同音)，失離可別傷了彼此的心。

【2001-06/僑苑/34 期/頁 23-24】

閏年閏月都有閏　恁般就無閏五更

iun-/rhun+ ngien∨/- iun-/rhun+ ngied-/＼ du-/∨ iu✓/rhiu＼ iun-/rhun+
ㄈㄨㄣ-/ㄖㄨㄣ+ ㄫㄧㄢ∨/- ㄈㄨㄣ-/ㄖㄨㄣ+ ㄫㄧㄝㄉ-/＼ ㄉㄨ-/∨ ㄈㄨ✓/ㄖㄧㄨ＼ ㄈㄨㄣ-/ㄖㄨㄣ+

| 閏 | 年 | 閏 | 月 | 都 | 有 | 閏 |

ngiong＼/✓ ban✓/＼ qiu-/ciu+ mo∨/- iun-/rhun+ ng＼/✓ gang✓/＼
ㄫㄧㄛㄥ＼/✓ ㄅㄢ✓/＼ ㄑㄧㄨ-/+ ㄇㄛ∨/- ㄈㄨㄣ-/ㄖㄨㄣ+ ㄫ＼/✓ 《ㄤ✓/＼

| 恁 | 般 | 就 | 無 | 閏 | 五 | 更 |

　　「閏年閏月都有閏，恁般（為什麼）就無閏五更」。意指平常無
事時，就有閏年，又有閏月，為什麼偏偏在離別之時，就沒有閏五
更呢？

　　早期江西到福建，廣東到台灣，真是歷經千辛萬苦，所謂「勸
君切莫過台灣，台灣好像鬼門關；千個人去無人轉，知生知死都是
難」，為了生活，為了發展，為了創業，常是男兒立志出鄉關，不怕
千辛與萬難，只是，回頭一望老娘親，轉頭不敢看嬌娘，我今一旦
離別後，不知何日回家園？看著時間一分一秒過，聽那公雞報曉聲
愈來愈淒厲，五更鼓角聲聲何太急；平時閏年閏月都有閏，今日就
要遠別了，為何就是偏偏沒有閏五更？

　　男子出門在外，不論是赴遠地賣茶，或是海外創業，或深山集
材，或外地打工，聚少離多，難耐五更寒。少則十天半月，一年半
載；多則三年五載，以至不知歸期，常是年頭出門年尾還！想起以

前，平貴與寶釧離別之際，聽到集合的軍令聲，也是依依不捨，何不再延遲片刻？真是「城頭更鼓打五更，聽到心頭就著驚；閏年閏月都有閏，恙般就無閏五更？」

然而，閏年閏月尚不足，閏五更又有何用？豈不徒增離別的黯然？其實只是真情宣洩而已！昔日千山萬水，聚少離多，身隔兩地，心仍相繫；如今，一日千里，朝發暮至，而世情卻趨澆薄？如能深體那「閏年閏月都有閏，恙般就無閏五更」的離別之苦，則宜深情惜福矣！

【註】
著驚： cog-/chog↘ giang↗/↘ 嚇一跳。

【2000-05-17/聯合報/39 版/鄉情】

嫁妹莫嫁竹頭背　毋係番藷就係豬菜

ga-/∨	moi-/∨	mog-/﹨	ga-/∨	zug﹨/zhug-	teu∨/-	boi-/∨
ㄍㄚ-/∨	ㄇㄛ丨-/∨	ㄇㄛㄍ-/﹨	ㄍㄚ-/∨	ㄗㄨ﹨/ㄓㄨㄍ-	ㄊㄜㄨ∨/-	ㄅㄛ丨-/∨

嫁	妹	莫	嫁	竹	頭	背

m∨/-	he-/∨	fan✓/﹨	su∨/shu-	qiu-/ciu+	he-/∨	zu✓/zhu﹨	coi-/∨
ㄇ∨/-	ㄏㄝ-/∨	ㄈㄢ✓/﹨	ㄙㄨ∨/ㄕㄨ-	ㄑㄧㄨ-/+	ㄏㄝ-/∨	ㄗㄨ✓/ㄓㄨ﹨	ㄘㄛ丨-/∨

毋	係	番	藷	就	係	豬	菜

「嫁妹（女兒）莫嫁竹頭背（偏僻山區竹林後面的人家），毋係（不是）番藷（甘藷），就係豬菜（連藤蔓一起的甘藷葉，大多專供豬吃，故名）」。意指舊時社會普遍貧窮，為了女兒幸福怕她再過這種苦日子，多不願將自家女兒嫁到竹頭背後更窮困的山林去，因為，遍布竹林樹林的山間生活，山多陡峭，人煙稀少，森林茂密，日未出而上山工作，日已落而未息，尚須拖著疲憊飢餓的身子，肩膀上所負擔者，不是兩籃滿滿的番藷，就是一肩的豬菜，回家路上，也不得安閒。呈現了舊時山區生活的辛苦，與對女兒終身幸福的期望，真是天下父母心，喟喟而望的赤子真純。

嫁女兒，為什麼不要嫁到竹頭背去呢？竹頭背，其實是個泛稱，係指偏遠竹林背後的山區。背，對尚未開發或正在開發的地方都稱為竹頭背，如灶下背、龍岡背、河壩背、禾埕背、屋後背、大山背、一般多指草木糾結、竹林叢生之地，而竹頭背，更是指一片墨綠竹林的

後面，交通不便，人煙罕至，日常生活，除了工作還是工作，而且多是冒險性的，開發原始的山林，了解深林的生態，因此，客語一「棵」樹講一「叢」樹；一堆竹講一「叢」竹，叢，是許多根幹聚集叢生在一起，非只一棵而已，叢木、叢竹之間，樹幹枝葉極為茂密細小，手指尚不得過，是如此難以開發的山林。

　　看那茂密竹林，本已遠離繁華都市，而在竹林背後，更是偏僻荒遠，交通不便。在此雖是風景秀麗、資源無盡，但榛蕪未開，生活辛苦，雖不至三餐無繼，但卻是家徒四壁，齋廚蕩然。先民胼手胝足，渡海來台，開山林，焚茅筏，入荒陬，斫榛莽，深深體驗到「背拱拱，做到日頭紅；背佝佝，做到兩頭烏」與自然奮戰的艱辛生活，再加上外在人為，如戰爭因素，真是流血流汗，備極苦辛，眼看這種無日無夜的生活，實在不忍自己女兒嫁到類似竹頭背後的人家去，怎忍讓她白日上山工作，如伐薪檢樵、採茶除草、耕田種地、播種插秧，種植綠豆、地豆（花生）、番藷（甘藷）、王蜀黍等五穀雜糧；修剪柑橘、梨柚、柿子等果園，本已汗流浹背，累不可支，等待夕陽西下，輕鬆愉快回家，但想到家中許多豬隻雞鴨等尚須餵養，又準備了不是兩籃滿滿的甘藷，便是一把一把的豬菜（甘藷可拌米煮飯，而成番藷飯，豬菜不只供人吃，亦供豬吃），而此時已工作半天，早已疲憊不堪，飢腸轆轆，肩膀上還要有這種沈重的負擔，不是會累死人嗎？

　　幼時家住山區，深體竹頭背後，不是番藷，就是豬菜的生活。上山工作，必須頭戴斗笠、穿上長袖長褲，或套上手袖，全身武裝，雖是汗流脈絡，炎熱無比，也不敢輕易脫卸。因為山上有許多蚊蟲，尤其是竹林邊，蚊蟲之聲，震耳欲聾，衝撞而來，如無長袖長褲蔽體，則蜂螫蚊啄，毛蟲沾體，必全身癢痛難當。尤其疲累半天後，臨回家前，母親和祖母尚須準備家中所需之雜糧，不是挑一擔番藷，就是一擔豬菜；不是木柴，就是竹杈，上龍岡，下大崎，送夕陽；迎素月，

在「月光華華」之下，踏上茅屋的禾埕，在一頓簡陋的晚餐後，將這些豬菜切碎煮熟，配上碧糠，粗製麥片以餵飢餓的豬隻。

這是十百年來，台灣山區普遍農民生活的寫實，迎向朝曦，沒有怨天尤人；不是傳奇虛構，只有樂觀積極，是活生生的寫照，是汗淋淋的期待。如今，「嫁妹莫嫁竹頭背，毋係番藷，就係豬菜」，恐怕已成過眼雲煙，南柯一夢。台灣經濟的發展，使許多人口流向了都市，真不知當時的未婚妹子，有沒有嫁給竹頭背後的人家？看著一片青山碧水，腦海中泛起了許多「毋係番薯，就係豬菜」的背影，不禁一陣的悸動與愴然！

【註】

灶下背：廚房後面。龍岡背：高峻山岡後面。

河壩背：河流對岸的土地。

禾埕背：晒穀場後面。

大山背：崇山峻嶺的背後。

【2007-12-31 / 行政院客委會 / 哈客語言館 / 客家諺語】

新娘討入屋　媒人逐出屋

xin ˊ/sin ˋ　ngiong ˇ/-　to ˋ/ˊ　ngib-/ˋ　vug ˋ/-

ㄒㄧㄣˊ/ˋ　ㄫㄧㄛㄥˇ/-　ㄊㄛˋ/ˊ　ㄫㄧㄅ-/ˋ　ㄪㄨㄍˋ/-

新　娘　討　入　屋

moi ˇ/-　ngin ˇ/-　giug ˋ/-　cud ˋ/chud-　vug ˋ/-

ㄇㄛㄧˇ/-　ㄫㄧㄣˇ/-　ㄍㄧㄨㄍˋ/-　ㄘㄨㄉˋ/ㄔㄨㄉ-　ㄪㄨㄍˋ/-

媒　人　逐　出　屋

「新娘討入屋，媒人逐出屋」，這是一首婚俗諺語。係指男女新婚，新娘娶進家門之後，媒人於焉大功告成，可以功成身退；切不可自恃功高，而有驕人之意，結果被驅趕出門。雖不致於「狡兔死，走狗烹」恐亦有「飛鳥盡，良弓藏」之惕勵。

表面看似新郎新娘的無情，實則爲警惕立身處世，允宜功成不居的暮鼓晨鐘。

古來婚姻，大多是「父母之命，媒妁之言」撮合而成的，所謂「天上無雲不下雨、地下無媒不成雙」，可見舊時社會，媒人婆在婚姻的影響力，真不可等閒視之。

遠者姑且不論，近者如數十年前的台灣社會，多靠媒婆主導以成佳偶。郎才女貌，天作之合的美滿婚姻自是不少；貌合神離、相敬如「冰」的怨偶亦是數見不鮮。但在結合之前，不論男女，都在媒人的舌粲蓮花，巧辭美化之下，成了才比子建，麗賽西施的俊男美女，這

「媒人口，無量斗」的誇讚，使素未謀面的男女雙方，莫不盼望佳期早日到來。

　　新娘一旦娶入新房之後，新婚的甜蜜幸福，竟忘了媒人的存在，往日戶限爲穿的拜託媒人，今日卻將之置於腦後。如果媒人不知趣的前來討取功勞，又有自矜之色，恐怕會被冷漠以待，而趕出家門。

　　相傳有一媒人即是如此，義務指導傻新郎完成終身大事，新娘喜不自勝，特別厚禮答謝，及聞知媒人與新郎有苟且行爲之後，旋即怒目相向，奪回謝禮，將之趕出家門。

　　至於結婚對象與理想相去太遠，在黯然神傷之際，又對鼓如簧之舌，夸夸其言的媒人恨之入骨，雖未入門，就已將之趕出屋去，被趕的媒人，亦心有未甘，忿忿不平的抱怨「媒人好做，狗屎就好食」「不做媒人不做保、一世無煩惱」，原來媒人也有辛酸。

　　媒人如果成就幸福婚姻，恐被遺忘得極爲快速；如果撮合不幸婚姻，又被記恨怪怨逐出家門，真是吃力不討好的差事。其實，世間之事，莫不如此，唯有虛心以待，盡其在我，功成不居，淡然處之，則面前即呈現一片海闊天空。

【2000-06-08/聯合報/39 版/鄉情】

兩公婆愛恩愛　就像鑊嫲繞鑊蓋

liong ㄟ/ˊ	gung ˊ/ㄟ	po ˇ/-	oi-/ˇ	en ˊ/ㄟ	oi-/ˇ
ㄌㄧㄛㄥˊ/ㄟ	ㄍㄨㄥˊ/ㄟ	ㄆㄛˇ/-	ㄛㄧ-/ㄟ	ㄝㄣˊ/ㄟ	ㄛㄧ-/ㄟ
兩	公	婆	愛	恩	愛

qiu-/ciu+	qiong-/ㄟ	vog-/ㄟ	ma ˇ/-	lau ˊ/ㄟ	vog-/ㄟ	goi-/ㄟ
ㄑㄧㄡ-/+	ㄑㄧㄛㄥ-/ㄟ	ㄇㄛㄍ-/ㄟ	ㄇㄚˇ/-	ㄌㄠˊ/ㄟ	ㄇㄛㄍ-/ㄟ	ㄍㄛㄧ-/ㄟ
就	像	鑊	嫲	繞	鑊	蓋

　　「兩公婆愛恩愛，就像鑊嫲繞鑊蓋；有蓋無鑊莫想煮，有鑊無蓋煮也愁。」意指有情有緣的夫妻要像鍋子和鍋蓋一樣的相親相愛，相輔相成，缺一不可，二者有如夫妻。夫妻是由情人而結合，要像情人一樣的甜蜜。想想，我們有一個七月七日，牛郎織女相會的日子，叫做中國情人節，情人的下一步是夫妻，夫妻是一生的情人。夫妻和諧恩愛，是家庭幸福的根本，子女成功的保障，社會安定的礎石，國家郅治的藍圖。所以先賢把夫妻之道，奉為人倫的開始，確有遠見。

　　夫妻以愛結合，要始終不渝，白首偕老，必須了解兩人的驟然分離，不僅是家庭的悲劇，也是社會隱憂。客諺常說「公不離婆，秤不離鉈」「兩公婆愛恩愛，就像鑊嫲繞鑊蓋」，就是重視夫妻之道。在觸目驚心的家庭風波、變生肘腋，夫妻動輒求去的不幸事件裏，如何防止家庭破碎，避免社會腐蝕，減少單親家庭，加強夫妻關係，實為當務之急。

從許多青少年犯罪資料顯示，他們大半源自不幸的家庭，而不幸家庭正是不幸的婚姻，不是父母反目成仇，就是雙親失和；對待子女不是失之嚴苛，便是失之放縱；青少年在如此不良環境下，行為失去憑依；內心失去溫暖，上焉者肯自立自強，則屬萬幸；下焉者一旦墮落沉淪，飆車殺人，則無鉈之秤難以引導上進，無蓋之鍋無法孕育成熟，一個個明日之星任其隕落，一棵棵來年棟樑之材任其摧毀，那失和的父母，銜怨的夫妻，想想您的子弟，我不殺伯仁，伯仁由我而死，縱能免除法律的刑罰；午夜夢回，焉能驅除內心的愧疚？

男女因愛而結為夫妻，組織家庭，養兒育女，全是愛的成果，不一定是理性的結論。夫妻一旦嫌隙滋生，齟齬口舌，雙方允宜從愛與寬恕出發，從子女幸福著想，深思熟慮，衡量輕重，以減輕痛苦損失，降低衝擊壓力至最低點，方為上策。任何玉石俱焚的做法，均將為彼此的關係敲下喪鐘，在子女心靈上永遠印下烙痕，一旦陰影籠罩，則雖智猿亦難以捉影，夏首之民，亦將畏長影而亡，君不見多少夫妻相殘的悲劇，抽刀斷水，遺恨更多！從此不但幽明殊途，亦將身繫囹圄，子女將成無巢之鳥，失家之犬，夫妻相爭至此，孰為為之，孰令至之？「何昔日之芳草兮，今竟為此蕭艾也」！

因此，夫妻關係，影響子女社會殊為深遠，不可不慎！請看無鉈之秤難以量物，無蓋之鍋何以為炊？何況離鉈之秤，恐將見棄而隱沒消失；無蓋之鍋，難以獨撐而盡付微塵！唯有秤鉈不離方能為子女的明燈，鍋蓋相合更易培育健全的子弟，而且親密幸福，家庭社會均蒙其利！豈不知夫妻不嫌不怨，百年相看兩不厭；夫妻恩恩愛愛，就像鑊嫲繞鑊蓋！天下有情夫妻，多用關愛包容欣賞寬恕甜蜜智慧來做菜，哺育出好子好孫一代又一代。

民俗傳說

二月二　龍抬頭

ngi-/+　　ngied-/ヽ　ngi-/+　　liung∨/-　　toi∨/-　　teu∨/-

ㄤ丨-/+　　ㄤ丨せㄉ-/ヽ　ㄤ丨-/+　　ㄌ丨ㄨㄥ∨/-　　ㄊㄛ丨∨/-　　ㄊㄜㄨ∨/-

二　　　月　　　二　　　龍　　　抬　　　頭

　　農曆二月二日，除了是土地公（伯公）的生日以外，又是龍抬頭的日子，所謂「二月二，龍抬頭；大倉滿，小倉流」正是人民對未來充滿了無限期望，能夠人盡其才，物阜民豐，一片安詳和樂的太平景象。

　　《說文解字》說：「龍，是麟蟲之長，能幽能明，能細能巨，春分而登天，秋分而潛淵」這裡的龍是指東方蒼龍七宿在天空的隱現變化，角宿象徵龍的頭角，他們在冬天時節都隱於地平線下，一直到二月初，才慢慢從東方地平線上出現，所謂的角宿初露，就是我們常說的初露頭角，或頭角崢嶸。東方蒼龍，初露頭角，就是龍抬頭。因為龍是棟樑人才的隱喻象徵，所以凡是人才出頭，都可以叫龍抬頭；又剛好是在一年之始的仲春二月，人才服務社稷蒼生，必以道德善念為本，無巧不巧，最為人所崇拜的道德標竿土地公生日，剛好在二月二日，於是就稱為「二月二，龍抬頭」確是有無比振奮人心之意。

　　以蒼生社稷為念，愛民如子的龍，其實也是會遭受委屈的。相傳唐武則天之時，因為激怒玉皇大帝，下旨四海龍王三年內不能降雨澤被人間，於是漸漸產生旱象，人民苦不堪言。悲天憫人的玉龍得知此情，乃暗中降雨紓解民困。未料，因此得罪玉帝，將之貶下人間，壓在大山巨石之下，刻碑警告云：「玉龍降旨犯天規，當受人間千秋罪；若想重登靈霄閣，除非金豆開花時。」

百姓為感龍王救命之恩，想盡辦法援救，最後發現玉豆在陽光下燦爛無比，好像金豆開花，終於使得龍王抬頭，就是所謂的龍抬頭。正顯示了古代仁愛的政治以及朝野善意的互動，值得我們深思。

二月二，龍抬頭，也是鼓勵青年學子上進的標竿。客家歌謠〈十二月古人〉的「二月裡來龍抬頭，小姐南樓拋繡球；繡球打在呂蒙正，蒙正寒窗正出頭。」講的就是鼓勵年輕人努力上進的故事，由一介貧民，在寒窯苦讀，最後終為宋朝宰相，其間的艱難困苦，挫折橫逆，磨練成堅強的意志，因而展現了生命的光輝，是最好的生活教育，值得我們學習。

人間自有臭靈丹　何必神仙來下凡

ngin∨/- gien∕/∖ cii-/+ iu∕/rhiu∖ cu-/chiu∨ lin∨/- dan∕/∖

ㄤ丨ㄣ∨/- ㄍ丨ㄢ∕/∖ ㄑ-/+ 丨ㄨ∖/ㄖ丨ㄨ∖ ㄔㄨ-/彳丨ㄨ∨ ㄌ丨ㄣ∨/- ㄉㄢ∕/∖

人　　間　　自　　有　　臭　　靈　　丹

ho∨/- bid∖/- siin∨/shin- xien∕/sien∖ loi∨/- ha∕/∖ fam∨/-

ㄏㄛ∨/- ㄅ丨ㄉ∖/- ㄙㄨˇ∨/ㄗ丨ㄣ- ㄒ丨ㄢ∕/∖ ㄌㄛ丨∨/- ㄏㄚ∕/∖ ㄈㄚㄇ∨/-

何　　必　　神　　仙　　來　　下　　凡

　　民國九十二年美伊之戰，烽火連天，巴城浩劫，死傷枕藉；又逢SARS肆虐，全球已有數百人死亡，罹患者尚不計其數，可見這種傳染病一時之間，可能仍然無法完全撲滅，且目前亦無法洞見病因，但在傳統諺語裏，今年的烽火與瘟疫，多在預料之中，預防的方法，亦並非全無。所謂「人間自有臭靈丹，何必神仙來下凡」，指的就是蒜頭。

　　這是指有許多事情是可以預防的，同樣農曆四月的北風，和七月初一、十五的風雨，是水災的警訊：農曆三月的北風和八月的雷聲，是旱災的徵兆，所謂「八月雷聲發，大旱一百八」，九十年和九十一年的旱災已領教過了，而八月的雷聲和十二月的雷聲，更是烽火與瘟疫的預警，北方諺語云：「八月一聲雷，遍地都是賊」，再者九十和九十一年的農曆八月，都響起了雷聲，導致美國攻打阿富汗與依拉克，見諸伊民陷於水火，巴城失控，醫院爆滿，傷患塞途，山河景物全非，文明古物洗劫一空，而炮火仍在隆隆，豈非「八月一聲雷，遍地都是賊」？

至於冬雷更是可怕。所謂「雷打冬，十個牛欄九個空」、「十二月打雷，豬仔毋使捶」、「冬裏雷、屍成堆」。民國八十五、八十六、八十七連續三年冬天打雷，結果八十六、八十七、八十八連續三年口蹄疫蔓延，活埋了數百萬頭的豬隻，豈非屍成堆？真是令人不寒而慄！而去年(九十一年)冬天也打雷，結果今年兵變肆虐，死傷近萬，再加上 SARS 流行，世界各地紛傳死傷，各行各業生計受挫，旅遊業亦哀鴻遍野，許多民眾紛紛戴口罩以預防，無不小心謹慎，處處提防。由此可以警覺到：聞雷雨知瘟，防瘟之道則要多吃蒜。

　　所謂「藥補不如食補」，吃蒜就是最好的食補。俗語說「正月蔥、二月蒜、三月韭」，三者是最好的當令食物，而在惡毒的農曆五月要吃蒜，看來，在 SARS 流行時，時時都要吃蒜了。吃蒜防瘟，是來自八仙呂洞賓的故事。

　　傳說唐時，瘟疫橫行，死傷甚眾。呂洞賓不忍，下凡來到人間，普渡眾生。見一人高唱山歌：「打隻鼓仔咚咚咚，行到西來行到東；身邊帶有臭靈丹，一年四季無病痛。」一口渴，就猛喝江水，呂洞賓見狀，便阻止他，說：「所有河水、江水，都有毒，不可以喝。」可是，他還是不聽，不管如何勸，那人總是不聽勸告。呂洞賓擔心他肚子痛，便一直觀察他。許久之後，他從袋中拿出東西來，塞到嘴裏，一陣臭味撲鼻而至，原來是蒜頭！呂洞賓見狀一驚，便說：「人間自有臭靈丹，何必神仙來下凡。」於是，一傳十，十傳百，全民紛紛爭食蒜頭，不旋踵間，瘟疫果然無影無蹤，呂洞賓欣然色喜，駕起祥雲，凌空揚長而去。

　　正是：冬雷可知瘟，防疫多食蒜。「蒜仔」一出，誰與爭鋒？

【2003-07-客家雜誌/ 157 期】

三十二條花街路　條條做出好文章

sam╱/╲　siib-/shib╲　ngi-/+　tiau╲/-　fa╱/╲　　gie╱/gai╲　lu-/+
ㄙㄚㄇ╱/╲　ㄙㄣ-/ㄕ丨ㄅ╲　ㄤ丨-/+　ㄊ丨ㄠ╲/-　ㄈㄚ╱/╲　ㄍ丨ㄝ╱/ㄍㄞ╲　ㄌㄨ-/+

三　　十　　二　　條　　花　　街　　路

tiau╲/-　　tiau╲/-　　zo-/╲　cud╲/chud-　ho╲/╱　vun╲/-　zong╱/zhong╲
ㄊ丨ㄠ╲/-　ㄊ丨ㄠ╲/-　ㄗㄜ-/╲　ㄘㄨㄉ╲/ㄔㄨㄉ-　ㄏㄜ╲/╱　ㄇㄨㄣ╲/-　ㄗㄜㄥ╱/ㄓㄜㄥ╲

條　　條　　做　　出　　好　　文　　章

──元宵節　才是傳統婦女節

　　一直以來，大家都認爲三月八日是婦女節，其實，根據民間口傳的說法，明天元宵節或許才是傳統的婦女節，爲什麼呢？

　　所謂「三十二條花街路，條條做出好文章」，就是指由燈籠裝飾成晶瑩亮麗的元宵節。

　　元宵節在正月半，慶祝活動至爲繁多。首先就是迎花燈，燈與丁古（客）音相諧，迎花燈即新丁之意。當日，母親多會送已婚女兒花燈，以望其早日添丁之意；鼓勵未婚女兒與嫂嫂去賞花燈，盼望其能見有情人，故有所謂的「姑嫂看燈」，從一更天看到五更天，看看龍鳳與鴛鴦，才子與佳人的故事。一年到頭，無非在元宵夜晚最詩情畫意，是婦女最快樂、許願最多的夜晚。

　　除了看花燈，還可猜燈謎，如這首「有圓有扁有四方，鐵拐絲線在中央；三十二條花街路，條條做出好文章」的客家謎語，謎底就是花燈。花燈，一定要點燈，才有希望，所謂「燈籠恁靚愛點燈，小姐

恁靚愛笑容」才更容易月上柳梢頭，人約黃昏後，元宵節不只是婦女節，更近乎情人節了。

為了實現婦女的願望，更有「正月半偷拔蔥，將來嫁個好老公」的諺語。拔蔥，恐係來自偷青，相傳孟姜女萬里尋夫，夜裡飢餓難耐，拔取菜蔬充饑，後世女子同情其遭遇，亦偷青表其憐憫之心，因而有偷青、采青、拔蔥等民俗活動。「玉兔引路去偷青，偷了青蔥人聰明」，所謂的偷，其實是故意放在顯眼處，讓人自取，非真正有偷之意，為了諧音，蔥可以「聰」明，可以嫁個好老公之意，無非表現著傳統女性的內心世界。因此，多采多姿的元宵夜晚，更是期盼芸芸眾生都能百福駢臻，千祥雲集，多少的民間傳說或文學作品等，多少都與美麗元宵夜晚有密切關係。

第二個傳統婦女節，恐怕就是正月二十的天穿日，這是紀念女媧煉石補天的日子。女媧摶土為人，煉石補天拯救生民這偉大功績，一直流傳至今。這天，早期客家人多會休息一天，所謂「有賺無賺，總愛尞天穿」可惜此風已日漸式微，真正值得敬佩的婦女，反被人所遺忘。真擔心有一天，南韓也將女媧列為韓國人，將天穿日申請為世界文化遺產，再來重視傳統文化，就來不及了。

元宵與天穿，或許是傳統的婦女節也不一定，值得探討。

【2008-02-21/聯合報/民意論壇】

三十暗晡不如狗　毋當食齋念彌陀

sam╱╲　siib-/shib╲　am-/╲　bu╱╲　bud╲/-　i╲/rhi-　gieu╲/╱
ㄙㄚㄇ╱╲　ㄙㄣ-/ㄕㄧㄅ╲　ㄚㄇ-/╲　ㄅㄨ╱╲　ㄅㄨㄅ╲/-　ㄧ╲/ㄖㄧ-　ㄍㄧㄝㄨ╲/╱

三　十　暗　晡　不　如　狗

m╲/-　dong-/╲　siid/shid╲　zai╱╲　ngiam-/╲　mi╲/-　to╲/-
ㄇ╲/-　ㄅㄛㄥ-/╲　ㄙㄣㄅ/ㄕㄧㄅ╲　ㄗㄞ╱╲　ㄫㄧㄚㄇ-/╲　ㄇㄧ╲/-　ㄊㄛ╲/-

毋　當　食　齋　念　彌　陀

————年初一做麼介愛食齋？

「三十暗晡不如狗，毋當食齋念彌陀」，是一首失望至極，化苦為甘，外冷內熱，感情昇華，自求多福的諷世諺語。意指喜氣洋洋、熱鬧滾滾的年三十晚上，雖然貴為兒媳盈庭、子孫滿堂的父親尊長，竟然被冷落得無法享受天倫之樂，其地位竟然不如一條狗，傷心之餘，只好出家吃齋唸佛，遠離凡塵算了！徒然留下子孫年節的無限遺憾。

我國向來重視天倫之樂，尤其是一年最大的節日，過年與除夕，所謂三十暗晡，更是充滿溫馨幸福，和樂安詳，熱鬧團圓的日子，家家戶戶莫不團聚圍爐，吃年夜飯，發壓歲錢，放鞭炮，貼春聯，少者孺慕尊親，長者含飴弄孫，年少夫妻更加甜蜜，老年夫妻更感溫馨，真是天增歲月人增壽，春滿乾坤福滿門。只是，人間不如意事十常八九，三十晚上不見月，星星也黯然，只聽鞭炮聲音震九州，幾家歡樂幾家愁；幾家團圓圍爐熱，幾家寂寞鯁在喉。

傳說有一五兄弟之家，各自獨立生活，到了年三十晚上，依例是要請老父吃年夜飯，但老大忙碌不堪，以為老二會請老父，老二又以為老三會請老父，老三老四老五也都是這種想法，竟然都沒請父親共享年夜飯，留下老爸一人獨守老家，倚門盼望，面對冷鍋死灶，唯聞天籟蟲鳴，夾以鞭炮之聲，左等右等，竟然無一子女前來相請吃年夜飯，直到戌時，才看到幾個孫子蹦蹦跳跳來到公廳，見到阿公，阿公心中轉悲為喜，以為是孫子來請吃年夜飯了。豈知孫子玩得挺開心，毫無相請之意，當下覺得不太對勁，便問：「乖孫子啊，你們吃飯了沒有？」孫子大聲地說：「什麼時候了，還沒吃飯？連我們家那條大黃狗都吃得很飽呢！」阿公聞言，如鯁在喉，頓時之間，說不出話，手中紅包竟滑落在地。隨即關好房門，上床入睡，豈知輾轉反側，難以入眠，幾番思潮如波濤起伏之後，眼睛突然一亮，彷彿看見莊嚴古寺，巍然屹立；彷彿聽見木魚彌陀，鐘磬梵音隱隱傳來，愈近愈是明晰，於是決然有出家之念。

　　第二天早晨，子女媳婦們才想到了老爸，紛紛回家探望，豈知早已人去樓空，不見父親蹤影，到處尋找，也不見下落，卻在房中看見一張字條，上面寫著：「三十暗晡不如狗，毋當食齋念彌陀」下面又寫著：「錢多無錢使，子多餓死爺，始吾不信，今信之矣！」

　　眾多子女看了，莫不悔恨交加，難過莫名，雖然繼續到處尋找，始終未見蹤影，為了自省懺悔，以贖不孝罪愆，於是便下定決心，從此以後，每年初一必吃齋一天，以期減輕不孝之罪。影響所及，年初一吃齋則漸漸蔚為風尚矣。

【2005-2／客家雜誌／176期／頁36】

毋到黃河心毋死　到了黃河死了心

m∨/-	do-/∨	vong∨/-	ho∨/-	xim✓/sim✓	m∨/-	xi✓/si✓
ㄇㄩ∨/-	ㄉㄛ-/∨	ㄎㄥ∨/-	ㄏㄛ∨/-	ㄒㄧㄇ✓/✓	ㄇㄩ∨/-	ㄒㄧ✓/✓

毋　　到　　黃　　河　　心　　毋　　死

do-/∨	liau✓/✓	vong∨/-	ho∨/-	xi✓/si✓	liau✓/✓	xim✓/sim✓
ㄉㄛ-/∨	ㄌㄧㄠ✓/✓	ㄎㄥ∨/-	ㄏㄛ∨/-	ㄒㄧ✓/✓	ㄌㄧㄠ✓/✓	ㄒㄧㄇ✓/✓

到　　了　　黃　　河　　死　　了　　心

「毋【不】到黃河心毋【不】死，到了黃河死了心」。係指堅定信念，絕不氣餒，意志集中，力量集中，一路走來，始終如一，不達目的，絕不終止，縱使軀殼已死，但精神猶在，不到黃河，絕不死心。

傳說古代有名的壽星，名叫彭祖。活了八百多歲，仍然想要長生不老，四處焚香求壽，爲了表示自己是八百長春的壽星，因此很喜歡做生日。有一次，在八百八十多歲做生日的時候，剛好有一位風姿綽約的妙齡少女在外面經過，見到彭府這家熱鬧滾滾，喜氣洋洋，便駐足相問，怎麼如此熱鬧，當她聽到說是八百歲的彭祖做生日時，忽然哈哈大笑，說：「小孩子呀！做什麼生日？」

彭祖聞訊，著實吃驚，以爲是高人造訪，趕緊出門迎客，當他發現是一位少女時，不免輕視，便說：「你才幾歲？說我是小孩子！」

少女說：「我也不知道幾歲，但是，我曾三見滄海化爲桑田，桑田化爲滄海，你呢？」

彭祖說：「小丫頭，別講大話了，想當年你外婆出嫁時我還給她請呢！」

少女說：「別哄我了，你要知道，黃河的水清我也看過好幾次了！」

彭祖說：「請問，黃河的水多久才清一次？」

彭祖雖然活了八百多歲，可是，卻不知道黃河的水幾年才清一次，當這位小姐告訴他，黃河的水一千年才清一次時，彭祖頓時謙虛起來，拜託她是否可以等到下次黃河水清時帶他去看。因此，便下定決心，非看到黃河水清不可，小姐說：「可以呀，再過一百多年，我就來帶你去看黃河水清。」彭祖又請教她的大名，才知道他是鼎鼎大名的麻姑。

一百多年以後，黃河的水清了。麻姑如約前來，卻找不到彭祖，問了許久，才從一位老者口中得知彭祖已死去一百多年了。原來，彭祖死的時候，極不甘心，一直念著：「不到黃河絕不死心，不看到黃河水清，心絕不死！」因此，他的人雖物化，心卻仍然跳動不停。麻姑為了完成他的心願，特別帶著彭祖的心，騰雲駕霧去看黃河水清，彭祖終於看見一千年才清一次的黃河，如願以償，高興之餘，心跳戛然而止。麻姑一時驚訝，不慎將彭祖的心掉入滾滾黃河之中，不料黃河卻變一片渾濁，再也不會清了。彭祖「未見黃河，心絕不死；到了黃河，才死了心」。

因此，後人便說：「毋到黃河心毋死，到了黃河死了心。」

【2003-06/客家雜誌/156期/頁49】

打斗米粢　無好送滿姨
打斗米粽　滿庄有好送

da ㄅ/ノ	deu ㄅ/ノ	mi ㄅ/ノ	qi∨/ci-	mo∨/-	ho ㄅ/ノ	sung-/∨	man /ㄅ	i∨/rhi-
ㄅㄚㄟ/ノ	ㄅㄝㄨㄟ/ノ	ㄇ1ㄟ/ノ	ㄑ1∨/-	ㄇㄛ∨/-	ㄏㄛㄟ/ノ	ㄙㄨㄥ-/∨	ㄇㄢ/ㄟㄟ	1∨/ㄖ1-
打	斗	米	粢	無	好	送	滿	姨

da ㄟ/ノ	deu ㄟ/ノ	mi ㄟ/ノ	zung-/∨	man ㄟ/ノ	zong /ㄟ	iu /rhiu ㄟ	ho ㄟ/ノ	sung-/∨
ㄅㄚㄟ/ノ	ㄅㄝㄨㄟ/ノ	ㄇ1ㄟ/ノ	ㄗㄨㄥ-/∨	ㄇㄢㄟ/ノ	ㄗㄛㄥ/ㄟ	1ㄨ/ㄖ1ㄨㄟ	ㄏㄛㄟ/ノ	ㄙㄨㄥ-/∨
打	斗	米	粽	滿	庄	有	好	送

「打斗米粢，無好送滿姨；打斗米粽，滿庄有好送」，是指同樣多份量的米，製成不同的粢粑和米粽兩種食品，結果做成的粢粑，連最親近的阿姨都沒有分到，可是，做成的粽子卻全村的人都享受得到。意即有善於利用資源，分配資源，深入體會米食的特性，何時宜粢，何時宜粽，是環保的參考，待客的指針。

粢粑，是客家重要美食之一，早期舂製過程，極為辛苦。是將糯米放入臼中，由兩名壯碩男子雙手持杵，依序搗向臼中，舂製而成。由於粢粑黏性極強，凡是由臼中之粢粑移至另一容器時，實在無法全數移出，必有耗損，於是，如要將粢粑一一分送親朋好友，實在不好分配。黏這黏那，窒礙甚多，何況還要加配糖與花生粉等，不是多就是少，等到要分給阿姨時，竟然不夠了，實在尷尬。

至於米粽，也是糯米製成，作法有多種，但過程不必如此大費周章，有的是由浸製的糯米與配料直接包好，放置大鍋中煮而成；有的

是由糯米配料先炒過一遍，再蒸而成，不論哪種方法，均會發現過程較為簡單，而且除了糯米之外，還有許多豬肉蝦仁等配料，同樣的糯米，所製成的米粽，不但沒有任何耗損，反而有增無減，竟然數量甚多，一一分送親朋好友，還有剩餘，竟然還可分送全村的人共同享用。粽子，竟是如此經濟實惠的食物，難怪郊遊旅行帶粽子出門，準是萬無一失。

　　同樣份量的糯米，所製成的粢粑與粽子，其數量竟然有如此截然不同的結果，對於如何節約資源，或者商業之經營，如何降本求利，精打細算，在怎樣的情況之下獲利最多，在怎樣的情況之下，可以一本百利，粢粑或粽子，無疑是一個很好的啟發。

　　儘管客家人對於糯米的成本效益如此洞燭機先，理應多用粽子請客才是，但我們在婚喪喜慶宴會時，所看到的竟然全是用粢粑當點心來請客的，以成本言，是最不符合利益的，客家人卻偏用這不符成本效益的方式請客，實在是一個好客的客家，一般的刻板印象，卻批評客家人吝嗇小氣，真的如此嗎？

　　打斗米粢，無好送滿姨；打斗米粽，滿庄有好送，但我們還是寧願用最辛苦製成的粢粑，那又香又嫩又熱的粢粑來請客，儘管那是最不符合成本，但當我們聽到「粢粑好食磨難挨，哥情恁重妹難才亥」的歌聲時，就會體會到用粢粑請客的情深義重。

【2007-12-31／行政院客委會／哈客語言館】

吂種瓜 先搭棚　吂降徠仔 先安名

mang∨/-　zung -/zhung∨　gua↙/↖　sen↙/↖　dab↖/-　pang∨/-

ㄇㄤ∨/-　ㄗㄨㄥ -/ㄓㄨㄥ∨　ㄍㄨㄚ↙/↖　ㄙㄝㄣ↙/↖　ㄉㄚㄅ↖/-　ㄆㄤ∨/-

吂　種　瓜　先　搭　棚

mang∨/-　giung-/∨　lai-/∨　e↖/er-　sen↙/↖　on↙/↖　miang∨/-

ㄇㄤ∨/-　ㄍㄧㄨㄥ-/∨　ㄌㄞ-/+　ㄝ↖/ㄜ-　ㄙㄝㄣ↙/↖　ㄛㄣ↙/↖　ㄇㄧㄤ∨/-

吂　降　徠　仔　先　安　名

「吂種瓜先搭棚，吂降徠仔先安名」，意指為人處世，未能按部就班，大處著眼小處著手，把握重點，循序漸進，而操之過急，好高鶩遠，不知輕重緩急，好比尚未種瓜，先搭棚架，未生小孩，先取其名，徒留笑柄。

每年春暖花開，鳥語花香之際，正是插秧播種、栽瓜種豆的時節，一般種瓜，多是先將種子準備好，然後鬆土挖陷，播下種子，再覆之以土，以俟其生長，一旦瓜苗破土而出，則每日細心培壅沾溉，檢查是否有蝸牛昆蟲，噬其幼苗，觀其漸成藤蔓，再插竹枝供其攀援，然後就其地理形勢搭上瓜棚，提供其生長依靠的空間，順勢引導，使藤蔓於瓜架上四處伸展，直至其開花結果，此為種瓜搭架之順序，若不此之圖，全力用於先搭瓜架，卻疏於瓜子之栽種，恐怕瓜架雖然搭得富麗堂皇，始覺瓜種之未播，瓜苗之未生，如此本末倒置，錯失天時，殊為可惜。

話說有一位小姑，見其嫂嫂頻頻懷孕，連連生育，以致幼稚盈室，乃向其質疑：「你生了那麼多小孩，取了那麼多名字，等我以後生小

孩，還有什麼名字可取呢？」嫂嫂則戲謔的說：「你何不將嬰兒命名爲阿 diang（ㄅㄧㄤ）呢？」小姑聽了，至爲欣喜，謹記在心。到了出嫁之日，下轎之時，突然看見新郎戴的帽子歪歪斜斜的，極爲有趣，便噗哧一聲笑了出來。古代新娘大多低頭不語，不料這位新娘卻是如此落落大方，與眾不同，眾貴賓也跟著大笑，新娘見眾人跟她笑，洋洋得意的說：「汝笑毋知，我笑知呀！」（你們笑不知其所以然，我笑卻是知其所以然啊！）眾人便問新娘爲什麼？新娘說：「喔，我笑我那阿 diang（ㄅㄧㄤ）的叔叔，帽子戴得歪歪斜斜的。好好玩喔！」滿座賓客皆不知阿 diang 是誰，面面相覷，很是好奇的問，最後，新娘才哈哈大笑的說：「阿 diang（ㄅㄧㄤ），就是我肚子裡的嬰兒啦！哈哈！」

　　冇種瓜，先搭棚，當然並無不可，只是物有本末先後，依序而行，可以不失時，而事半功倍；未生小孩，先取名字，當然也不是有何大錯，只是尚不知何時生，或者是男是女，都是未定之天，一旦嬰兒降生再取名也並不嫌遲，二者都在說明事情之先後次序，有輕重之分，毋需操之過急，事情之重要有更甚於搭棚取名者也。

【註】
冇：未之意。
降：降生之意。詳見臺北市立教育大學應用語文學報第八號＜客語生子為降子考＞
徠仔：兒子，語見《竹莊詩話》卷九：「種松得徠子。」為蘇軾所作。
【2007-07/客家雜誌/ 205 期/頁 72】

石崇豪富蓋天下　　毋當范丹一扇帡

sag-/㇟ qiung∨/ciung- ho∨/- fu-/㇟ goi-/∨ tien∕/㇟ ha-/+
ㄙㄚ-/㇟ ㄑㄩㄥ∨/ㄍㄧㄨㄥ∨/- ㄏㄛ∨/- ㄈㄨ-/㇟ ㄍㄛㄧ-/∨ ㄊㄧㄢ∕/㇟ ㄏㄚ-/+

石　　　崇　　　豪　　　富　　　蓋　　　天　　　下

m∨/- dong-/∨ fam-/+ dan∕/㇟ id∖/rhid- san-/shan∨ pin∨/-
ㄇㄨ∨/- ㄉㄛㄥ-/∨ ㄈㄚㄇ-/+ ㄉㄢ∕/㇟ ㄧㄉㄟ/ㄖㄧㄉ- ㄙㄢ-/ㄕㄢ∨ ㄆㄧㄣ∨/-

毋　　　當　　　范　　　丹　　　一　　　扇　　　帡

「石崇豪富蓋天下，毋當范丹一扇帡」，意旨晉朝石崇雖然富甲天下，可是其評價卻不如貧窮女婿家中所掛的橫帡，橫帡就是所謂的八仙綵，八仙綵的價值為何能勝過石崇的萬貫家財呢？其實就是德本財末，人本物末，誇奢鬥富不如積德行善之故。

　　古時有位范丹，雖然家貧如洗，卻溫良恭儉，道德高尚，始終如一，不以己之貧困自怨自艾，不以己之失意憂愁喪志，反而更為勤懇務實，善體天心，期盼天下人人富有，不要有人貧窮。如果能夠天下人人富有，即使自己一個人貧窮也沒有關係。因此在拜伯公（土地公）的時候，儘管人人都祈求升官發財，而范丹卻向土地公許願：「但願天下人人富，毋怕范丹一人窮」其赤貧天下，卻赤忱溫暖蒼生社稷，丹心昭如日月群星，德行高尚有如此者。

　　石崇有個女兒，剛好新寡，賦閒在家，眼看外面青年男女成雙成對，不禁春心蕩漾，而有結婚之意。其父不悅地說：「不是為父不讓你結婚，實在是你已結婚九次了，又死了九個丈夫，怎能再結婚啊？」可是女兒卻一心願效比翼雙飛之樂，執意再嫁，說：「父親豈不知，

昔者齊桓公一日無妻，便覺人生無趣，而女兒也是一樣，一日無老公，做事懶得動啊。」其父無奈便說：「好吧！我給你一匹馬，你策馬南行，途中不可停留，直待此馬停下來之時，便可遇見你要結婚的對象，屆時只要你喊三聲，『你給我做老公好嗎？』就可以完成你的心願。」

其女依計而行，馬兒向南走了大半天，來到一口大陂塘邊，馬兒倏然而止，石崇之女覺得奇怪，也就跳下馬。看到池塘有個人在游泳，於是，欣然色喜，大叫三聲「小阿哥，你給我做老公好嗎？」塘中游泳的男子，正是衣不蔽體的范丹，聽到有人在陂塘邊高喊要委身下嫁，著實大吃一驚，抬頭一看，岸邊問話之人，正是亭亭玉立的美女，此時好不尷尬，再看旁邊一匹馬正在嚼食著東西，便大叫「不好了，你的馬把我的衣服吃掉了！」 原來范丹家中貧寒，四壁蕭然，無衣無褐，以稻草為衣，游泳之前把它置於岸邊，如今已被小姐的馬吃掉了，怎麼辦呢？小姐便將披在身上的外衣丟給范丹，范丹上岸，兩人相見。小姐說明來意，范丹家貧不敢貿然應允，便婉言推辭，小姐心意已決，何況范丹尚未娶妻，只好答應，於是二人便相偕返家。

此時，八仙屈指一算，得知范丹已娶得如花美眷，不忍平日樂善好施的范丹在大喜之日顯得寒酸，因此，連夜派了天兵天將，為范丹夫妻蓋了一座美輪美奐的新屋宅第，亮麗耀眼，煥然一新。為了增加喜氣，特別又製作了一幅金碧輝煌的橫幡（八仙綵），掛於中門橫楣之上，又請仙女演奏八音，鐘鼓清音，流水行雲，絲竹悅耳，一時之間，喜氣洋洋，從此以後，客家人每逢喜慶宴會，都不會忘記掛上八仙綵，並播放八音，其實是源遠流長，意義深遠的。

石崇之女見狀，不解的說：「誰說范丹貧窮？比我父親還要富有呢！」 其父得知范丹家中有如此富麗美妙的橫幡，心中竊喜，很想據為己有，又不敢強行索取，便託言相借，帶回府中以向賓客炫耀，誰知一旦掛上，竟暗淡無光，寂然無聲，聽不到任何清脆八音仙樂，滿座賓客愕然，石崇慚愧不已，只好完璧送還。未料，掛在范丹府上，

則又重現鐘磬玉音，清脆悅耳，飄然遠聞，消息於是流傳開來，使得天下皆知「石崇豪富蓋天下，毋當范丹一扇帲。」

　　果然，石崇之金谷宅第，已為禾黍陳迹，功名富貴亦成煙灰塵土；但范丹之橫帲，卻永遠耀然於客家喜宴之上，不是「石崇豪富蓋天下，毋當范丹一扇帲」？

【註】
毋當：不如之義。
帲：就是八仙綵。
石崇：是晉朝巨富。

【2005-01/客家雜誌/175 期/頁 70 -71】

但願天下人人富　毋怕范丹一人窮

dan-/+　ngien-/+　tien╱/╲　ha-/+　ngin∨/-　ngin∨/-　fu-/∨

ㄉㄢ-/+　ㄫㄧㄢ-/+　ㄊㄧㄢ╱/╲　ㄏㄚ-/+　ㄫㄧㄣ∨/-　ㄫㄧㄣ∨/-　ㄈㄨ-/∨

但　願　天　下　人　人　富

m∨/-　pa-/∨　fam-/+　dan╱/╲　id╲/rhid-　ngin∨/-　kiung∨/-

ㄇ∨/-　ㄆㄚ-/∨　ㄈㄚㄇ-/+　ㄉㄢ╱/╲　ㄧㄉ╲/ㄖㄧㄉ-　ㄫㄧㄣ∨/-　ㄎㄧㄨㄥ∨/-

毋　怕　范　丹　一　人　窮

———土地公生日 記住積德才有福

「但願天下人人富，毋怕范丹一人窮」是講范丹拜土地公的故事。

相傳古時有位積極上進的青年，感天動地被封為土地公，上帝問他有何政見？他說願全天下的人民，個個都豐衣足食，人人富有，因而榮膺新職。無獨有偶的，後來也有一個范丹，在祭祀土地公時，不求神明保佑自己，只盼庇蔭天下人民，能夠大家富有，我一人貧窮又何妨，就是所謂的「但願天下人人富，毋（不）怕范丹一人窮。」這真是何等胸襟，這才是土地公生日最重要的意義和積極的內涵。

無怪乎後來，范丹在自助天助下，也擁有新屋豪宅，神仙特別贈送他橫帡（八仙綵），民間還歌頌他「石崇豪富蓋天下，毋當（不如）范丹一扇帡」，正是積財不如積德的證明。

福德正神的意義，是積德才是有福的，他們大多經過艱苦的環

境，無數的挫折，也秉持一貫仁愛的理念，為民服務，才是永恆的。因此，二月二，又是所謂「龍抬頭」的日子。龍抬頭是指一條以蒼生社稷為念的龍，違逆了上帝三年不得下雨的旨意，因而犯了天條，被壓在大山受罪，無法抬頭，人民感戴龍王一片愛心而合力救返天庭，就是所謂「二月二，龍抬頭；大倉滿，小倉流」，積德行善，真的是使人人富有的不二法門。

　　「但願天下人人富，不怕范丹一人窮」，正是土地公最大的抱負，也惟有突破艱難困苦，才能龍抬頭；也惟有龍抬頭才能使天下人人富。今天下之龍，所在多有，盼能展其仁愛胸懷的德慧，使天下人民「十福百福全家福，千春萬春滿堂春」，才是展現親近如「伯公」，福德正神真正的福德光輝。

【2008-03-09/聯合報/A11 版/民意論壇】

路遙知馬力　事久見人心

lu-/+　ieu∨/rhau-　di✓/╲　ma✓/╲　lid-/╲

ㄌㄨ-/+　ㄧㄝㄨ∨/ㄖㄠ-　ㄉㄧ✓/╲　ㄇㄚ✓/╲　ㄌㄧㄉ-/╲

路　遙　知　馬　力

sii-/sii+　giu╲/✓　gien-/∨　ngin∨/-　xim✓/sim╲

ㄙ-/ㄙ+　ㄍㄧㄨ╲/✓　ㄍㄧㄢ-/∨　ㄫㄧㄣ∨/-　ㄒㄧㄇ✓/╲

事　久　見　人　心

「路遙知馬力，事久見人心」，意指路途遙遠的考驗，才知馬匹的耐力是否持久如一。引申於人情世故上，更可以測知事情在年深月久之後，始能了解真正的人心善惡。是如金石之堅，還是蒲柳之脆？是一夕數變，還是千古如一呢？是交友的警語，是處世的指南。

路遙知馬力，不只路遙考驗馬力，同時馬力亦覘測路遙，不是單方的考驗，而是互動的交流；千萬不可自恃財力，暗中助人又刁難對方；一旦時移勢變，優勢盡失之後，卻又落入對方手中；雖然獲得對方回報，但卻受到百般刁難；一旦誤會冰釋，才知道對方正是用其人之道，還治其人之身。二者本可雙贏，奈何：路遙施恩倨傲展其富，馬力報恩銜恨逞其才；不是是非非，湧泉報恩；反而銜怨三年，睚眥必報；才力有餘而中庸溫厚之不足，徒留白璧有瑕之憾也。

這是因洞房誤會而引起的故事。與狗咬呂洞賓不識好人心，如出一轍。

話說富有的范路遙員外，與青衫司馬力結爲兄弟。馬力與梁泉員外之女梁秀英有婚約在先，孰知馬力家道中落，梁泉嫌貧愛富，悔婚

解約，迫其簽退婚書。路遙得知上情，主動邀請馬力回家中居住，並欲協助其完婚，卻不讓馬力知道，反而用刺激的方法，讓司馬力難堪。

范路遙明知馬力失去愛人的痛苦，却託請媒婆至梁家做媒，欲迎娶梁家小姐，還洋洋得意的要馬力裝扮成新郎替他去迎親，馬力迫於在人屋簷下，勉力為之，其實早已忿怒在心。路遙在新婚之夜只顧看書，入夜即來，天明即去，連續三天，與新娘毫無瓜葛；直待第四天晚上，路遙宴請馬力，並將之灌醉，送入新娘間房之中，一夜夫妻團圓，馬力終於娶得如花美眷，了卻平生心願。但路遙為刺激其鬥志，怕他在軟玉溫香之中誤了前程，便佯裝生氣，怒責馬力醉後闖新房，罪不容誅，生米既成熟飯，遂玉成二人好事，馬力以妻子得來不易，感念在心，二人告別路遙，往外發展，奮發圖強。

一日，路遙在洛陽途中遇見鄧金花，二人一見鍾情，旋即定婚。孰料，衙門師爺王其生亦中意金花，素聞路遙古道熱腸，協助馬力完婚，因而修書請路遙讓妻，路遙不允，還語多諷刺，遂因言語惹禍。王其生圖謀報復，遂誣賴路遙與海盜勾結，羅織罪證，繫於獄中，窮途末日，落魄潦倒。

此時，馬力高中狀元，代天巡狩，欲往山東上任，路過洛陽，準備先拜謝路遙。途中，遇金花攔路喊冤，馬力重審此案，洗却路遙冤屈，還其清白。兄弟相見，樂不可支；但馬力却強迫路遙充其馬僮，隨侍在側，前往山東，折磨三年，始放歸故里。但在這三年之中，又替路遙營建豪宅，安頓妻小，暗中協助其建設家園，卻不讓路遙知道；回家還只給路遙微薄的路費，無法成行，卻背後暗中派人喬裝旅客，資助他返回家中。路遙自是怒不可遏，滿腹辛酸。

當路遙返家了解馬力的用心之後，才知是因自己在新婚時刁難他夫妻三夜，而今馬力卻加倍奉還折磨他三年。一片的仁心善意，卻因方法的驚世駭俗，換來了三年的馬僮之苦，果是為人無功，折人有賞？誰說滴水之恩，湧泉以報？誰說君子報仇，三年不晚？令人五味雜

陳，難以言宣。

　　沒有路遙，也就沒有馬力；沒有馬力，也就沒有路遙；值得深思警惕之處亦多矣！真是「路遙知馬力，日久見人心！」可不慎哉！

【註】

1. 本文參考黃秀滿歌劇團「路遙知馬力，日久見人心」戲劇寫成。
2. 宋‧陳元靚《事林廣記》前集九下：「路遙知馬力，事久見人心」。
3. 元‧佚名《爭報恩》一：「則願得姐姐長命富貴，若有些兒好歹，我少不得報答姐姐之恩，可不道路遙知馬力，日久見人心。」
4. 事久：或作日久。

【2005-06/客家雜誌/180 期/頁 50-51】

狗咬呂洞賓　毋識好人心

gieu╲╱　ngau╱╲　li╱╲　tung-╱∨　bin╱╲
ㄍㄧㄝㄨ╲╱　ㄤㄠ╱╲　ㄌㄧ╱╲　ㄊㄨㄥ-╱∨　ㄅㄧㄣ╱╲

狗　　咬　　呂　　洞　　賓

m∨╱-　siid╲╱shid-　ho╲╱　ngin∨╱-　xim╱sim╲
ㄇㄨ∨╱-　ㄙㄅ╲╱ㄕㄧㄅ-　ㄏㄛ╲╱　ㄤㄧㄣ∨╱-　ㄒㄧㄇ╱ㄙㄧㄇ╲

毋　　識　　好　　人　　心

　　「狗咬呂洞賓，毋識好人心」，是一首只求暗中助人，不計別人毀譽；只求達到目的，不惜用激烈手段助人；雖是投桃報李，卻又以牙還牙的傳統諺語。是民族文化的共同遺產，為各族群所習用，尤其客家文化與八仙文化息息相關，說是客家諺語，實際上已深入民心。

　　當我們自己覺得為他人付出了極大的心力與奉獻，不但未得到對方的回報，甚至還引起不悅時，便會深覺委屈而向人訴苦說真是「狗咬呂洞賓，毋識好人心。」這不只是單方的感覺，也許是雙方的深層感觸。因此這句諺語的真諦是指：雙方都在暗中相助，但都無法很周延的站在對方立場和尊嚴設想，以致明珠偏暗投，明月照溝渠。使己之仁心善意蒙塵，未能獲得對方的共鳴，雖是功德圓滿，卻徒留雙方白璧有瑕的惆悵。有二則故事，一是指熱心的呂洞賓，為了救一條狗，結果被救的狗不但未感謝他，還被咬了一口，真的不識好人心。第二是指苟杳(人名)和呂洞賓(八仙之一)兩個人，他們相互幫助卻又不願被對方知道的故事，蘊含著許多令人反思自省的深義。

　　首先是呂洞賓幫助苟杳，不只幫助他讀書求學，也幫助他結婚成

家。只是幫助的方法實在令人難以接受。因爲，他提出要先跟苟杳的新娘同房三夜的條件來助他完婚。這對苟杳而言，真是奇恥大辱，但爲了兩全其美，只好忍氣吞聲的答應了。但心中對呂洞賓則深懷恨意，而且這恨意一直持續很久。後來才發現，原來呂洞賓不過是試探他考驗他而已，根本未與新娘有任何逾禮犯義的行爲，才體悟出呂洞賓的用心良苦。怕他因新婚燕爾而誤了前程，於是就真正下定決心，努力攻書，終於功成名就，新官上任，完成了呂洞賓的期許，這與張儀送蘇秦西進，馬力代路遙扮新郎的用心如出一轍。真如客諺：「火愛人燒著，人愛人打落」。即便背負了對方懷恨自己的十字架，也要暗助他成功。難怪呂洞賓成爲八仙中男人中的男人，普施義行的代表。人們才會說「狗咬呂洞賓，不識好人心」。其實是指呂洞賓的好心而言。

接著是狗杳幫助呂洞賓，所謂「三十年河東，三十年河西」，等到呂洞賓的房子被燒，家道中落，有求於苟杳之時，苟杳一面對他招待備至，款待有加，一面卻暗中派人去幫他整修房屋，修建豪宅，但始終不當面拿出銀兩資助呂洞賓，甚至都不給分文做路費，以致他憤憤不平的回家。更要不得的是，還派人送棺木到呂家，詆稱洞賓急病而死，使其妻傷心欲絕。等到呂洞賓打開棺木，看到了「苟杳毋係負心郎，路送銀錢起屋場；汝分吾妻守空房，吾分若妻嗷斷腸。」的字條和一大堆的金子而不是屍體時，才恍然大悟。原來，苟杳新婚之夜的往事仍然記掛於心，表現了心中的不滿，但還是慷慨地幫助呂洞賓度過了難關。只是表面不說出而已，真是以其人之道，還治其人之身。

「狗杳呂洞賓，毋識好人心」，不是單方的對錯，而是雙方的是非；他們是中有非，非中有是；好比陰中有陽，陽中有陰一樣；不是截然的對立，而是共體的包容；沒有相知相惜做基礎，是無法如此助人的。呂洞賓難道不能深體苟杳新婚之夜的難堪，苟杳豈不能深體呂洞賓求助的痛苦？但這種難堪卻激起浴火鳳凰的雄心壯志，這種痛苦

反而使之撥雲霧而見青天，豁然開朗的神清氣爽，一生難以忘懷。

　　或許是苟杳體驗得太深了，才會讓呂妻有哭斷腸之舉。外表看起來二人的行爲都是白璧有瑕，人們似乎不太贊同苟杳的抬棺之舉，認爲苟杳的心真是被狗咬了；而我們也常會說好心被狗吃掉了，才會成了「狗咬呂洞賓，不識好人心。」

【2005-03/客家雜誌/177期/頁30-31】

時來風送滕王閣　運去雷轟薦福碑

sii∨/shi-　loi∨/-　fung↙/↖　sung-/∨　tin∨/-　vong∨/-　gog↖/-

ㄙ∨/ㄕ丨-　ㄌㄛ丨∨/-　ㄈㄨㄥ↙/↖　ㄙㄨㄥ-/∨　ㄊ丨ㄣ∨/-　ㄪㄛㄥ∨/-　ㄍㄛㄍ↖/-

時　來　風　送　滕　王　閣

iun-/rhun+　hi-/∨　lui∨/-　fung↙/↖　zien-/∨　fug↖/-　bi↙/↖

丨ㄨㄣ-/ㄖㄨㄣ+　ㄏ丨-/∨　ㄌㄨ丨∨/-　ㄈㄨㄥ↙/↖　ㄐ丨ㄢ-/∨　ㄈㄨㄍ↖/-　ㄅ丨↙/bui↖

運　去　雷　轟　薦　福　碑

「時來風送滕王閣，運去雷轟薦福碑」，是指馬當神風，在一夜之間，將王勃送到七百里外的滕王閣以成美名；饒州惡雷，在半夜裡將書生拓好可售的薦福碑悉數擊毀，更加窮困的故事。

意指謀事在人，成事在天，人意有盡，天意難違，一旦時來運轉，可以飛黃騰達，青雲含笑；時乖運蹇，則落拓沈淪，嗟歎自傷，果真天意主宰一切，人意難以施展雄圖？其實，非也！此處之時，只是指「機會」而已，要積極的利用機會，不可消極的等待機會，更不要悵然的錯失機會。

唐高祖之子李元嬰，在江西南昌蓋了一座瑰偉絕特的滕王閣，名聞遐爾，初唐四傑的王勃，其父受到他的牽連被貶官交阯，王勃正要千里迢迢的前往省親。乘船來到風高浪急，時常險象環生的馬當山下，動彈不得。而明日就是望重四方的閻都府，在滕王閣擺下盛宴款待四方俊秀，來為滕王閣作序的日子。馬當山與滕王閣之間，相去七八百里，一夜之間何能到達？未料，王勃時來運轉，遇一中原水君，仙袂一揮，清風一帆，未到一夜光景，就來到了滕王閣前，參與盛會，

完成了千古傳誦的＜滕王閣序＞，所謂「落霞與孤鶩齊飛，秋水共長天一色」，真是時來風送滕王閣，千秋佳句萬古名。豈非「時」之爲義大矣哉！

　　然亦有時運不濟，運途乖舛總是不如意者，如宋代貧寒書生張鎬，流落江西饒州薦福寺，由於懷才不遇，寺僧爲他拓印該寺的顏真卿碑文，以供其出售獲取盤資（一說是該書生向范仲淹哭窮，范仲淹見他書法根基不錯，便叫他抄寫薦福碑文），誰知當天夜裡，雷聲與閃電交織，狂風與大雨夾擊，竟然將全部碑文擊毀，一片心血，付諸東流，貧困已是莫可奈何，他人資助也成泡影，時衰運敗至此，天道寧論？好比「屋漏偏逢連夜雨，行船又遇打頭風」！豈不悲哉？

　　時來風送滕王閣，奠定一生事業的基礎，而登上了巔峰；運去雷轟薦福碑，使所有心血全部付之流水，境遇堪如雪上加霜。二者看似命運之神的賞賜與捉弄，其實只是良機的偶然降臨與時運的一時不順而已，假使王勃無其文才，則滕王閣前濟濟多士，風送滕王閣又有何益？張鎬才學甚豐，有限之薦福碑被擊毀了又有何損，正是窮且益堅，愈挫愈奮的磨鍊，切莫哀怨歎嗟，以其時之未至也。

　　所謂「天不得時，日月無光；地不得時，草木不長；水不得時，風浪不平；人不得時，利運不通」天地日月尚有不得時之日，何況人呢？故風送滕王閣，時來也；雷轟薦福碑，運去也，何妨沉潛涵泳，積學儲寶，居易以俟命？

【2005-07/客家雜誌/181 期 】

烏貓白肚 值得兩千五
飯匙兩目 值得兩千六

vu↙/↘　meu-/ngiau∨　pag-/↘　du↘/↙

ㄪㄨ↙/↘　ㄇㄝㄨ-/ㄫㄧㄠ∨　ㄆㄚㄍ-/↘　ㄉㄨ↘/↙

烏　貓　白　肚

dad-/↘　ded↘/-　liong↘/↙　qien↙/cien↘　ng↘/↙

ㄉㄚㄉ-/↘　ㄉㄝㄉ↘/-　ㄌㄧㄛㄥ↘/↙　ㄑㄧㄢ↙/↘　ㄫ↘/↙

值　得　兩　千　五

fan-/pon+　sii∨/shi-　liong↘/↙　mug↘/-

ㄈㄢ-/ㄆㄛㄣ+　ㄙ∨/ㄕㄧ-　ㄌㄧㄛㄥ↘/↙　ㄇㄨㄍ↘/-

飯　匙　兩　目

dad-/↘　ded↘/-　liong↘/↙　qien↙/cien↘　liug↘/-

ㄉㄚㄉ-/↘　ㄉㄝㄉ↘/-　ㄌㄧㄛㄥ↘/↙　ㄑㄧㄢ↙/↘　ㄌㄧㄨㄍ↘/-

值　得　兩　千　六

「烏（黑）貓白肚，值得兩千五；飯匙兩目，值得兩千六」。目、六，客語同韻。這是一個飯匙堵（抵償）貓，臨機應變，以智取勝的故事。意指心術不正的人，爲了貪財好色，不惜毒死自己善於捕鼠的黑貓，嫁禍於鄰居，意欲敲詐索賠，進而強占人妻。幸好窮人之女，急中生智，以損壞飯匙爲由，不惟不賠償其黑貓，反欲其賠償價值超

過黑貓的飯匙。有居心不良，難以得逞，因小失大，賠了夫人又折兵的涵義在內。

話說舊時鄉下，有一家財萬貫的員外，由於為富不仁，貪念頻生，偶見鄰居少婦，風韻多姿，便心生邪念，而有染指之意，只是，一直無法得逞。一日，見少婦之夫上山工作，恰逢家中黑貓正在屋裡竄來竄去，突然心生一計：不如將自己家中黑貓打死，然後誣賴鄰居所為，並前往索賠巨款。隔壁係一窮苦人家，那能賠得起，如果賠不起，就逼迫他用妻子來還債，此計豈不妙哉？

於是，一切依計而行，真的是「色」從心上起，惡向膽邊生，黑貓活活被亂棍打死，被棄置鄰居屋後園中。員外佯為前來尋貓，果得死貓，便怒不可遏，盛氣凌人的誣指都居所為，鄰居夫婦向來老實務農，見他來勢洶洶，一時之間，竟也招架不住，只願息事寧人，願意和解賠償，但員外認為：「那有這等便宜之事？我家黑貓，綠眼烏目，善於捕鼠，遠近馳名。只要瞄瞄一聲，便嚇死大老鼠；一跳數步，便撲殺大白兔，真是『烏貓白肚，值得兩千五』，兩千五快快拿來，否則，以你妻子抵償。」

夫婦二人，為了此事愁眉不展，悶悶不樂，聰明女兒見狀，便告訴父親，不必擔心，只須如此如此，便可反敗為勝。原來女兒擇了吉日良辰，請公正人士到家坐陣，並請員外到家吃飯，順便拿回兩千五，同時準備一支破舊飯匙，放在飯甑裡，女兒要員外來看看這傳家之寶飯匙，順便添飯，由於所煮白飯黏性極高，又擠在一堆，稍微一用力，便把飯匙弄斷了，員外以不屑口吻說：「這是什麼飯匙，飯沒裝到就折斷！」女兒見狀，立即趨向前來，要他賠償，財主不但不依，還要索討兩千五。鄰居之女從容不迫的說：「什麼兩千五，先賠我飯匙來；我家飯匙，是別處買不到的。它是家傳祖先遺物，全是桂木製成，可以添飯又添粥，可以煮魚又炒肉，真是『飯匙兩目，值得兩千六』，扣掉貓錢，再還我一百元來。」

條條山歌妹有份　一條無妹唱毋成

tiau ∨/-	tiau ∨/-	san ╱╲	go ╱╲	moi-/∨	iu ╱rhiu╲	fun-/+
ㄊㄧㄠ∨/-	ㄊㄧㄠ∨/-	ㄙㄢ╱╲	ㄍㄛ╱╲	ㄇㄛ1-/∨	ㄧㄨ╱ㄖㄧㄨ╲	ㄈㄨㄣ-/+
條	條	山	歌	妹	有	份

id╲/rhid-	tiau ∨/-	mo ∨/-	moi-/∨	cong-/chong ∨	m ∨/-	sang ∨/shang-
ㄧㄉ╲/ㄖㄧㄉ-	ㄊㄧㄠ∨/-	ㄇㄛ∨/-	ㄇㄛ1-/∨	ㄘㄛㄥ-/ㄔㄛㄥ∨	ㄇ∨/-	ㄙㄤ∨/ㄕㄤ-
一	條	無	妹	唱	毋	成

　　「條條山歌妹有份，一條無妹唱毋成」。係指發乎至情至性的客家山歌，每一首大多會唱到阿「妹」(泛指客家女子)。如果有一首歌沒有阿妹，就好像欠缺了什麼，令人無法引起共鳴，而感到遜色與無味似的。確是充滿著喜唱山歌，抒發性情，男女對唱，以妹為尊，最是兩性平等，哥有意來妹有心，妹愛哥來哥愛妹的涵義在內。

　　客家山歌源遠流長，千百年來，長期陪伴著客家族群過著日出而作，日入而息的生活。為了化解工作的辛苦，在疲累困乏之際，在心煩意亂之時，唱起了情真意厚，積極樂觀的山歌，想那心儀的倩影，嫣然的笑容，頓覺一新耳目，煩慮盡消。所謂：「郎有情來『妹』有心，不怕山高與水深；山高自有人開路，水深自有撐船人。」一切的辛苦，旋即隨清風消逝。

　　情哥想念妹妹，妹妹也想念情哥，可是，母親卻不解風情的叫她做家事，正在無法擺脫家務之際，意中人早已出現在院子，裝做拿著彈弓打那偷食稻穀飛鳥，順便有意無意的向她打招呼，她也隨即向他示意招手，母親覺得有異，便問她在招什麼，女兒怎能說出她的心事

呢？所謂：「哥在窗外打飛鳥，『妹』在屋肚(屋裡)擎(音 kia ∨ /-)手招；阿姆(母親)問吾招脈介(什麼)，做忒(完)針線伸懶腰！」

　　青年男女一起工作，一起休息，情逾手足，愛如兄弟，男的心中有愛，不辭勞苦，迢迢趕路，緊緊相隨；女的心中有情，日盼夜盼，散發清香，等待君來，真是：「花徑處處緣客掃，花朵時時為君開。」如此歡然相聚，情投意合，好像桂花與蜜蜂一樣。所謂：「『妹』比桂花四時開，哥比蜂仔萬里來；蜂仔見花團團轉，花見蜂仔朵朵開。」誰說不是表現了「阿哥有意妹有心，鐵杵磨成繡花針；郎係針來妹係線，針行三步線來尋」的深情？

　　君之惠然肯來，妹子亦正虔誠以待，可別看我年紀雖小，身材不高，卻是嬌美伶俐，情深意濃，如果以貌取人，將會後悔不已，看那桂花雖小，無比清香；辣椒雖小，辛辣無比。所謂：「桂花細細又清香，辣椒雖細辣過薑；人人講『妹』人恁細，人仔細細情較長！」

　　山歌之「妹」，真是無處無之；「妹」於山歌，確是傳唱不絕，歷史上「河溝洗衫劉三妹：勸君毋好逞歌才；自古山歌從口出，那有山歌船載來」的歌聲，技壓群雄，震動千古，正顯現了客家妹子的智慧與才情不讓鬚眉，令人讚歎。

　　古者「先生為姊，後生為妹」，妹者，乃少女之稱，傳承極為悠久，先民期望客家女兒永遠貌美，永遠年輕，又有敬長謙虛美德，故小而稱妹，憧憬無限；老而稱妹，情意彌篤，於是多取名為妹，山歌與妹，已成客家之代稱，可惜如今卻日漸式微，回顧山歌與妹的光榮歷史，豈可不加以珍惜？正是：「客家山歌等出名，條條山歌有妹名；條條山歌妹有份，一條無妹唱毋成。」

【註】細細：小小。　　屋肚：屋裡。　　擎手：音 kia ∨ /-，舉手。

【2000-06/僑苑/32 期/頁 62-63】

割雞拜神上天庭　投胎轉世變成人

god＼/-　gie／/gai＼　bai-/∨　siin∨/shin-　song／/shong＼　tien／/＼　tin∨/-

《ご勹＼/-　《ㄧㄝ／/《ㄞ＼　ㄅㄞ-/∨　ㄙㄣ∨/ㄕㄧㄣ-　ㄙご∠／/ㄕご∠＼　ㄊㄧㄢ／/＼　ㄊㄧㄣ∨/-

割　　雞　　拜　　神　　上　　天　　庭

teu∨/-　toi／/＼　zon＼/zhon／　se-/she+　bien-/∨　siin∨/shin-　ngin∨/-

ㄊㄝㄨ∨/-　ㄊご丨／/＼　ㄗごㄣ＼/ㄓㄛㄣ／　ㄙㄝ-/ㄕㄝ+　ㄅㄧㄢ-/∨　ㄙㄣ∨/ㄕㄧㄣ-　兀ㄧㄣㄣ∨/-

投　　胎　　轉　　世　　變　　成　　人

　　「割雞拜神上天庭，投胎轉世變成人」，這是過年過節前割雞殺鴨時，對著雞鴨所講的吉祥祝福語，意指雞鴨宿命為人所養，既經養大，逢年過節，要感謝天地神明，只好借助你來奉獻犧牲，在臨別之際，也不是無情無義，而充滿著一片惻隱感念之情，今日割雞，實在是不得已的，只盼你在獻身拜神之後，能夠不銜怨懷恨，脫離六道輪迴之苦，投胎轉世而成人。

　　過年過節，祭祀神明，少不了要割雞殺鴨，小時候總是想要看祖母、母親殺雞的情形，然而，始終沒有看見下刀的情景。但，卻聽到她們口中念念有詞的：「割雞拜神上天庭，投胎轉世變成人」「望爾早日離苦難，修成正果好上天」等等對雞鴨就義之前的祝語，便在耳際迴盪，這不是矯情，而是對生命的珍惜與尊重。

　　當我們眼看自己一手養大的雞鴨鵝等，尤其是幾百斤到一千多斤重的神豬，一旦要操刀告別，是不能無動於衷的，常常聽說飼主好幾個晚上都難過得睡不著，這就是赤子之情，人與禽畜之間，還是有深厚感情的。

然而，如今每次經過市場，看著商人毫不猶豫的，從籠子裡抓出一隻一隻不斷掙扎，又叫著咯咯的雞隻，在空中揮舞了幾下，然後丟進了大桶裡，旋轉了一陣，原來活生生的雞早已魂歸離恨天了。生命是那麼地脆弱與不值，其實，這種場景，隨時都在上演，尤其是到了重大年節之際，如此無罪而就死地，獻身人的雞鴨魚肉，真是不可勝數，人可能無法不殺生，只是、與其冷漠視生命如無物，何如也獻上一絲人道的關懷。

【2002-03/客家雜誌/141 期/頁 63】

彭祖八百八　討個餔娘正十八

<table>
<tr><td>pang ∨/-</td><td>zu ヽ/</td><td>bad ヽ/-</td><td>bag ヽ/-</td><td>bad ヽ/-</td></tr>
<tr><td>ㄆㄤ∨/-</td><td>ㄗㄨㄟ/</td><td>ㄅㄚㄉㄟ/-</td><td>ㄅㄚㄍㄟ/-</td><td>ㄅㄚㄉㄟ/-</td></tr>
</table>

彭　　祖　　八　　百　　八

<table>
<tr><td>to ヽ/</td><td>ge-/gai ∨</td><td>bu /ヽ</td><td>ngiong ∨/-</td><td>zang-/zhang ∨</td><td>siib-/shib ヽ</td><td>bad ヽ/-</td></tr>
<tr><td>ㄊㄛヽ/</td><td>ㄍㄝ-/ㄍㄞ∨</td><td>ㄅㄨ/ヽ</td><td>ㄫㄧㄛㄥ∨/-</td><td>ㄗㄤ-/ㄓㄤ∨</td><td>ㄙㄣ-/ㄕㄣ ヽ</td><td>ㄅㄚㄉㄟ/-</td></tr>
</table>

討　個　餔　娘　正　十　八

——秘密爲什麼不可以告訴老婆

　　三五好友，常在一陣風花雪月，逍遙快樂之後，多會跟對方提醒：
「千萬不可以告訴我老婆！」另一個人便接著說：「如果告訴我老婆，
那我就死定了！」把秘密告訴老婆，並不一定會死，但歷史上的彭祖
本是嵩壽長春，與天地不朽的壽星，就因爲他不甘寂寞，娶了太年輕
的老婆，把秘密告訴她，真的就死定了。是什麼秘密那麼重要，一旦
告訴老婆便使他仙壽頓失，他的長壽密笈，功虧一簣，因而遺恨千古，
悔不當初。他，到底把什麼秘密告訴老婆呢？

　　這就是所謂的「彭祖八百八，討個餔娘（妻子）正（才）十八」
的諺語，意指彭祖活了八百多歲，由於年壽太久，許多老婆都死了，
最後，娶了一個如花似玉的十八姑娘。雖是如花美眷，似水流年，鴛
鴦神仙，兼而有之，誰想到這麼年輕貌美的老婆，卻讓他洩漏了天機，
透露了秘密，因而帶來莫大的災厄，走向人生的終點。正是：錢不露
白，妻美惹禍；彭祖得妻，豈可謂「福」？

「人人都說神仙好，只有嬌妻忘不了」即使年登仙壽的彭祖也不能免俗，他多采多姿的一生，共娶了四十九個妻子，生了五十一個子女。可惜這些老婆究竟是凡妻俗骨，無法與彭祖手牽手，心連心；永浴愛河，白首偕老。終究一個一個的花凋露冷，登遐升天了。彭祖好不寂寞，在鴛鴦瓦冷，孤燈挑盡之餘，終於迷上了一位年輕貌美的姑娘，她，才十八歲。

　　這十八歲的姑娘頗得彭祖寵愛，出雙入對，形影不離，甜言蜜語，如膠似漆，彭祖快樂極了，常向人炫燿說：「哈！我彭祖八百八，討個餔娘正十八」。旁人見狀，恨得牙癢癢地，也莫可如何。一位好事者，難掩心中不平之氣，實在看不慣他這種老夫少妻，而且如花似玉，得意洋洋的樣子。

　　一日，利用求神問卜的機會，告訴彭祖的老婆說：「據我算命的結果，你已經做過彭祖好幾任老婆了，但是，命總是不長，你應該要去問彭祖為什麼如此長命，請他告訴你長壽的秘訣，兩人一起長生不老，那才真是既羨鴛鴦又羨仙了，這不是仙凡美事嗎？」

　　彭祖的老婆覺得十分有理，於是就開始追問彭祖長壽的秘密，但彭祖不為所動，始終不肯回答，因為一旦說了，閻羅王馬上就會派陰間使者來緝捕他歸案，那，不就一切都完蛋了嗎？

　　可是彭祖老婆卻不斷的要求他告訴長壽的秘訣。她說：「如果我也能長壽，兩人一起比翼雙飛，誰能比得上我們？」果然，在幾度軟玉溫香，春情繾綣之後，彭祖經不起嬌妻鶯聲軟語，柔情萬千，就把秘密告訴了老婆。

　　原來，彭祖把閻羅王生死簿上的名字撕掉，藏在某個秘密地方，閻羅王派來的陰差使者沒有搜索票，且不知其地址，一直無法捉到彭祖，使得彭祖逍遙法外八百多年。

　　彭祖妻子雖然得知長壽秘密，可是也無法長生不老，還是比丈夫先一步而去。她在陰曹地府心有未甘，便向閻羅王告狀：「閻王啊！

我是彭祖的好幾任老婆，為何他一直都不會死，而我卻死了好幾次，還一直做他的老婆，實在是性別歧視，太不公平了！」於是便一五一十的將丈夫的秘密告訴閻羅王，閻羅王龍顏大喜立即派遣陰差士卒，去捉拿彭祖，因而結束了彭祖福壽天齊的美夢。

彭祖原可與天地不朽，日月長春；只因既娶了十八歲的美女，又炫燿自己"八百八，討個餔娘正十八"接著又把秘密告訴她——洩漏了天機，就死定了。

你，還敢把秘密告訴老婆嗎？

【2004-11/客家雜誌/173期/頁36】

豬來窮　狗來富　貓來著麻布

zu ∕/zhu ＼   loi ∨/-   kiung ∨/-   gieu ＼/∕   loi ∨/-   fu-/+

ㄗㄨˊ/ㄓㄨˋ   ㄌㄛ丨ˇ/-   ㄎ丨ㄨㄥˇ/-   ㄍ丨ㄝㄨˋ/ˊ   ㄌㄛ丨ˇ/-   ㄈㄨ-/+

豬　　來　　窮　狗　　來　　富

meu-/ngiau ∨   loi ∨/-   zog ＼/zhog-   ma ∨/-   bu-/∨

ㄇㄝㄨ-/兀丨ㄠˇ   ㄌㄛ丨ˇ/-   ㄗㄛㄍˋ/ㄓㄨㄍˋ-   ㄇㄚˇ/-   ㄅㄨ-/ˇ

貓　　來　　著　　麻　　布

「豬來窮，狗來富，貓來著麻布」，一般多意指舊時農業社會，家中如果有豬隻貿然而來，必會家道困窮；有狗自遠方來，必然會家道興旺而致富；至於不幸有野貓咪咪而來，象徵家道中衰，事故徵兆，必須加以小心防範。否則，可能導致穿著麻布(喪服)的不幸地步，確是古代慮患防微的先見之明，然而，事實是否真的如此？

為什麼豬來會窮，狗來會富，野貓來會著麻布呢？實在是言人人殊，有人認為豬來是窮的象徵，狗來是富的代表，貓更是不幸的煞星，因而厭惡豬貓，喜歡來狗。甚至冠上了迷信的色彩，誤導了人與動物的關係，與正確的思維方向。其實，如果了解先民們生活的真實背景，就會釋然開朗，而珍惜目前的生活了。原來，在古代農業社會，窮人生活，豈只家徒四壁，簡直以甕為牖，以繩為樞，以席為門，籬笆內外無別，屋前屋後一致，家中無隔宿之糧，廚中更無殘羹飯菜，茅屋采椽，實在不必擔心小偷光顧。只是，山中野豬亂竄，在其果腹之後，處處為家，必須尋找棲身之所，遇到夜不閉戶的窮人家庭，正可穿門而入，遮風避雨，睡他一覺，不是美事一樁嗎？等到天亮，主人起來

發現，滿地污垢凌亂不堪，打掃之不及，豬隻則已逃避無蹤了，這不是真的豬來窮嗎？

至於狗來富，是指狗喜歡到富裕家庭尋找肉食，想那貧寒人家，齋廚索然，那有肉類可以供應？富貴人家則不然，所謂鐘鳴鼎食，朱門酒肉，香味四散，三餐不斷，食客盈門，觥籌交錯，車水馬龍，豪華宴席，豈只酒肉山積，即使殘羹剩肴，亦可供貧者數日之糧。此時，不只貧寒乞丐上門，就是各地狗兒們也聞風而至，以盼望能分杯羹以果腹，不是狗來富嗎？君不見今日餐廳飯店周圍，常有狗兒聚集，就可略窺狗來富的真諦。

俗語說：「那個貓兒不偷腥？」意指貓喜歡腥臭之物，如果居家環境老鼠橫行，鼠疫蔓延，貓兒必見獵心喜，前來覓食，又或家遭不幸，親人死亡，古時尚未有防腐設備，以至屍味四溢，貓兒自循線而至，聚集屋外，伺機掠食，而這家正在服喪期間，多穿著孝服麻布，所以說貓來著麻布。而且各地以及客家民間習俗，喪家往往在親人去世時，都馬上把家貓捕捉關住，避免其對死者有不利行動，對野貓更是加強防範，正可佐證。

豬來窮，狗來富，貓來著麻布，其實是野豬找到貧窮沒有門戶的人家避雨安居，未至之前，人已貧困；狗來富貴人家尋找殘羹敗肴以充飢，未到之前，人已富矣；貓到服喪之家找腥臭味，貓來到府時已著麻布了。三者實指豬狗貓兒的求生覓食本能，以之斷定這家的大致生活情狀，可資警惕勉勵，並非真的豬來會窮，狗來富，貓來會著麻布矣！

【註】

著：穿的意思。

【1998-06/僑苑／28 期／頁 53-54】

戀雞嫲 孵鴨春　戀姐婆 度外孫

ngong-/∨	gie✓/gai＼	ma∨/-	pu-/+	ab＼/-	cun✓/chun＼
兀ㄛㄥ-/∨	ㄍㄧㄝˊ/ㄍㄞˋ	ㄇㄚˇ/-	ㄆㄨ-/+	ㄚㄅˋ/-	ㄘㄨㄣˊ/ㄔㄨㄣˋ
戀	雞	嫲	孵	鴨	春
ngong-/∨	jia＼/zia✓	po∨/-	tu-/+	ngoi-/+	sun✓/＼
兀ㄛㄥ-/∨	ㄐㄧㄚˋ/ㄗㄧㄚˊ	ㄆㄛˇ/-	ㄊㄨ-/+	兀ㄛ ㄧ-/+	ㄙㄨㄣˊ/＼
戀	姐	婆	度	外	孫

———從客語「度子」看客家文化

　　「戀雞嫲孵鴨春，戀姐婆度外孫」。意指傻傻的母雞，在幫忙非我族類孵鴨蛋；傻傻的外婆，幫忙帶著外孫，都是指無私的奉獻，不求回報之意。尤其是度外孫的度，具有深層的文化意義。

　　帶小孩，客語稱之為度子。度子，不只是帶小孩而已，更要導引、點化、度化、引渡，度過災厄困難，引至光明前程，實在需要智者的遠見，仁者的胸襟，廣大的愛心，堅強的耐心，一片溫柔敦厚，惻隱之心，方能克服困難，終底於成。

　　度子，亦作渡子，父母疼惜子女，不惜千辛萬苦，也要全力度子，千百年來，未嘗中輟，於是湧出了一首「渡子歌」，這是一首有名的客家長歌，極力鋪寫度小孩的種種辛苦歷程，尤其是那「爺娘惜子長江水，子想爺娘擔竿長」、「廳下交椅輪流坐，富貴輪流當」等更有許多深長慨歎，感人肺腑的內涵，字字句句入人心坎，聲聲都是動人的呼喚，渡子的深刻意涵，就是要解除子女重重災厄關卡，使之趨吉避

凶。好比彭祖之母知道彭祖死期將至，便不惜一切要去挽救其子性命，不但使他避開劫難，還締造了「八百長春」的奇蹟，真是「慈故能勇」，是度子最高精神發揮。用這種精神來度世人，真是無限的溫馨。

因此，度子之外，又有度人、度世、度馬，就是用這種仁心善意來引導，走向和諧安詳，溫暖光明的社會。好比孔聖一樣，終日席不暇暖，有教無類，實乃「度」化世人，啓民之智。觀世音菩薩，不「度」盡天下苦難眾生，則不願成佛；地藏王菩薩要「眾生『度』盡，方證菩提；地獄不空，誓不成佛。」呂洞賓不「度」盡天下苦難蒼生，則不願成仙；都是要解決人民的災厄，承擔萬民的負擔，可說是慈航普渡。

觀世音本是天界男身，只因疼惜天下許多女性有苦難言，沒有傾訴內心苦悶的對象，因而化現美麗女相觀音娘娘，來爲天下婦女釋疑解難，不只許多婦女欣然影從，更多男士也趨之若鶩，一旦有鬱卒難解之際，不會高唸「萬神之主玉皇大帝」，卻會不斷地唸著「南無大慈大悲救苦救難觀世音菩薩」，觀世音跨越了男女兩性的藩籬，建構了法力無邊的萬能女神，孕育了和諧柔美的神韻與境界，帶來以超越兩性平等的以女爲尊，實現了未來的天堂就是現在的人間，融入民間的生活，不強分男女仙凡，建立安詳和諧積極入世的社會，受到百姓黎民的崇敬，才會「天上神仙數不清，人間只唸觀世音」。

同樣的，鍾離權「度」呂洞賓，呂洞賓「度」韓湘子，韓湘子「度」何仙姑等，就是度化世人，使之成仙成佛，成材成器，他們雲遊四海要度盡民間疾苦。真是仁者胸懷，無私的奉獻，無怨無悔，所度者不只子女而已，更擴及孫子、萬物。真是仁民愛物，民胞物與。

於是，更有「戀雞嬤，孵鴨春；戀姐婆，度外孫，度來做麼介，度來指墓墩」的諺語；真的，有多少鴨子回報母雞的卵翼之恩？又有多少孫子回報祖父母提攜成長？等到孫子長大成人，祖父母恐墓木已

拱，但是，多少的父母，還是和先聖先賢一樣，一本初心，度孫度到死呀！所獲得的，只是讓孫子用手指著說：「那就是我外婆的墳墓啊！」這一代一代的傳承，無我的付出，就是千年民族美學的芬芳！

　　客語的度子，不只度一己之子，更要度化蒼生，度廣大之世，其實已與儒道佛仁愛慈悲的思想融爲一體，度盡一切眾生苦難，使之成仙成佛，成仁成聖，即是孔聖觀音，地藏呂岩的宏願與抱負，和「鴛鴦繡了從教看，要把金針『度』與人」一樣，展現溫柔敦厚而堅毅的客家文化。

【2008-08-15/行政院客委會/哈客網路學院/電子報】

燈芯探橋你愛過　竹葉撐船你愛來

den ↗/↘	xim ↗/sim↘	tam-/∨	kieu∨/kiau -	ngi∨/- oi-/∨	go-/∨
ㄅㄝㄣˊ/ㄘ	ㄒㄧㄇˊ/ㄘ	ㄊㄚㄇ-/∨	ㄎㄧㄝㄨˊ/ㄎㄧㄠ-	ㄫㄧ∨/- ㄛ ㄧ-/∨	ㄍㄛ-/∨
燈	芯	探	橋	你　愛	過

zug↘/-	i ab-/rhi ab↘	cang-/∨	son∨/shon-	ngi∨/- oi-/∨	loi∨/-
ㄗㄨㄍˋ/ㄓㄨㄍˋ-	ㄧㄚㄅ-/ㄖㄧㄚㄅˋ	ㄘㄤ-/∨	ㄙㄛㄣ∨/ㄕㄛㄣ-	ㄫㄧ∨/- ㄛ ㄧ-/∨	ㄌㄛ ㄧ∨/-
竹	葉	撐	船	你　愛	來

———拜月　望月　賞月　悠悠萬古情

　　中秋節是千家明月，萬戶團圓的日子，未料今日秋颱辛樂克掃興，竟是雨急風狂，濁浪排空，想起那皓月千里，夜涼如水，詩情畫意，真令人神清氣爽，又充滿無限的憧憬與期待。但，在期待中卻有幾許的悵惘與無奈。

　　中秋節本是古代男子盼望與妻子團圓而不可得，最為觸景生情的日子，在那一望無垠的碧空，皎潔的明月下，盼望對方即使無橋可渡、無船可搭，也希望突破困難，用燈芯作橋、竹葉撐船，也要趕快回家團圓，為什麼呢？

　　原來，幾千年前，十日並出，燠熱難當，神射手后羿射下九日，解決人民暑熱之苦，功莫大焉，王母娘娘遂賞賜長生不老藥，可以飛登成仙。唯多情種子后羿，捨不得與嬌妻嫦娥分離，不忍食用，卻被嫦娥偷食奔上月宮。后羿失去嬌妻後，日日魂不守舍，夜夜盼

望嫦娥歸來，無奈月宮遙遠，一直未見嫦娥身影。

　　然而，夫妻情深的后羿，始終未能忘情於嫦娥，每晚都仰望夜空，從雨夜看到月夜，從弦月盼到圓月，從春月望到秋月，目標只有一個，就是盼望妻子回家團圓。

　　好不容易，終於發現中秋之月特別皎潔，特別渾圓，特別美麗，彷彿看到嫦娥一樣，癡情的后羿，為表現相思盼望之誠，於是擺了香案水果，準備到庭前拜月，希望用自己的真誠，感動上天，送還嬌妻嫦娥，也盼望自己的妻子，不要在月宮獨處，趕快回來，口中唸唸有詞的說：「燈芯探橋你愛過，竹葉撐船你愛來」（無論多麼辛苦的路途，也盼望你一定要回來，我會一直在月下等你的），於是，「望您望到月上時，等您等到月斜西」，卻一直未見嫦娥倩影，到了夜深還捨不得就寢，因此，從拜月，望月一直到今天的賞月，真是萬古之幽情。

　　傳說古來多是男子拜月，但，後來大家都被后羿真情所感，女子亦紛紛拜月，多少有關拜月的戀愛故事，展現了愛慕真情的抒發，即使是「初三初四蛾眉月」的少艾，就有了「十五十六月團圓」的渴望，不惟后羿如此深情款款，詩聖杜甫也有「今夜鄜州月，閨中只獨看」對妻子思念至深的內心世界，中秋節，真是有情人的節日。

　　當然，嫦娥並非無情女，否則她何不一舉飛到天庭，而停在寂寞廣寒宮受苦？「嫦娥應悔偷靈藥，碧海青天夜夜心」，正是念卿情切之心，我思君，但願君亦思我，不知月宮之上，嫦娥孤棲與誰鄰？

　　千百年來，江天一色，后羿還在明月千里寄相思。可惜的是，在皎潔的月下，卻隱藏著二人不為人知的酸楚！這就是為什麼欲渡無舟楫，即使燈芯為橋，竹葉撐船，月黑風高，颱風橫掃，也盼你來，不是不顧您的安危，而是太想念你了，您其實已是仙女，法力無邊，難過的是，為什麼您能奔上月宮，卻不肯飄然降臨呢？

　　只是，后羿已老，嫦娥也再無法返回人間，但有千萬的嫦娥，

卻在人們的心中，每逢中秋佳日，便會湧出親人的盼望，可別忘了：
燈芯探橋你愛過，竹葉撐船你愛來………。

【2008-09-14/聯合報/A11 版/民意論壇】

羅隱介阿姆——亂講話

lo∨/-　iun＼/rhun∕　ge-/gai∨　a∕/＼　me∕/＼
ㄌㄛ∨/-　ㄧㄨㄣ＼/ㄖㄨㄣ∕　ㄍㄝ-/ㄍㄞ∨　ㄚ∕/＼　ㄇㄝ∕/＼

羅　　隱　　介　　阿　　姆

lon-/+　gong＼/∕　fa-/∨
ㄌㄛㄣ-/+　ㄍㄛㄥ＼/∕　ㄈㄚ-/∨

亂　　講　　話

羅隱介阿姆——亂講話，這是一句寓褒於貶，欲抑先揚的一句師傅話。意指才子羅隱之母，自恃其兒子未來可以即位稱帝，突然欣喜若狂，得意忘形，而欲以己之好惡來處理天下事物，結果，不惟不能遂己之願，反而誤了兒子的美好前程，得不償失的故事，有謹言慎行，勿因小失大的涵義在內，是為人父母的座右銘，為人子女所宜惕勵者。

話說唐朝才子羅隱，英姿勃發，才華洋溢，譽滿天下，青年男女都很喜歡他，常與他吟詩作對，談笑風生，好不快樂，尤其是令他頗為得意的是，天命所歸，祥雲籠罩，未來將會黃袍加身而成為一國之君，整個家庭充滿著幸福與期待。

羅隱的母親，也知道自己的兒子未來將會登上九五之尊，一統天下，竟然一時按捺不住，得意忘形，便口若懸河地肆無忌憚，無話不說，無語不講，漸漸為人所不悅。有一次，她在灶下煮菜之時，突然口無遮攔地一邊炒菜，一邊大叫，「等到我兒子當皇帝時，某某人要抓來殺掉！」「等我兒子成為皇帝時，某某人要把他關起來！」「等我兒為皇時….」越說聲音越大，越說動作越粗魯，鍋鏟筷子用力地往廚

房灶頭上一戳，這一戳可真不得了，竟然戳到了正在熟睡中灶君爺的大腿。

灶君爺痛得大叫一聲，心想：到底是誰這麼可惡，竟然頓我的大腿，啊！原來是未來的皇太后，聽她正在講話，她在講些什麼話呢？仔細聽聽看，啊！不聽還好，一聽才知道，她的兒子都還沒當皇帝，就要殺人，如果一旦當皇帝之後，那還得了！這樣的人怎能給他當皇帝，於是立即電告玉皇大帝，撤銷她兒子的皇帝資格，玉皇照准，立即派了天兵天將，奪胎換骨，革了他的皇帝命，除去龍胎，化為凡骨，到頸部時，一陣公雞啼聲傳來，天兵們立即停止工作返回天庭，造成了後來的羅隱，頸部以上是皇帝嘴，頸部以下是平民身，羅隱的皇帝夢，泡湯了！

從此以後，羅隱再也無法當皇帝了，終身懷其不世之才，雲遊四海，逍遙宇內，但卻始終不第，難怪艷冠群芳的知己雲英謔他為「青衣秀才」，而羅隱也謔她為「雲英未嫁」，真是惺惺相惜。

羅隱的皇帝夢，為何無法實現呢？主要是因為他的母親，胡言亂語，言多必失，一言失天下，筷子猛力地戳在灶頭上，這一戳一頓，一不小心兒子的前途就戳破了，不只是對灶君爺的不敬，也是對大自然的褻瀆，更是貽誤兒子的光明遠景。

因此，羅隱之母——亂講話，乃有深意存焉，除了不宜口不擇言的逞其三寸不爛之舌外，更不宜將筷子往灶上亂戳亂頓，這是幼時過年年二十五入年界送灶神蒸年糕時，祖母常常告誡的故事。

【2008-04/客家雜誌/第 214 期/頁 30】

恁好介龍身　也係狗肚過

an ＼／ ＜ho ＼／ ＜ge-/gai ∨ liung ∨/- siin ✓/shin ＼

恁	好	介	龍	身

ia-/+　　he-/∨　　gieu ✓/＼　　du ＼/＜　　go-/∨

也	係	狗	肚	過

　　我們常聽人說，這傢伙真是狗生的，狗養的，似是無限的鄙夷之意，但，如果細細思量，狗生的難道是那麼壞嗎？實在是一種動物歧視，其實，母狗生的，母狗養的，原來是指一條忠義之狗，真的為主人生了一個兒子，一個不嫌主人貧窮而願為人妻，為主人生子，卻為他犧牲生命的故事，就是所謂：「恁好介龍身，也係狗肚過」，意指不論我們多有成就，不當忘了出身，子不嫌母醜，狗不嫌家貧，雖是母狗所生又何妨？一條忠義之狗，真的為人生了一個人的兒子。

　　傳說從前，有一貧寒年輕人，居於荒郊野外，無力娶妻，心中十分難過，不料他竟是異想天開，平日與母狗相依為命，看著家裡的母狗，竟然動起真情來了。於是他屢屢向母狗示意，欲娶母狗為妻，待之如親人一般，而母狗也頗能善體人意，款款深情，溫柔對待，俯首帖耳，頗得主人深心，果然，在年深日久的軟語溫存、柔情繾綣，幾番雲雨之後，母狗竟然懷孕了。

　　母狗的肚子越來越大，主人的內心則又驚又喜，喜的是母狗竟然能夠懷孕，驚的是將來所生的是否會是人身呢？因為歷史上有許多傳說，如女媧是人首蛇身，神農是牛首人身，萬一，將來所生的是犬首人身怎麼辦？會否像狗頭王一樣，馬上隱居到深山裡去呢？思前想

後，心緒起伏，竟不知如何是好。

　　聰明的母狗，在臨盆之際，似是知道自己無法像人類生小孩一樣，便從口中銜了一把刀子，示意主人要剖腹生產，眼淚竟情不自禁掉下來。主人拿起刀子，兩眼濕潤，雙手雙腳都不斷的顫抖，最後，終於下定決心，一刀從母狗肚中畫然而下，果然，抱出一個白白胖胖的嬰兒，可是，母狗卻為子犧牲了。

　　主人厚葬母狗，如人之葬禮一般，也照著傳統習俗，在安葬三年後，率領兒子到塚埔撿骨，當他們鬆開泥土，在塋穴中發現了裡面是一個狗頭之後，兒子就對父親說：「怎麼會是狗頭呢？我們把牠丟掉吧！」父親聽到這句話後，想到了母狗妻子為他生子而犧牲生命的往事，心中十分難過地將一切前因後果，詳詳細細地對兒子說了一遍，然後，對兒子說：「恁好介龍身，也係狗肚過。」（再尊貴的龍身，也是母狗生的。）

【2007-12-31／行政院客委會／哈客語言館／客家諺語】

食三年清齋　續分黃雞嫲得道

siid-/shid╲	sam╱╲	ngien∨/-	qin╱/cin╲	zai╱╲
ㄙㄅ-/ㄕㄅ╲	ㄙㄚㄇ╱╲	ㄤㄧㄢ╱/-	ㄑㄧㄣ╱╲	ㄗㄞ╱╲

食　　三　　年　　清　　齋

sa-/∨	bun╱╲	vong∨/-	gie╱/gai╲	ma∨/-	ded╲-	to-/+
ㄙㄚ-/∨	ㄅㄨㄣ╱╲	万ㄛㄥ∨/-	《ㄧㄝ╱/《ㄞ╲	ㄇㄚ∨/-	ㄅㄝㄅ╲-	ㄊㄛ-/+

續　　分　　黃　　雞　　嫲　　得　　道

「食三年清齋，續分（竟被）黃雞嫲得道」，是一首勸人要誠心專一，實事求是，篤實踐履的客諺。意指長期茹素修心，吃齋唸佛的人，未能得道成佛，反而被那腳踏佛門尚未七天的黃雞嫲先修成正果，真是令人難以置信。

黃雞母有三個意涵：一個是平常所講的老母雞，一種是指果蠅，第三種是世人的綽號，這裡所講的正是第三種。那為什麼吃三年清齋，反而被那黃母雞得道呢？

從前，傳說有一個差役，銜命赴民間討債，在一家民宅中做客，夜晚臨睡之前，突然聽到一隻母雞的講話聲：「大家聽好啊！明天開始，你們就要各自獨立，好好照顧自己了，因為，我可能會有災厄，要離你們而去。但，我實在放心不下……」原來是一段深入心崁，感人肺腑的臨別贈言，這是一段母雞對幼雛臨別前的殷切叮嚀，諄諄告誡，隱約中似乎在說：「我們明天就要永別了，為娘的再也不能照顧你們，你們務須善自珍攝，愛護自己，自立自強。」好像有說不完的叮嚀，道不盡的囑咐，聞之鼻酸；再仔細聽聽，好像一遍又一遍說：

「子呀子,韶早(明天)要提防半天飛阿!……」聲音顯得哽咽悽愴。

是時,夜闌人靜,萬籟俱寂,唯聞蟲聲唧唧,四下無人,聲在床下,差仔聽了,輾轉反側,一陣惶惑與不安,便舉火一照,才發現,原來是一隻慈祥的老母雞,低頭正在跟他的子女話別。

天亮了,主人走進來,對差役說:「寒舍貧乏,沒什麼好招待,待我宰了這老雞嬤為你補補。」差役一聽,驚訝不已,想起昨晚的那段對話,實在不忍心那麼多的小雞頓失所依!一陣惻隱之心,湧上心頭,便立刻拒絕主人的招待,並勸千萬不可殺老母雞,即使殺了,他也絕不吃;最後,主人果然從善如流,使老母雞逃過一劫!

一段母雞對話,竟觸發他一念之仁,想起往日為衙役的種種惡行惡狀,厲聲喝咄,全無愛民之心,常有擾民之行,內心一陣忐忑不安,羞愧不已,終於決定出家茹素,食齋修行,洗心革面,改過自新,以贖前愆!

當寺廟住持知道他是衙役,只因黃雞嬤之事就要來出家時,都不太相信,竟以「黃雞嬤」譏之,並突然向大家宣布自即日起,不論新來乍到,或已修行者,皆須斷食七日,不可有任何進食,以考驗修習之誠懇與否,還須挑水打雜,清室鋤草,修剪花木。黃雞嬤誠心修行,皆一一照辦。至第七日,還叫他到老虎出沒的井邊挑水,回來再燒香點茶。當黃雞嬤挑水桶至井邊打好水,正欲起身之際,猛然抬頭,一隻老虎,竟出現在眼前!他不慌不忙,認為命中註定,唯死而已,就溫言對老虎說:「老虎哥,你要吃我,你就吃吧!」老虎搖頭,「那麼,要給我騎嗎?」老虎點頭!黃雞嬤走向前去,虎身微屈,他一跨而上,老虎載著黃雞嬤,凌風而起,乘雲霧而去。

在一旁觀看的眾和尚大叫:「黃雞嬤!等一下呀!我們為你留的餅乾你都還沒吃呢!」原來,在這七日修行期間,寺僧們,並未完全斷食,而私藏食品,待黃雞嬤越飛越遠,隱入雲端之際,眾僧廢然而歎:「食三年清齋,續分黃雞嬤得道」。

【2004-10 / 客家雜誌 / 172 期 / 頁 56】

東片雲頭起　一定會落雨

dung ∕∕∖	pien ∖∕	iun ∨/rhun-	teu ∨/-	hi ∖∕
ㄅㄨㄥ∕∕∖	ㄆㄧㄢ∖∕	ㄧㄨㄣ∨/-	ㄊㄝㄨ∨/-	ㄏㄧ∖∕
東	**片**	**雲**	**頭**	**起**

id∖/rhid	tin-/+	voi-/+	log-∖	i∖/rhi∕
ㄧㄅ∖/ㄖㄧㄅ-	ㄊㄧㄣ-/+	ㄨㄛ1-/+	ㄌㄛㄍ-/∖	ㄧ∖/ㄖ1∕
一	**定**	**會**	**落**	**雨**

——俏媳婦弄家官

　　韓國有部電視劇，叫做「媳婦的全盛時代」，展現著當代媳婦超高的自主意識，洋溢著奔放的才情，能言善道的口才，再加上頗具姿色的容貌，乃使得夙具權威的婆婆節節敗退，丈夫望塵莫及，公公啞口無言，竟然席捲台灣，收視率節節上升，為什麼呢？

　　原來這個媳婦，看起來是那麼熟悉，背影是那麼的似曾相識，她，實在像是客家媳婦，只是韓國媳婦看起來似乎沒有戲弄公公，但客家俏媳婦卻連公公也戲弄起來了，使得公公竟啞巴吃黃連，有苦說不出，這的確不是說笑。

　　客家女子才情甚高，時有天機妙語，不落痕跡，即使身為媳婦之後，在柴米油鹽的忙碌之餘，仍能腹有詩書氣自華，口吐珠璣之言，令人難以招架。

　　有一個公公，家有四個媳婦，她們在一起，常常做對子，每見特殊之景，就能見景生情，信口拈來，四人一句接著一句，便是一首語

出天然的即興詩篇。一日，突見白雲舒卷在東山之上。

　　大媳婦便說：「東片雲頭起」

　　二媳婦接著說：「一定會落雨」

　　三媳婦接下去：「笠嫲拿來抵」

　　四媳婦結尾說：「阿爸好去取」

　　未料公公剛好從門後走過來，把「阿爸好去取」聽成「阿爸好去死」，心中十分不悅的一狀告到官府，說媳婦們羞辱公公。官府將四個媳婦調去問話，四位媳婦紛紛否認，具道原委，並無羞辱之意，官府見四位媳婦頗具文才，就以「竹子」爲題，請他們馬上作對子：

　　大媳婦就說：「老爺面前一支竹」

　　二媳婦跟著：「竹子生來尾綠綠」

　　三媳婦也說：「尋到一支做簫子」

　　四媳婦結尾：「和盡幾多弦板曲」

　　這竹、綠、曲三字都是入聲字押韻，頗有詩意，官府老爺連連頷首稱讚，如此才華甚高的媳婦，哪會侮辱公公呢？於是馬上把公公押至官府，連打四十大板，警告他下次不可誣告，使得公公像鬥敗的公雞一樣，一跛一跛的跛著回家，真是狼狽不堪。不料，媳婦見狀，又有題目可作對子了：

　　大媳婦說：「行路腳祛祛」（kia／kia∨）

　　二媳婦說：「怕分老爺打」

　　三媳婦說：「毋知會痛無」（mo∨／mo-）

　　四媳婦說：「會痛毋敢話」（va-／va∨）

　　四個媳婦的意思是：公公一跛一跛的走回來，恐怕是被老爺打屁股了吧，不知他痛也不痛，哎呀，可能會痛吧！

　　原來，媳婦的全盛時代，自古有之，非始自今日。

【註】

本文故事為家母何包妹口述。

【2008-11-06 /行政院客委會/電子報/第 68 期】

艾草 葛藤 七里香 背大牽細萬世芳

ngie-/ˇ	coˋ/ˊ	godˋ/-	tenˇ/-	qidˋ/cid-	liˊ/ˋ	hiongˊ/ˋ
ㄫㄧㄝ-/ˇ	ㄘㄛˋ/ˊ	ㄍㄛㄉˋ/-	ㄊㄝㄣˇ/-	ㄑㄧㄉˋ/-	ㄌㄧˊ/ˋ	ㄏㄧㄛㄥˊ/ˋ
艾	草	葛	藤	七	里	香
baˇ/-	tai-/+	kienˊ/ˋ	se-/ˇ	van-/+	sii-/sheˇ	fongˊ/ˋ
ㄅㄚˇ/-	ㄊㄞ-/ˇ	ㄎㄧㄢˊ/ˋ	ㄙㄝ-/ˇ	ㄪㄢ-/+	ㄙ-/ㄕㄝˇ	ㄈㄛㄥˊ/ˋ
背	大	牽	細	萬	世	芳

———五月節 也閃爍著女性的光輝

農曆五月五日是端午節，客語稱爲「五月節」，這是一個敬天法祖、飲水思源、親子活動、衛生保健的日子，同時也閃爍著女性的光輝。自從韓國將端午節申請爲他們的世界文化遺產後，特別引人注意，具有深層的文化意義。

端午節，是紀念愛國詩人的節日。現在，台灣的端午節，雖沒有普遍祭拜屈原，但家家戶戶必祭祀祖先，門口大多插青（葛藤或艾草），據說，這樣可以避邪，也是由於在唐末「走黃巢」時，紀念一個捨已爲人，英勇婦女救了全村人的故事。

傳說，唐末「殺人八百萬，流血三千里」的黃巢造反，驚動天下，聽說黃巢非常厲害，他在東山拔劍，西山便有三千人頭落地，因此各地民眾倉皇逃生。兵荒馬亂的路上，黃巢見一婦女，手裏牽著一個幼弱的稚子，背上背著一個較大的小孩，走得踉踉蹡蹡，小的實在走不動了，在那兒嚎啕大哭，便問她爲什麼背大的牽小的，不是很累嗎？

婦女不認識黃巢，便說：「那黃巢到處殺人，我兄嫂俱已命喪刀下，這背著的就是我的姪子，小的是我兒子，萬一黃巢追趕前來，我逃避不及，只好棄小帶大，保護姪子，因爲，我可以再生，兄嫂已無法再生了！」黃巢深受感動，便叫她趕快回家，門口插上了葛藤，就不會有任何人來干擾。婦女如其言，插上了葛藤，一傳十，十傳百，家家戶戶都如此，因而保全了全村人的性命。那天剛好是五月五日，地點就在福建寧化，那個地方從此就叫「葛藤坑」。

在台灣的五月節，大多是插艾草，利用艾草芳香可以防疫避邪，驅毒護身。荊楚歲時記說：「五月五日，謂之浴蘭節，四民並蹋百草之戲，採艾以爲人，懸門戶上以禳毒氣。」而且也有「洗湯」之俗，就是準備「午時水」（五月五日中午所汲的水，最爲潔淨），存於甕缸之中，配以艾草、菖蒲、大風草、六月雪、車前草、鳳尾草、七里香等，有的煮來飲用抗毒，有的加以煮熱來洗澡，湯是熱水，洗湯就是洗熱水，不論大人小孩都可以洗，尤其是嬰兒小孩，用這種水洗過後，擦上痱子粉，全身清爽健康，故有所謂「浴蘭湯兮沐芳蕙」的說法，是早期的衛生保健良方。因爲，五月開始，天氣進入盛夏，蚊蠅容易滋生，各種毒蛇細菌蠢蠢欲動，故五月又稱惡毒之月，母親以前常在端午用藥草幫小孩洗澡，以做好夏令衛生的防護措施，確是未病防疫的準備。

五月節，還有孟姜女萬里尋夫的感人故事：所謂「五月裡來是端陽，蚊子咬人痛心腸；蚊子愛咬奴家血，莫咬吾夫萬杞良。」如此溫柔敦厚，溫馨感人，雖在千百年後，仍覺歌聲迴盪，長流碧空。

五月節，又有另一女性的光輝，那便是千變萬化深情不悔的白娘娘：這千百年來美麗的傳說，追求理想盜草救夫與水漫金山，雖是褒貶互見，但也爲這五月端陽，增添了無限的詩情畫意，也有那幽渺難知的說法，是白蛇無意間吃了呂洞賓賣的粢粑，因而功力大增，棄龜而去，竟與許仙成親。使得法海大爲嫉妒，處處欲破壞這神仙美眷。

異類修煉成精，願意投靠人類，為何不見容於口誦彌陀的法海和尚呢？看來，這不只是單純的故事而已，更有佛道衝突和諧的寓意存焉！

　　五月節，不只是季節的分水嶺而已！更是客家文化加強落實的里程碑，如何生活客語化，客語生活化，提升客語的能見度，在掛艾草、沐香湯、吃粽子、看龍舟競賽之際，期盼再次展現耀眼的光輝。

【2008-06-05 ／行政院客委會／電子報／第 65 期】

附 錄

客家諺語的春秋時義

　　孔子乃聖之時者，掌握春秋時義，同樣的，客家諺語是千百年來客家經驗的累積，智慧的啓發，亦最能掌握春秋時義，可以認識自然，了解自然，應之於人事，而能順天應人，應時處順，知時及時，待時，正是生活的百科全書。

　　客家諺語積極入世，了解天時，故能掌握農耕之時，所謂「清明前，好蒔田；清明後，好種豆」，「立秋前，好蒔田，立秋後，好種豆」，意指在清明和立秋前就要把秧插好，而在之後就要開始種豆了，一旦失時或誤了時機，未在清明之前插好秧，收成可能會受到影響，所謂「蒔田到穀雨，一條禾苗少一粒米」，「處暑定犁耙，再蒔總過差」，因穀雨在清明之後，處暑在立秋之後，過時再插秧，就影響收成，因此，要有良好的收成，要掌握農時；掌握農時，須了解二十四節氣，「毋了解二十四節氣，白白將穀種委滿地」，二十四節氣的諺語，最能指引耕作的良時。

　　同樣，客諺也告訴我們收成之時機，如「四月八時節，楊梅趴趴跌」，是指四月八是楊梅成熟的季節，而成熟的楊梅容易掉落，站在樹下一搖，它就有如雨落了。收成，要把握適當時機，不宜太早或太遲，如「三月食毛桃，毋死也疲勞」，「六月牛眼——白核」等，是指未成熟的桃子和龍眼，是會有礙健康或糟蹋食物的，而「小暑小禾黃，大暑滿田光」，是指小暑到大暑這段期間，是稻子的最佳收成時機，確是農耕種作的參考。

　　由天象變化萬物生長，亦可啓發我們要及時、把握年輕，不可蹉跎歲月。如「黃秧蒔田難轉青」，更暗示我們的婚友要及時，所謂「嫩竹破篾愛留青，阿哥連妹趕後生」，趕後生是趁年輕，要及時努力照顧

家庭的意思，如「後生毋做家，老來正知差」（年輕時就要顧家，否則老時就後悔莫及了）；也要及時努力工作，如「後生打ㄔㄏ，老來無安樂」（年輕時不務正業，到處閒遊，老時日子就不好過了）；要及時慎擇對象，不要錯失良機，如「三擇四擇，擇到爛瓠杓；三揀四揀，揀到爛燈盞」，意指過於挑剔，反而挑到最差的了，真是過時而不採，將隨秋草萎，而面對枯枝空浩歎了。

更要及時求學，所謂「老咧學吹笛，學咧會來鬚又白」，是指年輕時就要學習，不要等到老了才學習，不是老了就不要學習的意思，因為學無止境，「六十六，任學學無足」，更要時時學習，所謂「三十年前娘教子，三十年後子教娘」，是指如果不學習，會師徒母子易位的，是終身學習的真諦，值得我們警惕。

及時、時時學習外，更要及時行孝，所謂「千里求神去燒香，毋當屋下敬爺娘」，「千跪萬拜一爐香，毋當還生一碗湯」，就是要及時行孝的真諦。當然，助人也要及時，一旦失時，雖然有心，也會失去效果，如「渴時一滴如甘露，醉後添杯不如無」（在最口渴時，雖只喝一口，也甜如仙露，而有解渴之功；在酒醉之後，還不斷添杯，不但無益，而且有害）。在最需要時所獲得的，是最珍貴的，也就是要雪中送炭，不必急著錦上添花，要知道「六月西瓜透心涼」「六月六，仙草水，米篩目」亦即在三伏天的六月，吃甜西瓜、冰仙草、米篩目，是最具即時效益的。

及時之外，更須知時，所謂「時來風送滕王閣，運去雷轟薦福碑」，是指時有順有逆，有晴有雨，時機未至；則須待時，所謂「天不得時，日月無光；地不得時，草木不長；水不得時，風浪不平；人不得時，利運不通」，時機未至，無法強求，所謂「強摘的瓜不甜，強娶的妻不賢」，可見要掌握春秋時義，就是要知時啊！

孔子所以會成為聖之時者，乃在其能知時順時，窮則獨善其身，

達則兼善天下，呂蒙正所寫的文章，在不得志時人們嗤之以鼻，可是功成名就之後，再拿出示人，卻能天下傳誦，都是時有遇有不遇也，故君子居易以俟命，知時順時，及時努力，時之未至，則以待之，所謂「雖有智慧，不如乘勢；雖有鎡基，不如待時」，這和客諺的春秋時義，是不謀而合的。

【2008-09-12/行政院客委會/哈客網路學院/電子報/第 64 期】

客語音標對照表

（一）、聲母音標對照表

臺灣客語	注音符號	國際音標	臺語音標	通用音標	例　　　　　　　　　　字
b	ㄅ	〔p〕	p	b	八百 bad＼bag／/ bad bag
p	ㄆ	〔pʿ〕	ph	p	琵琶 pi∨pa∨/ pi pa
m	ㄇ	〔m〕	m	m	買賣 mai／mai / mai＼mai+
f	ㄈ	〔f〕	f	f	防護 fong∨fu/ fong fu+
v	万	〔v〕	v	v	萬物 van vud/ van+ vud＼
d	ㄉ	〔t〕	t	d	雕琢 diau／dog＼/ diau＼dog
t	ㄊ	〔tʿ〕	th	t	探討 tam to＼/ tam∨ to／
n	ㄋ	〔n〕	n	n	噥唪 nung∨nung / nung nung∨
l	ㄌ	〔l〕	l	l	伶俐 lang∨li / lang li+
g	ㄍ	〔k〕	k	g	尷尬 gang／gie/ gam＼gai∨
k	ㄎ	〔kʿ〕	kh	k	健康 kien kong／/ kien+ kong＼
ng	兀	〔ŋ〕	ng	ng	頷愕 ngam／ngog＼/ ngam＼gog
h	ㄏ	〔h〕	h	h	客氣 hag＼hi / hag hi∨
z（i）	ㄐ	〔tɕ〕	c（i）	zi	酒精 ziu＼zin／/ ziu／zin＼
c（i）	ㄑ	〔tɕʿ〕	ch（i）	ci	親情 cin／cin∨/cin＼cin
ng（i）	兀ㄧ	〔ŋ〕	ng（i）	ngi	牛眼 ngiu∨ngien＼/ ngiu ngan／
s（i）	ㄒ	〔ɕ〕	s（i）	si	相信 siong／sin/ siong＼sin∨
zh	ㄓ	〔tʃ〕	z	jh	執照 ziib＼zeu/ zhib zhau∨
ch	ㄔ	〔tʃʿ〕	zh	ch	稱重 ciin cung／/chin∨chung＼
sh	ㄕ	〔ʃ〕	sh	sh	神聖 siin∨siin/ shin shin∨

r	ㄖ	〔ʒ〕	j	y/zh	有緣 iuˊienˇ / riuˋran
z	ㄗ	〔ts〕	c	j	抓捉 zaˊzugˋ / zaˋzug
c	ㄘ	〔ts‘〕	ch	c	賺錢 con cienˇ / con+ cien
s	ㄙ	〔s〕	s	s	算數 son sii/ sonˇ siiˇ
		〔∅〕			漚案 eu on/ euˇ onˇ

（二）、韻母音標對照表

臺灣 客語	注音 符號	國際 音標	臺語 音標	通用 音標	例　　　　　　　　　　　字
ii	ㄭ	〔ï〕	ii	ii	自私 cii siiˊ / cii+ siiˋ
i	ㄧ	〔i〕	i	i	地區 ti kiˊ / ti+ kiˋ
e	ㄝ	〔e〕	e	e	膩細 ne se/ neˇ seˇ
er	ㄜ	〔ə〕	er	er	鳥仔 diauˊeˋ/diauˋer
a	ㄚ	〔a〕	a	a	蛤蟆 haˇmaˇ/ ha ma
o	ㄛ	〔o〕	o	o	和好 foˇho / fo hoˊ
u	ㄨ	〔u〕	u	u	葫蘆 fuˇluˇ/ fu lu
ie	ㄧㄝ	〔ie〕	ie	ie	計算 gie son / gieˇson ˇ
eu	ㄝㄨ	〔eu〕	eu	eu	鬥頭 deu teuˇ/ deuˇteu
ieu	ㄧㄝㄨ	〔ieu〕	ieu	ieu	嬈嬌 ieuˊgieuˊ/ rauˋgiauˋ
ia	ㄧㄚ	〔ia〕	ia	ia	斜斜 ziaˇziaˇ/zia zia
ua	ㄨㄚ	〔ua〕	ua	ua	掛桍 kua kuaˋ/guaˇkuaˊ
ai	ㄞ	〔ai〕	ai	ai	大隘 tai ai/ tai+ aiˇ
uai	ㄨㄞ	〔uai〕	uai	uai	乖乖 guaiˊguaiˊ/guaiˋguaiˋ
au	ㄠ	〔au〕	au	au	攪躁 gauˋcau / cauˊcauˇ
iau	ㄧㄠ	〔iau〕	iau	iau	吊橋 diau kieuˇ / diauˇkiau

io	ㄧㄛ	〔io〕	io	io	瘸瘸 kio∨ kio∨ /kio kio
oi	ㄛㄧ	〔oi〕	oi	oi	頦顋 hoi∨ soi ／/ hoi soi﹨
ioi	ㄧㄛㄧ	〔ioi〕	ioi	ioi	脆脆 cioi cioi/cioi∨ cioi∨
iu	ㄧㄨ	〔iu〕	iu	iu	幼秀 iu siu/ riu∨ siu∨
ui	ㄨㄧ	〔ui〕	ui	ui	擂槌 lui∨ chui∨/ lui chui
ue	ㄨㄝ	〔ue〕	ue	ue	○忒 kue∨ ted﹨/ kue ted
iim	(⊥)ㄇ	〔ïm〕	iim	iim	深沈 ciim／ ciim∨/chim﹨ chim
im	ㄧㄇ	〔im〕	im	im	琴音 kim∨ im／/ kim　rim﹨
em	ㄝㄇ	〔em〕	em	em	砧板 zem／ biong／/ zem﹨ biong﹨
iem	ㄧㄝㄇ	〔iem〕	iem	iem	弇蓋 kiem∨ goi/ kiem goi∨
am	ㄚㄇ	〔am〕	am	am	藍衫 lam∨ sam／/ lam sam﹨
iam	ㄧㄚㄇ	〔iam〕	iam	iam	拈籤 ngiam／ ciam／/ ngiam﹨ ciam﹨
iin	(⊥)ㄣ	〔ïn〕	iin	iin	正身 ziin siin／/zhin∨　shin﹨
in	ㄧㄣ	〔in〕	in	in	精進 zin／ zin/zin﹨ zin∨
en	ㄝㄣ	〔en〕	en	en	藤凳 ten∨ den/ ten den∨
ian	ㄧㄢ	〔iɛn〕	ian	ian	圓圈 ian∨ kian／/ran kien﹨
ien	ㄧㄝㄣ	〔ien〕	ien	ien	天邊 tien／ bien／/ tien﹨ bien﹨
uen	ㄨㄝㄣ	〔uen〕	uen	uen	耿直 guen﹨ ciid/ guen／ chid﹨
an	ㄢ	〔an〕	an	an	蠻綻 man∨ can/ man can∨
uan	ㄨㄢ	〔uan〕	uan	uan	環環轉 kuan／ kuan／ zon﹨/ kuan﹨ kuan﹨ zhon／
on	ㄛㄣ	〔on〕	on	on	按算 on son/ on∨ son∨
ion	ㄧㄛㄣ	〔ion〕	ion	ion	軟賺 ngion／ con/ ngion﹨ con+
un	ㄨㄣ	〔un〕	un	un	溫馴 vun／ sun∨ /vun﹨ shun

iun	ㄧㄨㄣ	〔iun〕	iun	iun	軍訓 giun ✓ hiun/ giun ＼ hiun ∨
ang	ㄤ	〔aŋ〕	ang	ang	零星 lang ∨ sang ✓ / lang sang ＼
iang	ㄧㄤ	〔iaŋ〕	iang	iang	命靚 miang ziang ✓ / miang+ ziang ＼
uang	ㄨㄤ	〔uaŋ〕	uang	uang	青莖 ciang ✓ guang ＼ /ciang ＼ guang ✓
ong	ㆲㄥ	〔oŋ〕	ong	ong	幫忙 bong ✓ mong ∨ /bong ＼ mong
iong	ㄧㆲㄥ	〔ioŋ〕	iong	iong	放香 biong hiong ✓ /biong ∨ hiong ＼
ung	ㄨㄥ	〔uŋ〕	ung	ung	通風 tung ✓ fung ✓ / tung ＼ fung ＼
iung	ㄧㄨㄥ	〔iuŋ〕	iung	iung	從戎 ciung ∨ iung ∨ / ciung riung
iib	(ㆲ)ㄅ	〔ïp〕	iip	iip	目汁 mug ＼ ziib ＼ / mug zhib
ib	ㄧㄅ	〔ip〕	ip	ip	立急 lib gib ＼ / lib ＼ gib
eb	ㄝㄅ	〔ep〕	ep	ep	垃圾 leb ＼ seb ＼ / leb seb
ieb	ㄧㄝㄅ	〔iep〕	iep	iep	激出 gieb cud ＼ /gieb ＼ chud
ab	ㄚㄅ	〔ap〕	ap	ap	合合 gab ＼ hab/ gab ＼ hab ＼
iab	ㄧㄚㄅ	〔iap〕	iap	iap	攝楔 ngiab ＼ siab ＼ / ngiab siab
iid	(ㆲ)ㄉ	〔ït〕	iit	iit	實質 siid ziid ＼ / shid ＼ zhid
id	ㄧㄉ	〔it〕	it	it	一筆 id ＼ bid ＼ / rid bid
ed	ㄝㄉ	〔et〕	et	et	捏忒 ned ted ＼ / ned ted
iad	ㄧㄚㄉ	〔iat〕	iat	iat	熱血 ngiad hiad ＼ / ngied hied
ied	ㄧㄝㄉ	〔iet〕	iet	iet	熱烈 ngied lied/ ngied ＼ lied ＼
ued	ㄨㄝㄉ	〔uet〕	uet	uet	國家 gued ＼ ga ✓ / gued ga ＼
ad	ㄚㄉ	〔at〕	at	at	發達 fad ＼ tad/ fad tad ＼
uad	ㄨㄚㄉ	〔uat〕	uat	uat	刮沙 guad ＼ sa ✓ / guad sa ＼

od	ㄛㄅ	〔ot〕	ot	ot	喝咄 hod ∕ dod ∕ / hod dod
iod	ㄧㄛㄅ	〔iot〕	iot	iot	喢乳 ziod nen/ziod ∕ nen ∨
ud	ㄨㄅ	〔ut〕	ut	ut	沒術 mud sud/ mud ∕ sud ∕
iud	ㄧㄨㄅ	〔iut〕	iut	iut	委屈 vi ∕ kiud ∕ /vui ∕ kiud
ag	ㄚㄍ	〔ak〕	ak	ak	擘析 bag ∕ sag ∕ / bag sag
iag	ㄧㄚㄍ	〔iak〕	iak	iak	刺額 ciag ∕ ngiag ∕ / ciag ngiag
uag	ㄨㄚㄍ	〔uak〕	uak	uak	硬舂舂 ngang guag guag /ngang+ guag ∕ guag ∕
og	ㄛㄍ	〔ok〕	ok	ok	槃确 log kog/log ∕ kog ∕
iog	ㄧㄛㄍ	〔iok〕	iok	iok	虐削 ngiog ∕ siog ∕ / ngiog siog
ug	ㄨㄍ	〔uk〕	uk	uk	祝福 zug ∕ fug ∕ / zhug　fug
iug	ㄧㄨㄍ	〔iuk〕	iuk	iuk	陸續 liug siug/ liug ∕ siug ∕

（三）、成音節輔音

臺灣客語	注音符號	國際音標	臺語音標	羅馬拼音	例　　　　　字
m	ㄇ	〔m〕	m	m	毋
n	ㄋ	〔n〕	n	n	你
ng	ㄫ	〔ŋ〕	ng	ng	魚 五

（四）、聲調符號對照表

	調類	調　値		調　號		例　　　　　字
		四縣	海陸	四縣	海陸	
陰平	1	24	53	∕	∕	真心 ziin ∕ sim ∕ /zhin ∕ sim ∕
陰上	2	31	13	∕	∕	總統 zung ∕ tung ∕ / zung ∕ tung ∕

陰去	3	55	11	一	∨	賦稅 fu soi/fu∨shoi∨
陰入	4	<u>32</u>	<u>55</u>	＼	一	結髮 gied＼fad＼/gied fad
陽平	5	11	55	∨	一	人情 ngin∨cin∨/ ngin cin
(陽上)	6					
陽去	7	（55）	33	一	＋	電視 tien sii/tien+ shi+
陽入	8	<u>55</u>	<u>32</u>	一	＼	學習 hog sib/hog＼sib＼

牡丹為百花之王

諺語為智慧之花

國家圖書館出版品預行編目資料

客諺第二百首──收錄最新一百首客諺／何石
松著. ─ 初版. ─ 臺北市：五南圖書出版
股份有限公司, 2009.12
面；　公分.

ISBN 978-957-11-5850-1（平裝）

1.諺語 2.客語

539.933　　　　　　　　　　　98021648

1X1X　客語系列

客諺第二百首
收錄最新一百首客諺

主　　　編 ─ 古國順

作　　　者 ─ 何石松(49.2)

發 行 人 ─ 楊榮川

總 經 理 ─ 楊士清

總 編 輯 ─ 楊秀麗

副總編輯 ─ 黃惠娟

責任編輯 ─ 陳巧慈

出 版 者 ─ 五南圖書出版股份有限公司

地　　　址：106台北市大安區和平東路二段339號4樓

電　　　話：(02)2705-5066　　傳　　真：(02)2706-6100

網　　　址：https://www.wunan.com.tw

電子郵件：wunan@wunan.com.tw

劃撥帳號：01068953

戶　　　名：五南圖書出版股份有限公司

法律顧問　林勝安律師

出版日期　2009年12月初版一刷
　　　　　2023年 3月初版五刷

定　　　價　新臺幣350元

本書榮獲行政院客家委員會獎助

經典永恆·名著常在

五十週年的獻禮——經典名著文庫

五南，五十年了，半個世紀，人生旅程的一大半，走過來了。

思索著，邁向百年的未來歷程，能為知識界、文化學術界作些什麼？

在速食文化的生態下，有什麼值得讓人雋永品味的？

歷代經典·當今名著，經過時間的洗禮，千錘百鍊，流傳至今，光芒耀人；

不僅使我們能領悟前人的智慧，同時也增深加廣我們思考的深度與視野。

我們決心投入巨資，有計畫的系統梳選，成立「經典名著文庫」，

希望收入古今中外思想性的、充滿睿智與獨見的經典、名著。

這是一項理想性的、永續性的巨大出版工程。

不在意讀者的眾寡，只考慮它的學術價值，力求完整展現先哲思想的軌跡；

為知識界開啟一片智慧之窗，營造一座百花綻放的世界文明公園，

任君遨遊、取菁吸蜜、嘉惠學子！